철학은 왜 우리를 행복하게 하는가

좋은 삶을 위한 한 철학자의 통찰

좋은 삶을 위한 한 철학자의 통찰

철학은 왜
우리를
행복하게 하는가

애덤 아다토 샌델 지음 · 김하현 옮김

한길사

사랑을 담아, 엘레나에게

행복은 존재 방식의 문제다

• 추천사

철학자는 몇 살부터 행복론을 쓸 수 있을까? 행복론에는 충분한 삶의 경험과 지혜와 통찰이 필요하니, 백발의 철학자라야 그런 자격이 있지 않을까라는 나의 편견을 젊은 철학자 애덤 샌델은 여지없이 깨 버렸다. 페이지를 거듭해 읽을수록 놀라움과 경탄은 커졌다. 이 책을 다 읽은 후, 나는 자기 일에 너무 바쁜 둘째 아들에게 이 책을 꼭 읽으라고 권했다.

애덤 샌델은 행복이 존재 방식의 문제라고 했다. 현대인에게 행복은 신기루와 같다. 손에 잡혔다가도 금방 사라지고, 또 새로운 시도로 행복을 손에 넣지만 손안의 행복은 신기루처럼 다시 사라진다. 왜 그럴까? 샌델은 이런 우리의 삶이 목적 지향성에 찌들어 있으며, 우리의 존재가 그런 방식에 갇혀 노예가 되었기 때문이라고 말한다.

샌델은 우리가 '그 자체를 위한 활동'을 찾아야 한다고 말한다. 그런 행동만이 우리에게 활기를 주고 행복으로 보상한다고 한다. 그러면 '그 자체를 위한 활동'이란 무엇인가? 자기 자신으로 존재하기(냉철함의 유지), 우정, 자연과의 교감이 그것이다. 샌델은 이 셋을 중심으로 행복론을 전개한다.

끝까지 자신으로 존재하기를 추구했던 소크라테스는 죽음의 순간까지도 태연하게 친구들과 담소를 나누며 죽음을 맞이할 수 있었다. "우정은 그 자체로는 삶에 꼭 필요하지는 않은 것"이라는 스토아 철학자의 말을, 친구란 동맹이 아니며 삶의 필요에 복무하지 않는 오직 그 자체만으로 의미 있는 관계여야 한다고 해석하는 샌델에게 전적으로 공감한다.

샌델은 여러 사례를 통해 행복의 길을 알린다. 행복은 본질적 기쁨을 누릴 수 있는 존재 방식에서만 만날 수 있다. 피트니스를 통해 몸을 만들고 또 턱걸이 기네스 기록에 도전하면서 행복의 길을 경험한 그는 고대에서 현대에 이르는 서양 철학의 핵심을 섭렵하며 행복을 해설한다. 양궁 선수가 과녁 한가운데에 있는 X10을 맞추듯이 샌델은 행복으로 가는 방향을 정확하게 제시한다. 우리는 그저 우리의 존재 방식을 조금 바꾸면 된다.

책을 읽을 때 우리는 가끔 저자가 어린 시절부터 좋은 독서와 사색을 경험했으리라 분명히 느낄 때가 있다. 원래 나는 이 추천의 글을 애덤 샌델의 가족 이야기로 시작하려 했다. 그런데 그렇게 하지 않기로 마음을 고쳐먹었다. 샌델의 책은 그 자체로 빛나는 그의 훌륭한 두 번째 저술임을 확인했기 때문이다.

2024년 5월 10일
김선욱. 숭실대 철학과 교수, 한국철학회 회장

✵ 철학은 왜
🖤 우리를
✳ 행복하게 하는가

일러두기

- 이 책은 Adam Adatto Sandel이 쓴 *HAPPINESS IN ACTION: A Philosopher's Guide to the Good Life*(Harvard University Press, 2022)를 번역한 것이다.
- 원서에서 이탤릭체로 강조한 부분은 고딕체로 표시했다.

좋은 삶을 위한 철학

• 들어가는 말

모두 이런 경험이 있다. 새 일자리를 구하거나, 승진하거나, 시합에서 이기거나, 시험을 통과하거나, 선거에서 내가 밀던 후보가 당선되거나, 오랫동안 힘들게 싸운 끝에 세상의 변화를 이뤄낸 다음 날 아침, 우리는 지난밤 축하의 여운 속에서 깨어나, 적어도 오늘은 면접을 연습하거나, 모의시험을 치르거나, 연설문을 다듬거나, 결과를 기다리지 않아도 된다는 사실에 안도한다. 한껏 들떠서 휴가를 떠나거나(시간과 돈이 허락한다면), 그동안 보고 싶었던 넷플릭스 시리즈를 정주행하며 그냥 실컷 늘어지기도 한다. 그리고 중간중간 어제의 성취를 돌아보며 뿌듯해한다. 하지만 그러는 내내 새로 발견한 이 행복이 다가온 것만큼이나 빠르게 멀어지고 있다는 불길한 느낌을 완전히 떨쳐내지는 못한다. 얼마 지나지 않아 우리는 이렇게 묻는 자신을 발견한다.

"이제 어쩌지?"

우리는 자신을 행복하게 만들어줬어야 할 그 사건, 자기를 희생하는 그 고된 과정을 합리화해줬어야 할 그 사건이 우리를 공허하게 만든다는 사실을 깨닫는다. 그리고 결국 자신은 전과 똑같은 사람이라는 것, 업적을 쌓는 과정에서 성취를 또 하나 이뤘을 뿐 좋은 삶에는 전혀 가까워지지 않았고 이미 다음에 오를 목표를 찾고 있다는 것을 알게 된다. 기념 휴가는 곧 끝이 나고, 우리는 앞의 성취에 따라온 근심을 그대로 안고서 다시 허겁지겁 새로운 목표에 매진한다.

마음속 깊은 곳에서는 노력하고, 달성하고, 공허해지는 이 사이클 이상의 무언가가 분명 삶에 있으리라고 느낀다. 그러나 '그 이상의 무언가'가 무엇인지 정확히 설명하기는 쉽지 않다. 목표를 지향하는 태도는 좋은 것 아닌가? 온종일 소파에 드러누워 텔레비전만 보거나 무수한 현대적 오락거리에 이리저리 휩쓸리는 사람이 아닌, 책임감 있고 헌신적인 사람을 만드는 게 바로 이런 태도가 아닌가? 더욱 생산적으로 사는 법을 가르쳐주는 최신 자기계발서에서 핏빗Fitbit 활동 추적 앱의 광고 슬로건 "목표를 깨부숴!"에 이르기까지, 눈 돌리는 모든 곳에서 더욱 목표 지향적인 사람이 되라고 우리를 격려하는 것 같다. 우리는 이렇게 생각할지도 모른다.

'어쩌면 내게 필요한 건 새로운 종류의 목표일지도 몰라. 내가 추구해온 목표를 대체하거나 보완해줄, 더욱 유의미하고 사회적으로 중요한 목표.'

그러나 목표가 한 개든 두 개든, 사적이든 공적이든, 똑같은 문제가 발생한다는 것을 머지않아 깨닫게 된다. 성취에 삶의 초점을 맞추면 어째서인지 영원한 불만족 상태에 놓인다. 우리는 무엇을 놓치고 있는 걸까?

삶이 피상적이라고 느낄 때 우리는 불만족을 알아차린다. 마치 우리의 온 존재가 일그러져서 작은 상자에 쑤셔 넣어지거나, 동시에 몇 개의 목표를 추구하느냐에 따라 우리의 몸이 썰려서 여러 개의 양동이에 나뉘어 담기는 것 같다. 모든 곳에 존재하는 동시에 어디에도 존재하지 않는 느낌이다. 이러한 상태는 여러 모습으로 나타난다. 바깥과 접촉을 끊고 사무실 모니터 앞에 앉아 긴 시간을 보내는 사람, 프로젝트 달성이 얼마 안 남았다고 스스로를 닦달하면서 애초에 그 활동으로 우리를 이끈 본질적 기쁨을 잃은 사람, 자녀가 목표를 성취하도록 돕는 데 끊임없이 집중하면서 자아를 상실하는 사람, 너무 바빠서 친구들과 시간을 보낼 수 없다고 느끼는 사람, 상대에게 좋은 인상을 주고 출세하려고 자신의 존엄을 희생하는 사람.

"대의를 위해서야."

우리는 스스로에게 이렇게 말하며 자신을 업신여기는 사람에게 거짓 칭찬을 하거나 굽실댈 때 드는 수치심을 억누르려 한다.

우리는 이러한 고충을 돌아보면서 '실천하고 싶지만 오로지 할 일을 마치는 데 집중하느라 포기하는 특정 성품이나 존재 방식'을 언뜻 발견하기 시작한다. 이 책의 목표는 그러한 존재 방식을 확인하고 명확하게 설명하는 것, 그로써 목표 지향적 노력을 넘어서는 좋은 삶의 개념을 제시하는 것이다.

그 자체를 위한 활동: 세 가지 미덕

나는 목표 지향적 노력 때문에 대체되고 왜곡되는 세 가지 미덕, 바로 냉철함과 우정, 자연과의 교감에서 점점 멀어지는 현실이 우리가 느끼는 불행의 근원이라고 생각한다. 이 미덕들은 공통점이 전혀 없어 보일지 몰라도, 전부 '그 자체를 위한 활동'이라 칭할 수 있다. 즉 본질적으로 유의미하고 미래에 무엇을 성취하거나 획득하지 않아도 그 자체로 정당한 활동을 이해하는 방식이다. 이런 활동이야말로 오랫동안 지속되는 행복의 열쇠다. 늘 성취와 함께 끝나고 새로운 성취를 찾아 다시 시작해야만 하는 목표 지향적 노력과 달리, 나답게 존재하고 친구가 되고 자연과 교감하려는 노력은 그 자체로 매 순간 활기를 북돋는 도전과 보상을 안겨준다.

이 미덕들은 우리가 현재를 살며 자신이 하는 활동 속에 오롯이 존재하는 방법이기도 하다. 우리는 이처럼 '지금 여기'를 수용하는 태도가 목표 지향적 삶에서 빠진 조각임을 안다. 목표 지향적 삶은 미래의 승리를 초조하게 내다보거나 본인이 생각하는 과거의 실패를 허탈하게 되돌아본다. 우리가 '현존'을 알아차리는 건 잠깐의 휴식을 취할 때뿐이다. 우리는 요가 수업을 듣고, 명상을 연습하고, 주변 세상의 소리에 귀 기울이며 근무 시간의 소음을 막아보려 한 다음, 전처럼 목표 지향적이고 압박이 심한 삶의 방식으로 곧장 되돌아간다. 결국 우리가 '현재를 사는' 방식은 우리의 성취만큼이나 일시적이다.

우리에게 필요한 것은 찰나에 그치지 않고 현재를 사는 삶, 그저 일상에서 도피하는 것이 아니라 우리가 하는 활동 전체에 스며드는 현존이다. 그러기 위해서는 우리 삶의 방식 전체를 탈바꿈하고, 행동한다는 것의 의미를 다르게 이해해야 한다. 그 자체 외에는 아무것도 목표하지 않는 존재 방식과 미덕에 새로 관심을 기울여야 한다.

목표를 포기하라고 요구하는게 아니다. 목표 없는 삶은 상상하기 힘들다. 어쩌면 아예 불가능할지도 모른다. 식탁에 먹을 것을 올리고 지붕 아래서 잠들기 위해서라도 우리는 물건을 획득하고 프로젝트를 완수하고 이 세상에서 특정 위치와 지위를 얻어야 한다. 그리고 최소한의 필수품을 넘어서는 목표를 추구하는 것은 고무적이고 짜릿하다. 문제는 우리 삶에서 목표가 의미의 주원천이 되기 시작할 때나, 그 자체로 가치 있는 활동이 성공하거나 실패할 과제로 바뀔 때 발생한다.

붓질 하나하나에서 표현되는 예술 창작을 향한 열정이, 다가올 전시회에 출품해 예술 공동체의 인정을 받을 무언가를 제시간에 만들어내야 한다는 압박으로 변질될 수 있음을 생각해보라. 걸음마다 산의 지형을 무사히 통과하는 법을 배울 수 있고 뜻밖의 만남과 경치를 조우할 수 있는 주말의 등산은 좋은 기록을 내기 위해, 안내 책자에서 광고한 경치를 보기 위해, 또는 인스타그램 스토리에 사진을 올리기 위해 힘겹게 정상을 오르는 행군이 될 수 있다. 결혼을 하거나 제대로 된 직업에 안착하거나 아이를 낳거나 집을 사지 않으면 어떤 면에서 삶이 실패로 끝나리라는 익숙한 걱정은 또 어떤가. 우리는 관습적인 목표와 성공 개념을 비판하며 그러한 우려에 맞서는 데 매우 능숙하다. 그러한 비판이 옳을 수도 있지만, 더욱 심각한 문제는 애초에 목표가 의미 있는 삶을 정의한다는 데 있다.

나는 냉철함과 우정, 자연과의 교감을 고려해 목표의 의미를 재해석할 것을 제안한다. 목표가 크든 작든, 개인적이든 사회적이든, 목표의 의미는 목표 자체가 아니라 그 목표를 추구하면서 우리가 밟는 과정에 있다. 그 과정을 그저 목적지로 향하는 길이 아니라, 그 자체로 유의미한 미덕들을 함양하고 표현할 기회로 이해해야 한다.

도착지 없는 여정으로서의 삶

우리는 삶에서 중요한 것이 '도착지가 아니라 그곳에 이르는 과정' 임을 종종 되새긴다. 그리고 스스로에게 본인이 추구하는 종착지에 집착하지 말고 '여행으로서의 삶을 수용'하라고 말한다. 대학 졸업식 의 연사는 이따금 20세기 초의 시인 C. P. 카바피C. P. Cavafy의 유명한 작품 「이타카」Ithaca를 인용한다. 이 시는 트로이를 무찌르는 대단한 업적을 이룬 뒤 바다에서 훨씬 큰 고난을 마주한 오디세우스의 전설 적인 귀향 여정을 다룬다. 카바피는 이렇게 말한다.

"절대로 여행을 서두르지 마라/여행은 오래도록 이어지는 것이 낫 다…/이타카는 네게 놀라운 여정을 선사했다./이타카가 없었다면 너 는 출발도 하지 못했으리라./그러나 이타카는 더 이상 네게 줄 것이 없다./이타카가 메마른 곳이라 해도/그곳은 너를 속이지 않았다./이 경험으로 지금쯤 지혜를 얻었을 테니/이타카의 진정한 의미를 깨닫 게 될 것이다."[1]

카바피가 호메로스에게서 얻은, 졸업식 기념사로 언급할 만한 교훈 은, 삶에서 가장 중요한 것은 우리가 '무엇을 성취하는가'나 '무엇에 도달하려 하는가'가 아니라, 그 과정에서 스스로와 세상에 대해 '무엇 을 발견하는가'라는 것이다. 원대한 공공의 목표나 사랑하는 고향을 앞뒀다고 해도 마찬가지다. 카바피는 수단과 목적의 관계에 대한 우리의 통상적 개념을 뒤집어서, 목적지는 여정 자체를 위한 것이지 그 반대가 아니라고 말한다. 목적지나 고향의 의미는 그곳에 이르는 과정에 의해 결정된다고 말할 수도 있을 것이다. 삶은 결국 인격을 형성하고 자신을 발견할 무한한 기회이며, 그 안에서 각각의 목표와 종착지는 계속되는 자기 탐구의 한 에피소드일 뿐이다.

그러나 우리는 좀처럼 이러한 감상을 마음에 새기거나 그 의미를 제대로 이해하지 않는다. 졸업식 연사는 카바피의 시를 인용하며 결코 끝나지 않는 이상적인 여정을 찬양하는 동시에, 교육의 진짜 핵심은 사회의 크나큰 문제를 해결하거나 세상을 더 나은 곳으로 만들 능력을 갖추는 것임을 청중에게 강조한다. 이렇게 목표 지향적인 관점이 재등장한다. 이번에는 이타적이고 사회 중심적인 휘장을 두르고 있지만, 그럼에도 여전히 목표 지향적이다.

과정을 수용하자는 우리의 가장 진실한 호소조차 뒤에 추신이 따라온다. "그러면 어느새 목표에 도달할 것이다." 또한 여정으로서의 삶이 가진 측면을 제대로 인식하라는 충고는 흔히 능력이 부족한 사람을 위로하는 형태를 띤다. "중요한 것은 승패가 아니라 경기의 내용이다." 우리는 이 조언이 승자가 아닌 패자를 위한 것이라고 생각한다.

목표 지향적 관점이 만연하다는 사실은 도처에 있는 애플 워치Apple Watch나 핏빗 같은 최첨단 셀프 모니터링 장치의 광고 슬로건에서 확연히 드러난다. 이 장치들은 상상 가능한 모든 일상적 활동을 추적하고, 수치화하고, 기록하면서 "캘리포니아 요세미티 국립공원의 숨 막히게 아름다운 세 가지 경로처럼 혼자서는 방문하지 않았을 장소로 여러분을 데려간다"라고 약속한다. 핏빗 어드벤처 앱의 마케팅에서는 뜻밖의 발견을 향한 갈망과 확실한 경로가 주는 안정감 사이의 미묘한 긴장을 포착할 수 있다. "단계마다 미리 정해진 경로를 따라가며 랜드마크와 보물들을 발견하게 됩니다. 목표는 그저 완주하는 것입니다." 물론 진정한 모험은 미리 정해진 경로와 결코 양립할 수 없으며, 길 잃을 일이 없다고 장담하는 가상의 경로와는 더더욱 양립할 수 없다. 그러므로 삶이 곧 여정이라는 개념에 이따금 호소할 때조차 우리는 목표 지향적 틀에서 빠져나오지 못한다.

내 생각에 우리가 목표 지향과 그 자체를 위한 활동이라는 두 가지 이상 사이에서 애매한 태도를 취하는 이유는, 고정된 목적지 없는 여정으로서의 삶을 경험하는 동시에 목표를 향한 과정이 본질적으로 유의미할 수 있음을 인정하는, 모순처럼 보이는 좋은 삶의 두 가지 측면을 이해할 틀이 우리에게 없기 때문이다. 우리는 냉철함과 우정, 자연과의 교감에서 나타나는 구체적 사례를 통해 그 자체를 위한 활동을 더욱 깊이 이해하면서 그러한 틀을 만들어 나갈 것이다.

이 세 가지 미덕은 어느 정도 익숙하고, 좋은 삶과 관련이 있다고 느껴질 것이다. 사회에 순응하라는 압박에 맞서 자신을 옹호하는 짜릿한 기분, 좋은 날에는 친구들과 함께 축하하고 힘든 날에는 친구들에게서 위로를 얻으며 힘을 얻는 느낌, 하이킹을 떠나거나 바다에 잠수하거나 아니면 그저 아름다운 석양을 관조하며 자연과 교감할 때의 전율이 무엇인지 우리 모두 안다. 자기계발서는 우리를 아끼는 사람들과 시간을 보내고 삶의 작은 것들에 감사하라고 말한다. 그러나 이 미덕들은 우리 생각만큼 간단하지 않다.

첫째, 이 미덕들은 성취와 업적을 쌓으라는 압박 속에서 꾸준히 추구하기 어렵다. 더욱 근본적인 두 번째 요인은, 목표 지향적인 경향에서 우리를 해방해야 할 이 미덕들의 의미가, 바로 그러한 경향 때문에 미묘하게 왜곡된다는 것이다. 예를 들어 우리는 냉철함을 선뜻 "린 인"lean in 정신과 동일시한다. 린 인 정신은 강렬한 인상을 주고 기업의 승진 사다리를 오르고자 일터에서 자신을 내세우는 것을 의미한다. 그러나 자신을 옹호하거나 자기 입장을 고수하는 냉철함은 성과나 좋은 평가와는 아무 관련이 없고 심지어는 존엄을 지키기 위해 커리어나 소중한 목표를 잃을 위험을 감수해야 할 수도 있다.

비슷하게, 우리는 공동의 목표를 추구하는 다양한 형태의 동맹이나 일을 잠시 쉬며 신나게 즐기는 유쾌한 관계를 쉽게 우정과 혼동한다. 함께한 역사에서 비롯되는 우정, 같이 있을 때 새로운 지혜와 자기 이해에 도달하는 우정을 간과한다. 소셜미디어에서 자신을 팔로우하는 사람들에게 손쉽게 '친구'라는 이름을 붙이고 그 수를 세어서 전시한다는 점이, 진정한 우정의 알맹이가 사라져 텅 비었음을 보여준다. 물론 우리는 소셜미디어 친구 대다수가 진짜 친구가 아님을 안다. 그러나 우리가 '친구'라는 단어를 이런 식으로 사용하는 데 익숙해졌다는 사실이, 알지도 못하는 사이에 도구적이고 목표 지향적인 관계로 서서히 미끄러지고 있음을 보여준다.

자연과 교감할 때, 우리는 큰 어려움을 직면한다. 자연의 경이 그리고 멋진 야외활동이 주는 순간적인 감상을, 자연으로부터 우리를 보호하고 땅과 하늘을 이용하는 갖가지 방법과 좀처럼 조화시키지 못하는 것이다. 자세히 뜯어보면 자연을 대하는 우리의 태도는 매우 모호하다. 우리는 일상의 루틴에 잘 들어맞거나 이국적인 신선함을 불러일으키는 자연의 특정 측면은 즐겁게 받아들이는 한편, 우리가 산업에 이용하는 풍경과 숲, 호수, 바다에는 등을 돌린다.

심지어 자연을 돌보는 태도조차 '보호'라는 이름의 목표 지향적 노력에서 동기를 얻는다. 우리는 자연을 지구의 건강과 미래 세대의 안전을 위해 보호해야 하는 희소 자원으로 여긴다. 그러나 자기 자신과 본인이 추구하는 목표를 바라보는 새로운 관점을 얻을 수 있는 경탄과 경이의 원천으로서, 자연을 그 자체로 인정하고 보호하려는 노력은 좀처럼 하지 않는다. 예를 들어 생물의 다양성이 중요한 이유를 설명해보라고 하면, 우리는 거의 자동으로 어느 한 종이 멸종하면 결국 우리 인간을 포함한 다른 종들도 고통받는다는 설명을 내놓는다. 자연의 다양성을 본질적으로 유의미하고 만날 가치가 있는 것으로 이해할 언어가 우리에게는 없다.

허리케인이나 지진, 홍수, 질병 같은 자연의 가공할 만한 위력 앞에서 우리는 감탄하는 태도 대신 자연을 우리 삶에서 제거해야 할 위협으로 간주하는 경향이 있다. 마치 언젠가는 자연을 완전히 제압하고 죽음마저 피할 수 있을 것처럼, 우리는 자연을 예측하고 통제하려고 무수히 노력하며 자연에 맞서 싸운다. 자연이 가장 적대적이고 크나큰 좌절감을 불러일으킬 때에도 자연으로부터 존재와 인간성에 대한 앎을 얻을 수 있다는 가능성을 생각해보는 일은 드물다.

좋은 삶의 지침으로서의 철학

그 자체를 위한 활동의 관점에서 좋은 삶을 설명하고 냉철함과 우정, 자연과의 교감의 측면에서 그 내용을 구체적으로 탐구하기 위해 되돌아가야 할 곳이 있다. 처음에는 가까이하기 어려워 보일 수 있으나 내가 오늘날 삶의 의미를 숙고하는 데 없어서는 안 되는 요소라고 생각하게 된 자료, 바로 과거와 현대의 철학 전통이다.

많은 사람이 철학 하면 이 세상에 관해 흥미로운 추상적 성찰을 내놓지만 일상생활과는 직접적 관련이 없는 학문이라는 이미지를 떠올릴지 모른다. 그러나 고대 그리스에서 처음 시작된 철학은 대개 학문의 주제가 아니었다. 당시 철학은 삶을 살아가는 방법에 관한 것이었다. 철학과 일상생활의 관계는 소크라테스라는 인물에게서 가장 명확하게 드러나는데, 소크라테스는 공적인 자리에서 학생을 가르친 적이 한 번도 없었고 단 한 권의 책도 집필하지 않았다. 소크라테스의 가르침은 주로 충실한 제자였던 플라톤의 대화편을 통해 우리에게 전해지며, 소크라테스는 이 대화에서 주인공으로 등장한다.

우리는 소크라테스가 매우 실용적인 의미에서 철학을 추구했고 온종일 거리와 가정집에서 사람들과 어울리며 행복과 좋은 삶의 의미에 관해 대화를 나누었음을 플라톤을 통해 알게 된다. 소크라테스가 그렇게 한 것은 한가로운 호기심이나 논쟁 그 자체를 위해서가 아니었다. 소크라테스는 지속적인 대화와 성찰을 통해 자기 삶을 살아가는 방법을 더욱 명료하게 이해할 수 있다고 굳게 믿었다.

소크라테스의 삶의 신조는 아폴론의 전언인 델포이 신탁의 명령,

"너 자신을 알라"였다. 소크라테스는 이 명령을 마음 깊이 새겼다. 언젠가 켄타우로스나 키메라 같은 광포한 신화 속 괴물이나 종교 전승에서 말하는 사건들을 실제로 믿느냐는 질문에, 소크라테스는 본인이 알 수도 없고 그에 관해 고민할 시간도 없다고 대답했다고 한다. 소크라테스의 관심은 자기 영혼의 미덕을 개발하는 데 있었다. 소크라테스는 그런 사건이나 생명체가 실제로 존재하는지 묻는 대신, 신화적 전통을 자기 행동과 관련해 해석하며 자기 안에 그런 괴물 같은 성향이 있는지, 자신이 온화한 사람인지를 자문했다. 그는 한결같이 어떻게 하면 가장 좋은 삶을 살 수 있는가에 관심을 기울였다.[2]

소크라테스가 보기에 "어떻게 살아야 하는가"라는 질문의 중심에는 행복과 성취의 관계가 있었다. 그가 살던 시대에 야망 있는 시민의 가장 큰 포부는 공직에서 이름을 떨치고 신화 속 트로이 전쟁의 영웅인 아킬레우스처럼 기억되는 것이었다. 그러나 소크라테스는 명성과 재산, 세속적인 성공에 대한 집착에 의문을 제기했다. 내면의 성찰이나 추상적인 사색이 아니라, 치열한 활동이라는 개념의 관점에서 그렇게 했다. 법정에서 승리하고 대중 집회에서 찬사를 들으려 했던 그 당시 유명한 웅변가나 유명인의 주장과 달리, 소크라테스는 자기 이해 그 자체를 열렬히 추구하는 데 진정한 행복이 있다고 보았다. 그러므로 우리는 소크라테스로부터 오늘날 목표 지향적 노력과 삶을 끝없는 여행으로 받아들이는 것 사이에서 우리가 느끼는 긴장감에 대한 면밀한 고찰을 발견할 수 있다.

소크라테스의 가르침에서 냉철함과 우정, 자연과의 교감을 어떻게 이해할 수 있을지에 대한 심오하고도 반직관적인 제안 또한 찾을 수 있다. 앞으로 살펴보겠지만, 소크라테스는 우리가 냉철함 하면 가장 먼저 떠올리는 자신을 내세우는 개인주의와 진정한 냉철함을 구분할 수 있게 도와준다. 자신의 통일성, 심지어 목숨까지 위협받는 상황에서 꿋꿋함을 잃지 않고 사회적 압박을 견디는 소크라테스의 놀라운 능력은 철학에 헌신한 그의 태도와 관련이 있었다. 그는 자기 이해에 전념하는 사람들이 함께 지혜를 추구하는 것이 곧 철학이라고 생각했다. 그러므로 소크라테스가 말하는 냉철함은 특정 형태의 우정이기도 했다. 이러한 우정은 대화를 통한 공동의 모험, 토론 주제에 관한 공통의 관심에 기반한 공동체의 한 형태로 드러났다. 소크라테스는 종종 철학을 '우호적인' 대화의 한 방식으로 묘사하는데, 아테네 법정에 만연했던 주장과 반박이 서로 대립하는 담화와 달리, 이러한 대화에서 각 참여자는 상대방의 관점을 명료화하고 발전시키면서 더욱 강화하려 한다.

이렇게 소크라테스는 우리가 흔히 간과하는 냉철함과 우정의 깊은 관련성을 강조한다. 앞으로 살펴보겠지만, 이러한 관련성은 소크라테스와 플라톤의 철학적 계승자인 아리스토텔레스에게서 더욱 잘 드러난다. 아리스토텔레스는 자기self에 대한 개념, 즉 그의 용어로 영혼에 대한 개념을, 우정에서 빛을 발하는 공동 활동의 장으로 발전시킨다.

영혼과 미덕에 대한 플라톤과 아리스토텔레스의 설명에는 우리가 교훈을 얻을 수 있는 자연 해석도 담겨 있다. 물체가 자기 본연의 위치를 찾아 이동한다는 아리스토텔레스의 물리학 개념은 오늘날 순진하고 비과학적인 것으로 취급받지만, 나는 이 개념이 오늘날 당연시하는 기계론적 설명과 유익하게 대립한다고 생각한다. 영혼의 관점에서 운동을 이해한 아리스토텔레스의 개념을 재검토하고 좋은 삶을 이해하려는 바탕에서 소크라테스의 자연 해석을 숙고하면서 우리는 적이 아닌 친구로서 자연과 교감하는 방법을 찾게 된다. 한쪽에는 인간의 가치가, 다른 한쪽에는 자연의 위력이 있다고 보는 자연에 적대적인 오늘날의 태도와 달리, 우리는 자신을 이해하고자 노력하면서 대화 상대인 자연에게 배울 수 있는 소크라테스식 태도를 살펴볼 것이다.

진보의 문제

플라톤과 아리스토텔레스에게서 좋은 삶에 대한 심오한 성찰을 발견하는 것 외에 철학, 특히 고대 철학에 기대는 또 다른 이유가 있다. 우리가 목표 지향적 노력 바깥에서 좋은 삶의 개념을 설명하려 할 때 어려움을 느끼고, 커리어나 개인적 포부 외에 어디서 의미를 얻는지 설명해야 할 때 더 고귀하고 유의미한 목표를 언급하곤 하는(그러므로 목표 지향적 틀에서 정말로 벗어나지는 못하는) 이유는, 근대 초기에 부상해 오늘날 우리가 생각하고 존재하는 방식에 넓게 퍼져 있는 암묵적 철학에 우리가 여전히 얽매여 있기 때문이다. 그러한 철학 중 으뜸은 계몽주의 시대를 정의한 인간의 행위 주체성 개념, 즉 우리가 진보의 행위자로서 우리의 가장 고귀한 소명을 적극 실현하려 한다는 생각이다.

이러한 관점에 따르면 좋은 삶을 산다는 것은 곧 이런저런 의미에서 더 자유롭고, 평화롭고, 공정하고, 생산적이고, 번성하고, 어떤 의미에서는 더 발전된 세상을 불러오는 데 참여한다는 것을 의미한다. 그 기준은 설명하기에 다라 다르겠지만, 진보의 측면에서 떠올릴 때 행위 주체성은 이미 시야에 보이지만 아직 실현되지는 않은 이상을 위해 노력하는 데 있다. 인간사는 예측 불가능하고 자연 역시 인간에게 완고하게 저항하므로 그 이상은 오랫동안 결실을 맺지 못할 수 있다. 그러므로 진보의 실현 가능성에 의문을 제기하고 심지어 퇴행기를 수용하면서도 진보 자체에 대한 믿음을 잃지 않는 것은 전혀 모순이 아니다. 이러한 믿음에 따르면 인간 행동의 근본적인 원동력은 실제로는 지금 이곳에 없지만 이론상으로 또는 우리의 생각 속에서는 이미 이곳에 있다. 우리는 삶의 방향을 이미 알고 있고, 그저 그곳으로 향하는 길을 따라가기만 하면 된다. 그 길이나 그 과정은 수단이 되고, 이상은 목적이 된다. 가능한 한 빨리 목적지에 도착하려는 열정은 과정을 더욱 빨리 해치울 수 있는 수단이라면 무엇이든 찾으려는 태도로 손쉽게 이어진다. 그 수단이 자신이나 타인의 존엄을 희생하더라도 상관없다.

이러한 관점에서 볼 때 가장 진실하고 고상한 의미에서 자기 자신이 된다는 것은 곧 목표를 추구하는 행위자가 된다는 것을 의미한다. 우정은 목표를 효율적으로 실현하기 위한 동맹으로 바뀐다. 자연과의 교감은 우리의 의도에 맞게 자연을 굴복시키려는 계획이 된다.

이런 발전 중심적 사고방식이 현대의 삶에 불어넣는 동력은 어마어마하다. 이런 사고방식은 이런저런 형태의 발전을 대놓고 옹호하는 사람들에게서 매우 명백하게 드러난다. 예를 들어 인기 있는 한 저자이자 학자는 이성과 과학이 계속해서 발달한 덕분에 겉으로 보이는 것과 달리 폭력이 점점 감소하고 있다고 말하며, 이성을 "목표 달성을 위한 지식의 사용"으로 명확히 정의한다.[3] 이러한 틀은 우리 일상에서 발생하는 사회·정치적 담론에서 좀더 미묘하게 작동하기도 하는데, "역사의 옳은 편에 서라"는 명령이나 "우주가 그리는 호는 정의를 향해 기울어진다"는 확언이 그 예다.

아마도 이러한 사고방식이 가장 만연한 순간은, 우리가 진보나 역사적 변화의 거대 서사를 부인하면서도 세상을 더 좋은 장소(좋은 세상을 어떻게 이해하든지 간에)로 만드는 측면에서 개인의 삶의 의미를 정의하거나, 아니면 그저 특정 단계로 구성된 인생 계획을 실행할 때일 것이다. 만들고, 계획하고, 결실을 이루는 과정을 묘사하는 방식은 전부 비슷비슷하다. 이러한 목표 지향적 관점에서는 서서히 펼쳐지는 삶의 의미를 인식할 수 없다. 우리는 삶을 실행해야 할 계획으로 생각하는 대신, 예상 밖의 만남을 통해 점점 명료하게 드러나는 것으로 이해해야 한다.

누군가는 반대로 진보주의적 이상의 단점을 언급할 수 있다. 목표 달성에 의미를 거는 삶은, 그 목표가 기술로 자연을 정복하는 것이든 세상에서 불의를 뿌리 뽑는 것이든, 언제나 예측할 수 없는 격변과 부당한 고통, 불가해한 운명의 변화라는 극복 불가능한 한계에 부딪힌다. 그런 상황이 닥치면 자기 파괴적인 방식으로 문제에 대처하기 쉽다. 고통을 죗값 또는 우주의 안녕을 위한 필요악으로 이해하거나, 아니면 그저 모든 상서로운 시작에 끼어서 모든 성취를 훼손하는 집요하고 불가사의한 구름으로 이해하는 것이다.

우리에게는 고통을 삶의 부정이 아닌 삶의 일부로 이해하도록 돕는 틀이 필요하다. 이 지점에서 철학이 필수 불가결한 지침이 될 수 있다. 고통을 구원하고 매 순간 살 가치가 있는 삶으로 향하는 길을 제시하는 미덕을 이해하는 데 철학이 도움을 줄 수 있다.

전근대적 사고방식을 진지하게 받아들이면 우리의 일상생활을 장악한 진보 개념을 재고해볼 수 있다. 진보 중심적 사고방식과 대조적으로, 우리는 플라톤과 아리스토텔레스가 한 정치체제에서 또 다른 정치체제로의 이행(민주주의에서 독재국가로, 독재국가에서 과두제로, 과두제에서 다시 민주주의로)을 얼마나 침착하고 무미건조하게 기술하는지를 생각해볼 수 있다. 이들에게 정치 개혁과 모든 인간 성취가 불안정하다는 사실은 크나큰 충격이나 삶에 반하는 증거가 아니라, 우리의 유토피아적 열망을 억누르고 우리 삶의 초점을 다시 미덕과 품성, 해석 능력으로 옮기게 하는 자극제였다.

철학과 일상생활

일상생활을 이해하는 데 철학이 도움이 될 뿐만 아니라 반드시 필요하다는 소크라테스의 의견에 따라, 그리고 어떻게 철학에 의지해 목표 지향적 노력의 기세를 꺾을 수 있는지 보여주기 위해, 나는 철학을 통해 더욱 명료하게 이해하게 된 내 삶의 부분들을 책 전체에 엮어낼 것이다. 또한 문학 작품과 영화, 인기 텔레비전 시리즈의 등장인물과 에피소드를 가져와 어떻게 철학이 우리가 오락이라고 생각하는 것들에서 새로운 깊이를 발견하도록 도울 수 있는지, 그리고 어떻게 이러한 것들이 삶을 살아가는 방식에 관한 더 폭넓은 철학적 관점을 구체적으로 보여줄 수 있는지 제시할 것이다.

나는 내 취미에 초점을 두고 개인적인 이야기를 풀어나갈 생각이다. 이 취미는 겉보기에는 철학과 아무 상관도 없고 어떤 면에서는 상상할 수 있는 가장 편협한 목표 지향적 활동이다. 주류 스포츠의 레이더 바깥에 있지만 전 세계의 군인 신체검사와 헬스 프로그램에 꼭 들어가는 운동, 바로 턱걸이다. 요즘 나는 이 책을 쓰면서 1분간 턱걸이 개수 기네스 세계 기록을 되찾으려고 훈련하고 있다. 이 세계 기록은 내가 2018년부터 2020년까지 보유했다가 최근에 깨졌는데, 2014년에 내가 처음 이름을 올린 뒤 지금까지 세 번 깨지는 동안 계속해서 내 도전의 원천이 되고 있다.

이 특별한 훈련은 여러 우연한 만남에서 시작되었지만 그 배경에는 평생에 걸친 나의 스포츠 사랑이 있다. 나는 여덟 살 때부터 대학을 졸업할 때까지 야구와 테니스를 했고, 그다음에는 역도를 했다. 역도는 처음에 야구를 위해 몸을 만들려고 시작했다가 철학 박사 공부를 하면서 옥스퍼드대학 파워리프팅 동아리에서 그 자체로서 훈련하게 되었다. 믿기 힘들겠지만 내가 턱걸이라는 틈새 활동을 계속하는 데는 철학적인 이유가 있다. 이상해 보이겠지만, 철봉에 매달려 턱이 철봉 위로 올라갈 때까지 몸을 들어 올리는 우스꽝스러운 활동이, 내게는 그 자체를 위한 활동의 의미를 이해하게 도와주는 하나의 방식이다.

신기록에 도전하려고 턱걸이를 훈련하는 몇 달 내내, 나는 부상에 대처하는 법과 노력하고 극복하는 즐거움의 필수적인 요소로서 실패를 받아들이는 법을 배운다. 한창 고되게 운동하다가 훈련 파트너에게 파이팅을 외치려고 힘을 끌어모을 때, 힘든 세트를 포기하려다가 동료들의 응원에서 기운을 얻을 때, 최선을 다했지만 실패하고서 체육관 바닥에 대자로 뻗을 때, 나는 우정과 함께 다른 상황에서는 찾기 힘든 자유롭고 진실한 자기표현의 목소리를 얻는다. 이 훈련이 아니었다면 만나지 못했을 사람들과 만나고, 믿기 힘들 만큼 멋진 멘토들을 발견하고, 깨달음을 주는 새로운 관점을 통해 삶을 이해하게 된다. 철봉 꼭대기에서 내려왔다가 다시 올라갈 때, 나의 노력을 방해하는 장애물이나 이 세상의 외부적 특징이 아니라 함께하는 파트너로서 중력과 교감하는 법을 배운다. 이런 방식으로 하는 턱걸이는 목적을 위한 수단 이상이 된다. 이 행위는 계속되는 인격 형성과 자기 발견의 여정이다.

이러한 취미가 그 자체를 위한 활동으로 보이지 않는 가장 큰 이유는 이 행위의 많은 부분이 여전히 신기록 달성을 지향하기 때문이다. 힘겹고 긴 훈련을 매일 반복하는 이유가 신기록 달성 때문이라는 건 언뜻 당연하게 보인다. 그러나 이런 목표 지향적 측면과 내재적 의미 사이의 긴장이야말로 이 활동을 철학의 비옥한 터전으로 만든다. 처음에는 결코 알아차리기 쉽지 않다.

실제로 나는 경쟁의 압박과 실패에 대한 두려움, 성공의 덧없음과 씨름하며 내가 하는 활동의 의미를 이해할 수 있는 더 폭넓은 관점을 찾다가 목표를 위한 활동과 그 자체를 위한 활동을 비교하기 시작했다. 물론 내가 공부해온 철학이 이런 식으로 세상을 바라보는 데 큰 영향을 미쳤다. 그러나 내가 읽고 발표하고 해석하던 바로 그 철학을 더욱 깊이 이해하게 된 것은 (처음에는 파워리프팅 대회에 나가는 대학원생으로서, 나중에는 터무니없이 턱걸이 신기록에 도전하는 철학 교사로서) 훈련을 하면서였다. 행복을 추구하는 과정에서 철학이 중요하다는 사실을 내가 이해하게 된 방식과 나 자신의 경험을 통해, 목표 지향적 노력과 그 자체를 위한 활동 사이의 근본적인 긴장 때문에 수없이 다양한 방식으로 씨름하는 독자들이 철학에 더욱 쉽게 접근할 수 있기를 바란다.

스토아 철학이 삐끗하는 지점

목표 지향적 노력을 넘어서는 좋은 삶을 탐구하기에 앞서, 내가 제안하는 접근법과 대조되는 또 다른 사례를 언급하고자 한다. 고대 철학을 현대의 삶에 적용하려는 노력으로서 오늘날 큰 인기를 끌고 있으며 이 책 내내 그 자체를 위한 활동 개념과 대조되는 역할을 할 이 현상은 바로 스토아 철학의 부흥이다.

스토아학파의 매력은 이 철학이 인생의 어려움 앞에서 침착할 것을 권하고 일과 가정생활, 뜻밖의 난관이 주는 압박 속에서 자제심을 회복할 틀을 제공한다는 사실과 분명 관련이 있다. 오늘날 스토아학파의 부흥은 적어도 표면적으로는 목표 지향적 노력에 신선한 대안을 제공하는 듯 보인다. 스토아학파에 따르면 진정으로 중요한 것은 성취가 아닌 미덕의 실천이기 때문이다. 좋은 삶을 사는 것은 곧 침착함과 자제심으로 좌절과 불운을 견디고, 정의로운 자가 고통받고 부정한 자가 득세하는 세상에서 미덕을 잃지 않는 것이다. 스토아 철학은 미덕이 그 자체로 하나의 목적이며, 성취와 찬사가 절대로 제공할 수 없는 만족감을 준다고 가르친다.

그러나 나는 스토아학파에서 말하는 미덕이 진정한 행복을 고취하기엔 너무 수동적이고 자신을 낮춘다고 생각한다. 앞으로 살펴보겠지만, 스토아학파에서 말하는 자제심의 원천은 우리의 말과 행동, 문제가 작은 우주 한구석의 극히 짧은 시간 속에 발생하는, 우주적 차원에서 볼 때 매우 하찮은 움직임이라는 유익한 깨달음에 있다. 스토아 철학자이자 로마의 황제였던 마르쿠스 아우렐리우스는 "우리 모두가 얼마나 빨리 잊히는지 보라… 무한한 시간의 심연이 모든 것을 집어삼킨다"라고 말하며 명성을 향한 집착을 버리라고 충고한다.[4] 스토아 철학에 따르면 이 세상의 더 거대한 틀 안에서는 우리의 가장 친밀한 관계조차 별 의미가 없다. 고대의 스토아 철학자인 에픽테토스는 밤에 아버지가 아들에게 키스할 때 아들이 언젠가는 죽을 운명이며 언제든 이 세상에서 사라질 수 있음을 명심해야 한다고 가르친다. 여기서 얻을 수 있는 교훈은 사랑하는 사람과 함께 있음을 즐기되 지나친 애착을 갖지 말아야 한다는 것이다. 현대의 한 스토아학파 저자에 따르면, 우리는 우정을 '선호되는 무관한 것', 즉 있으면 좋지만 좋은 삶에 꼭 필요하지는 않은 것으로 여기는 법을 배워야 한다.[5]

스토아학파의 미덕이 겉으로는 성실한 노력과 정치적 리더십 등의 형태로 활동을 장려하는 듯 보일지 모르지만, 그러한 참여의 근원에는 '현 상태'에 대한 수동적 수용이 있다. 이러한 궁극적 수용의 토대 위에서 스토아학파는 패배할지 모른다는 두려움에 흔들리지 않고 이 세상에서의 책임을 이행해나갈 수 있다. 그러나 이렇게 자기 책임을 다하고 무슨 일이든 끈기 있게 해낼 수 있는 원동력이 어디에서 나오는지는 불분명하다.

스토아학파가 인간의 행위 주체성을 낮춘다는 사실은 결국 목표 지향적 관점을 넘어서지 못했음을 시사한다. 세속적인 성공을 비판하기는 하지만, 스토아 철학은 성공과 패배의 궤도를 넘어서는 대안적 인간사 개념을 상상하지 못한다. 스토아 철학은 성취의 연약함 때문에 의욕을 잃은 철학으로, 냉철함과 우정, 자연과의 교감을 잘못 해석하고 과소평가하며, 그 자체를 위한 활동의 지속적인 특성을 인식하지 못한다.

스토아학파는 인간사의 덧없음을 설파하면서 옛사람들의 삶과 문화가 그저 건물을 세우고 제국을 건설하고 중요한 이정표에 다다르기 위함이 아니었음을 간과한다. 과거의 삶과 문화에는 원칙적으로는 언제까지고 이어질 수 있는 미덕과 선에 대한 해석을 표현하려는 의도가 있었다. 스파르타와 경쟁한 소규모 민주주의 국가인 고대 아테네는 세계사에서 매우 짧은 시간 존재했을 뿐이고, 위풍당당한 파르테논 신전은 이제 관광 명소로 전락했지만, 소크라테스와 플라톤, 아리스토텔레스 같은 아테네의 위대한 사상가들이 낳은 미덕과 영웅주의 개념은 오늘날에도 계속 실천할 수 있다. 이 사상가들은 오랫동안 학문적 논쟁과 해석에 갇혀 있었으나, 자기 이해를 추구하는 모두의 앞에 여전히 생생하게 살아 있다. 우리는 이들에게서 조언을 구할 수 있다. 이들이 제시한 도덕적·정신적 활동을 계속해서 수행할 수 있다.

자기 계발의 모습으로 나타난 현대의 스토아 철학은 우리가 통제할수 있는 것과 없는 것을 구분하라고 강조한다. 우리가 적어도 어느 정도 통제할 수 있는 것은 스스로의 생각과 감정이다. 우리가 통제할 수 없는 것은 질병과 자연재해, 타인의 반응 같은 외부 세계다. 이러한 구분이 끊임없이 우리를 방해하고 좌절시키는 오만한 전능의 망상에 맞서는 데 도움이 될 수도 있겠지만, 한편으로는 우리가 주변 상황을 해석하고 참여하는 것을 막기도 한다. 우리는 이런 참여를 통해 냉철함을 얻을 수 있고, 편안함을 느낄 수 있는 세상을 구성하는 데 일조할수 있다.

스토아 철학의 가장 큰 결함은 내부와 외부, 주체와 객체, 자기와 세계라는 이원론을 넘어서서 사고하지 못한다는 것이다. 스토아 철학은 새롭고 낯선 환경을 접하고 자기 것으로 만들 힘을 주는 대신, 자기중심적인 현실 도피로 빠지는 성향을 용인한다. 내 생각에 오늘날 스토아 철학의 매력은 우리에게 너무 많은 것을 요구하지 않으면서도 삶의 의미를 탐색할 수 있을 만큼만 비판적이고 친근하다는 것이다. 우리는 더 멀리 가야 한다. 자기와 세계의 의미를 새롭게 생각하고, 외부적이거나 이질적으로 보이는 것을 해석과 창의적 구원의 기회로 끌어안을 수 있는 삶을 상상해야 한다.

자기와 세계의 의미를 새롭게 생각하기

앞으로 냉철함과 우정, 자연과의 교감을 탐구하면서 알게 되겠지만, 우리는 시선을 내부로 돌려 자기 생각과 감정을 뜯어볼 때나 시선을 외부로 돌려 어떤 계획의 결승점을 바라볼 때가 아니라 그 자체를 위한 활동에 몰두할 때 삶의 의미를 발견한다. 몰두한다는 것은 곧 '나의 머릿속'과 '저 바깥'의 구분을 극복한다는 것이다. 한창 그러한 활동에 몰두할 때 마주하는 것은 오로지 자기뿐이며, 이 자기는 나인 동시에 이 세계이기 때문이다.

이 상태를 변함없이 유지하기가 어렵긴 하지만, 이러한 자기와 세계의 통합은 그리 먼 이상이 아니다. 그저 활동에 헌신적으로 참여함으로써 조건을 따져대는 자의식이 일종의 몰입 상태에 자리를 내어주는 사례를 떠올리기만 하면 된다. 예를 들어 내가 턱걸이 훈련에 몰두할 때, 두 달 뒤에 있을 경쟁에서 승리하거나 패배할 '나'는 중력을 상대로 벌이는 리드미컬한 몸부림과 이 움직임이 입증하는 훈련의 여정 속에서 사라진다. 내가 체육관에 들어서서 준비운동을 하기 전에 올려다보는 명백히 외부 물체인 철봉조차, 전력을 쏟는 운동 세트 중에는 내 감각 인식에서 사라진다. 스포츠와 음악 연주, 공예, 깊은 대화 등 다양한 인간 활동에서 나타나는 이러한 몰입의 순간에 우리는 외부 세계로 보이는 것에 편안함을 느끼곤 한다.

그 자체를 위한 활동에 참여하면 자기와 세계가 별개의 두 개체가 아님을 이해하게 된다. 자기는 외부 세계에 부딪히는 사적인 의식의 영역이 아니다. 우리가 보고 만질 수 있는 것, 외부 세계에 속한다고 생각하는 것들은 애초에 다양한 주관적 가치가 부여되기를 기다리는 무의미한 배열이 아니라 자기의 확장에 가까우며, 벌어지는 이야기 속에서 이미 구성된 의미에 의해 존재가 정의된다. 이러한 의견이 기이해 보일 수도 있겠지만, 앞으로 자연과의 교감 및 시간과의 싸움에 대해 함께 생각해보면서 그 의미를 더욱 명확하게 느끼기를 바란다. 나는 고유한 열정으로 헌신하는 자신의 삶이 이 세상을 구성하는 데 일조하며, 우리 의식 외부에 있는 세상도 없고 이 세상에서 이미 작용하지 않는 의식도 없음을 알아차리는 것이 진정한 냉철함의 의미라는 사실을 증명하고자 한다.

이 개념을 표현하는 또 다른 방법은, 이따금 활동에 몰입함으로써 일시적으로 세상과 '하나' 되는 개인적 의식의 영역이 곧 자기가 아니라는 것이다. 우리가 자신을 인식하고 '이것'이나 '너'와 대조되는 '나'를 말하는 그 순간, 우리는 이미 공동 활동에 참여하는 무언가 또는 누군가와의 관계의 측면에서 자기를 생각하고 있는 것이다. "철봉이 손에서 자꾸 미끄러져서 진절머리가 나"라는 말은 대상인 철봉과 대조되는 주체인 '나'를 언급하는 것이 아니다. 우리가 이런 식으로 쉽게 생각하는 것은 개인을 그저 이 세상과 분리된 정신으로 정의하고 인간 존재와 따로 떨어진 어떤 세상, 말하자면 '저 바깥'에 있는 물질이나 물건, 상황이 존재한다고 가정하는 오랜 근대 사상의 전통 때문이다.

그러나 주체와 대상을 구분하는 듯 보이는 철봉에 대한 좌절의 표현은 손쉽게 달리 해석할 수도 있다. 나 자신과 철봉의 구분은 사실 우리 둘이 불가분하게 묶여 있는 관계가 변형된 것이다. 내가 말하는 '나'는 훈련을 재개하고자 하는 활동적 자기다. 철봉은 그 활동에 반드시 필요한, 협조적이기보다는 내게 저항하는 파트너다.

철봉의 계속되는 저항을 토대로, 나는 철봉을 구성하는 물질을 알아보고 더 잘 만들어진 다른 철봉과 비교함으로써 철봉으로부터 더욱 거리를 둘 수 있다. 그러나 이렇게 철봉을 철저하게 뜯어보는 것은, 그 사물의 내부를 꿰뚫어 보는 행위로 여기고 싶을지 몰라도, 사실은 활동적이고 참여적인 파트너십을 통해 생겨난 틀 안에서 거리를 두는 행위다. 이처럼 명백히 분리된 생각 속에 빠져든다고 해서, 내가 철봉과의 관계를 전부 끊고 마침내 철봉의 객관적 특성을 숙지하는 것은 결코 아니다. 완전히 몰입한 파트너십이 아니라 좌절하고 문제를 해결하려는 태도이긴 하지만, 나는 계속해서 철봉과 관계 맺고 있다.

그러나 문제를 해결하려는 자의식적 태도는 몰입한 파트너십을 토대로 하고 있는 것이지, 그 반대가 아니다. 우리는 보통 몰입이 예외적이고 자의식적 사고가 일반적이라고 여기지만, 사실은 그 반대라고 생각해야 한다. 우리는 본래 자신이 하는 행동과 자신이 사용하는 물건, 함께 움직이는 사람들에게 몰두하는 활동적 존재다. 자신이 하는 행동에서 한 걸음 물러서서 거리를 두고 세상을 바라보며 자의식적으로 계획하고 계산하는 것은 우리의 파생적인 모습일 뿐이다. 다른 사람과 비교하고, 자신이 하는 것과 사용하는 것에서 스스로를 분리하고, 상황이 틀어질지도 모른다고 걱정하며 우리의 일상을 자주 방해하는, 우리가 자아 또는 주관적 인식이라고 여기는 것은, 사실 활동에 몰입하는 과정에서 펼쳐지는 이야기의 부속물인 파생적 현실이다.

아리스토텔레스의 말처럼, 우리는 편하게 쉬면서 쾌적한 상태를 수동적으로 즐길 때나 우리가 이룬 성취를 돌아볼 때가 아니라 엔 에네르게이아en energeia, 즉 '행동'할 때 가장 자기답다. 행동한다는 것은 곧 삶이 내놓는 다양한 상황에서 서로 대립하는 여러 가능성을 숙고하고 판단하는 능력을 행사하는 것이다. 아리스토텔레스는 이러한 판단의 핵심이 목표를 달성하고 효용을 극대화한다는 의미에서 '올바른' 결정을 내리는 것이 아니라, 자신이 누구인지를 확고하게 드러내고 이를테면 "모든 것을 고려했을 때 나는 이 결정을 고수하며, 앞으로도 계속 이 결정을 감수하고 여기에서 교훈을 얻을 것이다"라고 선언하는 것이라 말한다.

이러한 관점에서 볼 때 오늘날 특정 심리학적 경향을 조사하고 분석해 '더 나은' 판단을 내리도록 우리를 유도하려 하거나 인간의 모든 판단을 알고리즘의 의사 결정으로 대체하려 하는 사회정책은 판단을 냉철함의 표현이 아닌 목적을 위한 수단으로 여김으로써 핵심을 놓치고 있는 것이다. 합리적 선택 이론을 뒷받침하는 기술이 우리 자신보다 우리의 선호를 더욱 만족시킬 것이라 약속한다 해도, 그러한 기술은 우리가 인격을 형성하고, 기술을 익히고, 스스로 목표를 설정할 수 있게 하는 행위 주체성을 박탈한다.

냉철함

1장과 2장에서는 널리 인정받지만 얄팍하게 이해되는 미덕인 냉철함을 탐구할 것이다. 냉철함은 흔들기 어려운 사람, 반대 의견에 침착하게 대응하는 사람의 이미지를 연상시킨다. 그러나 냉철함에는 동요하지 않는 겉모습보다 훨씬 깊은 의미가 있다. 냉철함 하면 가장 먼저 떠오르는 인물들을 통해 알 수 있듯이, 겉모습은 우리를 속일 수 있기 때문이다. 인기 텔레비전 시리즈 「매드맨」Mad Men의 돈 드레이퍼Don Draper처럼 의뢰인으로 가득한 방 안에서 큰돈이 걸린 발표를 번지르르하게 해내는 말쑥한 광고회사 간부를 떠올려보라. 매디슨가에 있는 휘황찬란한 사무실에서 나오는 순간 드레이퍼는 외도와 술, 실패한 갱생 시도로 얼룩진 방종한 삶으로 곤두박질친다. 드레이퍼가 방탕한 밤을 보낸 뒤 매일 아침 단추를 채우는 빳빳한 흰색 셔츠는 내면의 혼란을 감추는 가면이다.

우리는 고대 철학의 도움을 받아, 제대로 이해한 냉철함은 이런저런 영역이나 업무에서의 자신감이 아님을 살펴볼 것이다. 냉철함은 자신이 전념하는 전 범위에 걸쳐서 자기와 하나 되는 것을 의미한다. 이때 우리는 자기 삶의 다양한 측면과 순간이 조화롭게 '전체'를 이루고 있으며 늘 작동하는 이 전체가 우리에게 방향을 제시하고 뜻밖의 상황에 직면할 용기를 준다는 사실을 이해하게 된다.

다양한 측면을 지닌 이 냉철함 개념을 구체적으로 이해하기 위해 우리는 두 가지 주요 철학적 관점을 살펴볼 것이다. 아리스토텔레스가 말하는 미덕 중에서 특히 그가 '위대한 영혼'greatness of soul이라고 칭한 것이 1장의 중심 내용이며, 플라톤이 묘사한 소크라테스의 삶과 죽음이 2장의 중심 내용이다. 학자들은 보통 아리스토텔레스가 설명하는 미덕과 플라톤이 설명하는 미덕을 대비시키지만, 나는 그 두 가지가 서로를 강화한다고 이해할 것을 제안한다. 소크라테스가 플라톤의 대화편에서 줄곧 행동으로 보여주는 미덕에 관한 미묘하고도 대단히 정확한 설명을, 아리스토텔레스가 말하는 위대한 영혼에서 발견할 수 있다. 우리의 냉철함 탐구는 소크라테스의 재판과 처형, "아테네의 청년들을 타락시켰다"는 비난 앞에서 그가 보인 불가사의하고 거의 초인간적인 침착함을 숙고하면서 끝을 맺는다. 그 과정에서 고대 철학 외에도 영화와 텔레비전 쇼, 대중문화, 일상생활에서 가져온 다양한 사례를 지침 삼아 냉철함의 여러 측면을 살펴볼 것이다.

우리가 분석할 냉철함의 핵심 차원은 다음과 같다

- 자신을 옹호하면서도 부당한 대우를 받았을 때 인정이나 존경을 요구하지 않기
- 기술과 소위 '전문 지식'이 끼어들어 우리의 행위 주체성을 없애려 할 때 자신의 판단을 행사하기
- 우리와 의견이 다른 사람을 이해하려고 노력하기(아픈 사람을 진단하듯 그저 그들의 관점을 심리학적으로 설명하는 것이 아니라, 공감할 수 있는 단편적 통찰을 찾아내려 노력하기)
- 사람들이 아무리 무지하고 적대적일지라도 이해할 수 없고 위협적인 불가사의라고 받아들이기보다는 우리와 비슷하다는 사실을 인식하기
- 타인에 대한 우리의 의무가 무엇보다 스스로에 대한 의무임을 이해하기

- 도덕성은 외적 보상을 바라는 자기 희생의 한 형태가 아니라 그 자체로 중요한 자기 긍정의 한 형태라고 다시 생각하기
- 자기 회피에 도덕적 의미를 부여해 약점을 미덕으로 분류하지 않기
- 처한 상황이 악화될 때 마음을 다잡고 불행을 구원하는 능력을 기르기

우정의 진정한 의미

3장의 주제는 냉철함 탐구에서 이미 나타나기 시작한다. 냉철함과 우정은 언뜻 별개의 미덕이자 좋은 삶의 각기 다른 요소로 보일 수 있지만, 우리는 이 두 미덕이 서로 뒤얽혀 있으며 심지어 다른 하나 없이는 제대로 이해할 수조차 없음을 알게 될 것이다. 냉철함의 가장 인상적인 사례를 유발하고 구성하는 것이 바로 친구와 사랑하는 대상을 향한 헌신임을 살펴보면서, 냉철함의 한 방식인 우정과 우정의 한 방식인 냉철함을 탐색할 것이다.

3장의 가장 큰 주제는 목적을 위한 우정과 대비되는 그 자체를 위한 우정이다. 이 두 가지를 구분하기 위해 효용성을 위한 우정과 미덕을 위한 우정을 비교한 아리스토텔레스의 잘 알려진 개념을 살펴볼 것이다. 한편으로는 아리스토텔레스가 말한 미덕을 위한 우정은 냉철함, 그의 용어에 따르면 위대한 영혼을 통해서만 제대로 이해할 수 있음을 알게 될 것이다.

아리스토텔레스는 함께 냉철함을 기르는 것이 진정한 우정을 구성

한다고 말한다. 또한 반대로 아리스토텔레스는 냉철함을 우정의 한 방식으로 바라보면서, 냉철하기에 자기 자신의 친구가 될 수 있는 사람만이 타인의 친구도 될 수 있다는, 많은 생각을 불러일으키는 주장을 제시한다. 자신의 친구가 된다는 것이 어떤 의미인지 생각해보면서, 우리는 냉철함이 우정, 또는 자기 안의 다양함이 만들어내는 조화의 뼈대를 이룬다는 더 깊이 있는 이해에 다다를 것이다.

우정과 냉철함의 관계를 고려하지 않으면 덕 있는 사람만이 진정한 우정을 나눌 수 있다는 아리스토텔레스의 대담한 주장을, 정의롭다는 의미에서 도덕적인 사람만이 진정한 친구가 될 수 있다는 지나치게 단순하지만 널리 퍼진 관점으로 오해하기 쉽다. 앞으로 살펴보겠지만, 친구 관계에서는 친구를 편애하거나 심지어는 친구의 죄를 덮어줘야 할 수도 있다. 이러한 우정과 정의 사이의 긴장을 탐구하기 위해 우리는 문학 작품과 영화, 일상에서의 사례를 살펴볼 것이다.

3장의 또 다른 주제는 우정을 경시하고 동맹을 선호하는 우리의 경향이, 지금까지도 우리에게 큰 영향을 미치는 계몽주의적 발전 개념과 섭리적 역사관에 철학적으로 깊이 뿌리박고 있다는 것이다. 이러한 관점에서 보면 인간의 가장 고귀한 소명은 이상적인 정세를 이룩하는 것인데, 그러려면 친구가 아닌 동맹이 필요하다. 과거 고대 철학에서 가장 고귀한 미덕으로 여겼던 그 자체를 위한 우정은 편협하고 분열을 일으키는 것으로 격하된다. 이때 우정은 자기중심주의와 이기심에서 겨우 한 발짝 떨어진 것, 사심 없는 정의나 원대한 개혁의 비전과 상충하는 일종의 동족애로 여겨진다. 주목할 점은, 근대 철학자들이 정의와 계급적 연대, 여러 형태의 동맹에 대해서는 예외랄 것 없이 말이 많으면서도 우정은 거의 다루지 않는다는 것이다. 그러나 이러한 근대의 우정 비하는 크게 잘못되었다.

고대 철학자들과 비극 시인들은 이해했지만 계몽주의 사상에서 간과하는 것이 있다. 뜻밖의 격변과 불의가 그저 인간의 어리석음의 산물이 아니며, 그러므로 사회적으로 개혁할 수 있는 것도 아니라는 것이다. 격변은 우리가 끊임없이 이해하고 받아들여야 하는 존재의 본질적 차원이다. 친구가 없으면 이러한 궁극적 소명에 부응하기 어려울 것이다. 불행을 구원하고, 냉철함을 기르고, 우리의 인간성을 발휘할 힘은 오로지 우정을 통해서만 얻을 수 있다. 스토아학파와 애덤 스미스 등 여러 철학에서 흔히 발견되는, 우정이 보편적 관심과 대립한다는 익숙한 생각은 사실 오해다. 우리와 '멀리' 떨어진 사람들이 어떻게 잠재적 친구가 될 수 있는지를 참조하지 않고서는 보편적인 인간성을 인식할 수 없다. 동맹이 아닌 친구를 추구하라는 명령은 좋은 삶을 사는 데 여전히 중요하다.

자연과의 교감

우정과 냉철함이 한 짝을 이루듯 자연과의 교감도 이 두 미덕과 조화를 이루는데, 4장에서는 바로 이 조화를 탐구한다. 우리가 산만하게 휘둘리고 불행한 보편적 원인이 자연과의 단절에 있음을 살펴볼 것이다. 자연과 단절되면서, 우리는 우리 손으로 만든 것이 아니라 우연히 마주치는 것들에서 얻을 수 있는 자극과 통찰을 잃고 있다. 경이로운 자연에 영감을 받아 우리를 둘러싼 아름다움과 숭고함을 표현하려 애쓸 때, 우리는 자연을 의미와 자기 이해의 원천으로 바라본다. 하지만 우리는 자연을 그저 우리의 목적에 맞게 사용하는 외부적 배경이나 환경으로 여기곤 한다.

자연과의 단절은 자연의 아름다움과 신비를 고의로 무시하며 우림을 농지로 개간하거나, 산업을 추진하고 공장을 짓고, 맑은 대기를 오염시키느라 풍경과 호수, 별들을 못 본 척할 때 가장 극명하게 드러난다. 그러나 이러한 태도는 자연을 보존해야 할 희소 자원으로 여기고 기후 변화가 인간과 지구의 건강과 안녕에 미치는 파괴적 영향의 측면에서만 오염의 문제를 이해하는 지배적 환경보호주의에서도 똑같이 뚜렷하게 드러난다.

단절이 더 미묘하게 스며든 지점은 우리가 자연을 연구하고 이해하는 가장 일반적인 방식, 즉 우리가 무비판적으로 근대 과학의 완전무결한 진보라고 받아들이는 과학 이론이다. 생존에 유리한 특성의 측면에서 동물 행동을 이해하는 다윈의 이론이나 중력의 법칙의 측면에서 운동을 설명하는 근대 물리학 이론이 그 사례다. 우리는 이러한 이론을 통해 우리가 예측하고 통제할 수 있는 대상으로 바꿀 수 있는 만큼만 자연을 이해한다.

그러나 모든 형태의 목표 지향적 노력과 마찬가지로 이러한 대상화에는 편협한 시야, 심각한 경시, 눈길을 돌리는 행위가 수반되고, 이러한 특성을 자각하지 못할 경우 대상화는 무지의 한 형태이자 자기 상실의 한 형태로 변한다. '운동 중인 물체'와 같은 물질계의 추상적 개념을 이용하면 로켓을 우주로 쏘아 올릴 때 필요한 속도를 계산할 수 있고, 맹목적인 생존 본능에 초점을 맞추면 몇 년 뒤 특정 생물 종 내에서 우세할 표현형을 예측할 수 있지만, 그때 우리는 무한한 풍요와 신비, 다양한 잠재적 자극을 품고 우리에게 다가오는 눈에 보이고 손에 닿는 세계와 더 이상 접촉하지 못한다.

일상생활에서 나타나는 모습 그대로, 저항과 영감의 원천으로서 세계를 올바르게 이해하는 유일한 방법은, 자연을 우리 스스로를 이해하는 하나의 방식으로 삼는 것이다. 이러한 작업의 적절한 담화 방식은 고대의 자연 해석에서 흔히 나타나는 시적·문학적 언어일 수 있다. 이와 같은 언어에서 자연은 우리에게 냉철함을 기를 것을 요구하는 존재로 의인화된다. 자연과의 이러한 해석적 교감은 소크라테스식 대화와 유사한 것으로 이해할 수도 있다. 물론 인간과 대화할 때와 달리 해와 달, 별은 우리의 질문에 곧바로 대답하지 않는다(소크라테스의 지적처럼 글도 마찬가지이긴 하지만). 그러나 모든 대화 상대와 마찬가지로 자연의 이러한 측면 역시 그 자체로 나름의 의미와 의견을 제시한다고 볼 수 있고, 우리는 자기 자신 또는 친구와의 대화를 통해 그 의미를 더욱 깊이 탐구할 수 있다. 소크라테스가 선善 개념을 설명하기 위해 태양의 이미지를 환기한 것이 우리가 살펴볼 사례다. 우리가 자연에서 나타나는 의미를 이해하려 할 때 자연 자체도 새로운 방식으로 모습을 드러낸다.

근대적 사고방식은 이러한 자연 해석을 도덕적으로 무심한 우주에 인간이 멋대로 의미를 투사하는 행위로 치부한다. 그러나 앞으로 살펴보겠듯이, 이것이 인간중심주의anthropocentrism라는 주장 자체가 '안 트로포'anthropo, 즉 관찰 대상과 분리된 주체적 인식으로서의 인간이라는 매우 미심쩍은 개념을 전제한다. 한쪽에는 인간의 가치와 포부를, 다른 한쪽에는 자연을 놓는 이러한 주체와 대상의 구분은 우리의 존재와 인식의 기본 방식을 구성하는 주변 상황에 대한 몰입과 헌신을 간과한다. '물체'와 '질량', '수량', '원인'의 측면에서 자연을 이해하는 것처럼 우리가 보통 객관적이고 인간중심주의와 아무 관련이 없다고 여기는 관찰 및 설명 방식은, 사실 자세히 들여다보면 미심쩍은 자기 개념을 미묘하게 입증한다. 이러한 자기 개념은 그저 사실을 기술할 뿐인 자명한 언어의 망토 속에 손쉽게 몸을 숨긴다.

자연과의 교감을 되찾고 자세히 설명하기 위해 우리는 두 가지 대립하는 태도와 이 미덕을 비교할 것이다. 자연을 대하는 첫 번째 태도는 기술적 관점의 특징인 적대적 입장이라고 칭할 수 있다. 즉, 우리가 마주하는 자연은 우리가 어떤 목적을 부여하려 하든 그에 따라 무한히 변할 수 있다는 생각이다. 처음에는 아무리 인간에게 저항하는 듯 보여도, 자연은 결국 우리가 정복하고 우리의 목표에 따라 고칠 수 있다. 우리의 생산력을 외부에서 제한한다는 의미에서의 자연은 사실 존재하지 않는다는 것이 이러한 기술적 관점의 급진적인 주장이다. 자연은 우리를 지배하는 힘이자 순전한 기정사실처럼 보이지만, 사실은 우리의 기술적 지배력이 진보함에 따라 우리가 억누를 수 있는 것이기 때문이다. 오늘날 점점 인기를 끌고 있는 생명 연장의 움직임이 자연을 대하는 이러한 적대적 태도의 완벽한 사례다. 이 움직임은 우리의 노력을 방해하는 자연의 궁극적 제약인 죽음조차 정복 가능하다는 믿음을 보여준다.

앞으로 살펴보겠듯이, 이러한 믿음은 비현실적인 프로메테우스적 포부를 드러내기도 하지만, 결국 이 포부 자체가 죽음을 관찰 및 연구, 예측, 연기할 수 있는 무언가로 축소하는 태도에서 나온다. 이러한 태도는 죽음이 우리 삶의 의미와 관련 있으며 근본적으로 우리 삶이 매 순간 혼란에 노출되어 있다는 사실을 간과한다.

자연과의 해석적 교감과 대비되는 두 번째 태도는 어떤 면에서 보면 기술적 관점과 정반대다. 이 태도는 특정 전근대적 관점의 특징이지만 자연은 그저 '존재한다'는 견해에서 오늘날 재등장하고 있는 체념적 입장이다. 즉 자연은 우리의 노력에 극복 불가능한 제약을 가하며 우리는 그러한 제약을 삶의 일부로 받아들여야 한다는 것이다. 이러한 관점은 오늘날 부활하고 있는 스토아 철학의 핵심에 자리한다. 스토아 철학은 통제할 수 없는 것 앞에서 침착하라고 가르치며 무한한 순환 속에서 만물이 또 한 번 흩어졌다가 모이는 무한한 자연의 힘에 관심을 기울이라고 말한다.

자연을 대하는 적대적이고 체념적인 태도와 대조되는 것이 우리가 앞으로 살펴볼 자연과의 교감이다. 이러한 소크라테스식 이해를 통해 우리는 자연을 (재난과 부상, 질병, 죽음 같은 적대적 형태 속에서도) 우리의 삶과 우리가 추구하는 목표를 재해석하는 방법에 관한 교훈과 통찰을 제공하는 존재로 해석하게 된다.

시간과의 싸움과 자유롭다는 것의 의미

마지막으로 냉철함과 우정, 자연과의 교감을 추구하는 삶을 통해 바뀌는 두 가지, 바로 우리가 시간을 해석하고 관계 맺는 방식과 자유롭다는 것의 의미를 이해하는 방식을 살펴볼 것이다.

5장에서 우리는 목표 지향적 노력과 그 자체를 위한 활동이 각각 시간을 어떻게 이해하는지 살피며 그 둘을 비교할 것이다. 그리고 시간과 관련된 우리의 익숙한 걱정(시간이 너무 빨리 흘러가는 것 같고, 늘 시간이 부족해서 하던 일을 마치지 못하고, 결국 시간이 불가항력으로 우리를 노화와 죽음으로 끌고 가리라는 걱정)이 끊임없이 외부의 목표를 예상하며 사는 삶의 특징인 시간의 왜곡에서 비롯될 수 있음을 알아볼 것이다.

시간이 연속적으로 흐른다는 가장 분명해 보이는 시간 개념은 한 사건의 전후에 반드시 다른 사건이 있어야 하는 목표 지향적 노력의 한 짝이다. 오로지 이러한 목표 지향적 노력의 수중에서만 시간은 그저 흐를 뿐이라고 말하거나 시간의 흐름을 초와 분, 시간, 날, 해처럼 측정할 수 있다. 그러므로 우리의 주관적인 시간 인식과 대조되는 '실지적'이고 '객관적'인 시간은 우리가 그 자체를 위한 활동에서 멀어지고 있다는 증후다.

냉철함과 우정, 자연과의 교감으로 정의되는, 삶을 계속되는 여정으로 바라보는 관점에서 시간은 절대로 그냥 흐르지 않는다. 다가오는 매 순간을 지나간 것의 구원이자 재통합으로 이해할 수 있기 때문이다. 앞으로 살펴보겠지만, 과거와 미래는 연속해서 이어지는 타임

라인 위의 점들이 아니라, 매 순간을 구성하는 차원이다. 과거는 현재의 종결과 통합을 보여주고, 미래는 현재의 시작과 불가사의함을 보여준다. 이렇게 이해한 삶은 탄생에서 죽음으로 이어지는 시간의 연속선상에서 펼쳐지지 않는다. 그보다는 '모든 시간'을 횡단한다고 볼 수 있는 단일한 순간의 시작과 종결이라는 측면에서 이해해야 한다.

이런 식으로 시간을 이해하려면 삶과 죽음의 의미 자체를 재고해야 한다. 죽음을 삶의 부정이나 삶이 끝나는 지점으로 이해하는 우리에게 익숙한 관점은, 삶을 의식의 '현존'으로 축소하는 데서 비롯한다. 이때 이 의식은 어느 한 시점에 세상에 나타나 한동안 머물다가 어느 날 소멸하거나 제거된다. 삶을 이런 식으로 이해하면 목표 지향적 노력의 관점에서 구성되는 시간의 연속선상에 자신을 배치하게 되고, 냉철함과 우정, 자연과의 교감으로 구성되는 존재 방식을 간과하게 된다. 이 세 미덕으로 이뤄지는 존재 방식은 자기 의식의 한계를 넘어서며, 우리가 도착하고 떠날 수 있는 모든 세상을 구성하는 데 일조한다.

또한 세상의 방향에서 보면 우리의 삶이나 개인의 정체성은 결코 단순하게 의식의 영역으로 축소될 수 없다. 우리의 해석적 에너지를 요청하는 이 세상과 우리의 삶은 분리가 불가능하며, 우리는 그 에너지를 행사함으로써 이 세상을 표현하는 데 참여하기 때문이다. 자기 행동을 통해 세상을 구성하고, 또 반대로 자신이 행동하는 세상에 의해 구성됨으로써, 우리는 끊임없이 특정 종결에 에너지를 제공하고, 이 종결에서 다시 탁 트인 지평선이 나타난다. 죽음에 어떤 의미가 있다면, 그것은 삶을 에워싸고 안으로 스며든 예상할 수도 알 수도 없는 것의 불가해한 차원, 우리의 가장 깊은 헌신 및 자기 탐구의 조건이자 원천에 지나지 않을 것이다. 이런 관점에서 볼 때 '사후'에 무엇이 있느냐는 질문, 우리 의식의 운명과 우리를 기다리고 있을지 모를 보상 또는 처벌은 긴급함을 잃는다. 우리 앞에 놓인 모든 순간의 불가사의함과 가능성은 우리가 현재 살고 있는 순간보다 더 깊고 심오하지 않기 때문이다.

6장에서는 그 자체를 위한 활동에서 나오는 자유 개념을 살펴볼 것이다. 자유라는 주제는 앞에서 냉철함을 다룰 때 판단 능력과 독립적인 정신, 고난의 창의적 극복이라는 형태로 이미 나타났을 것이다. 그러나 이러한 능력과 냉철함 개념 자체는 주변 환경에 휘둘리지 않고 스스로 삶을 선택하거나 구축한다는 의미의, 익숙하지만 잘못된 자유 개념으로 오해받기 쉽다. 이러한 해석은 보통 자유의지와 결정론이 대립하는 형태로 나타난다. 한쪽에는 자신의 선택과 결정에 따라 살아가는 무한한 능력이 있고, 다른 한쪽에는 타고난 성향과 사회적 압박이라는 외적 필연성의 제약이 있다. 그러나 이러한 대립은 자신이 대상의 세계 속에 놓인 주체이며, 이 세상에 맞서 자신을 유지하고자 끊임없이 노력해야 한다고 생각하는 잘못된 사상 전통에서 비롯된다. 이러한 주체와 대상의 구분은 자기와 세계가 서로를 구성한다는 사실을 완전히 무시한다.

앞으로 살펴보겠듯이, 선택과 결정의 측면에서 자유를 이해하면 우리 자신에게 가장 적합한 행위가 우리가 속한 세상에 따라 정해진다는 사실을 놓치게 된다. 그런 행위는 의지력과 선택이 아닌 해석과 관심에서 나온다. 행위 주체성을 관심을 기울이고 반응하는 한 방식으로 고찰함으로써, 우리는 일관된 삶을 만드는 능력이 언제나 이미 살고 있는 삶에 대한 사전 이해에서 나온다는 사실을 이해하게 될 것이다. 우리가 새로운 모험과 만남을 통해 삶을 구축할 수 있는 것은, 이미 잠정적으로 통합되고 한계 지어진 삶의 한복판에 있기 때문이다.

여러 외부적 상황이 우리 삶을 완전히 다른 방향으로 끌어당기고 우리는 그저 그중 하나를 선택해야만 하는 듯 보이는 도덕적 갈등의 사례조차 자기의 통합을 미묘하게 입증한다. 여러 노력이 이미 서로 관계 맺으며 하나의 '전체'를 이루고 있기에 딜레마가 생기고 우리가 선택을 내릴 수 있는 것이다. 이러한 깨달음의 결론은, 우리가 내리는 선택에 달린 것이 생각보다 훨씬 적다는 것이다. 우리의 자유를 구성하는 가장 중요한 요소는 선택 자체가 아니라, 이미 작동 중인 삶의 순환 속에서 우리가 택한 길을 계속 진행되는 가능성으로서 살아나가는 것이다.

이상적인 삶의 방식의 의미

목표 지향적 노력과 그 자체를 위한 활동의 대비가 둘 사이의 선택을 강조한다고, 오래 지속되는 진정한 성취를 찾고 싶다면 그중 하나를 다른 하나로 대체해야 한다고 생각하고 싶을지 모른다. 그러나 내가 앞으로 설명하고자 하듯이 그 자체를 위한 활동 개념은 그저 우리가 사는 실제 삶과 대비되는 이상이 아니다. 그 자체를 위한 활동은 우리 삶에 대한 설명이고, 이미 마음속 깊은 곳에서 우리에게 동기를 부여하는 원동력에 대한 해석이며, 이러한 해석은 그 자체를 위한 활동을 한결같이 명료하게 이해하지 못하는 존재 방식에서도 미묘하고 은근하게 드러난다.

내가 밝히고자 하는 사실은 그 자체를 위한 활동이 그저 목표 지향적 노력의 정반대가 아니라, 역설적으로 이러한 활동 덕분에 목표 지향적 노력이 우리가 자신을 잃어버리는 방식이 될 수 있다는 것이다. 우리가 삶 속에서 길을 잃고 좁은 시야와 집착에 빠질 수 있는 이유는, 오로지 냉철함과 우정, 자연과의 교감을 암시하는 도착지 없는 여정이 이미 우리의 삶을 통합하고 지시하기 때문이다. 너무나 편협하게 목표에만 집중하고 그밖에 다른 것은 모르는 듯 보여도, 자세히 들여다보면 그 안에서 다른 삶의 방식을 언뜻 발견할 수 있다는 뜻이다. 애초에 우리가 볼 수 있고 갈망할 수 있고 그 안에서 자신을 잃어버릴 수 있는 목표처럼 보이는 것은, 스스로를 목표 지향적인 노력 이상으로 이해하는 삶의 방식 안에서 나올 수밖에 없기 때문이다. 그 '이상'이라는 것을 의식적으로 표현하거나 꾸준히 실천하지 않는다 해도 말이다. 우리가 빠지는 자기 파괴적 악덕(냉철함과 우정, 자연과의 교감과 반대되는 것)은 그 자체를 위한 활동과 양립 불가능한 유혹이나 힘의 결과가 아니라, 그러한 활동이 꺾이고 왜곡되는 방식이다.

말하자면 이상은 이미 우리 안에 있기에, 그리고 아무리 부족할지라도 우리가 사는 방식 안에서 이미 드러나고 있기에, 이상을 회복하고 옹호하려면 우리가 그 이상을 이해하고 꾸준히 고수하는 데 실패한다고 해도 그 이상이 이미 우리 삶을 특징짓고 있음을 증명해야 한다. 그러므로 우리가 냉철함과 우정, 자연과의 교감을 충분히 실천하지 못하는 방식을 살피다 보면, 진정한 미덕이 요구하는 바에서 우리 삶의 방식이 크게 동떨어진 듯 보일 때조차 진정한 것을 향한 열망이 작용하고 있음을 발견하게 된다. 바꿔 말하면, (타인을 향한 불친절하고 심지어 악의적인 태도나 자연을 향한 적대적 입장을 비롯해) 우리가 행복을 가져다줄 거라고 오해하는 다양한 방식의 행동과 노력 속에서 우리는 결코 온전히 충족되지 않는다. 우리의 행동을 자세히 들여다보면 오로지 진정한 미덕을 발휘해야만 충족될 수 있는 은밀한 불만족이 드러난다.

이런 의미에서, 내가 제안하는 이상적인 삶의 방식은 산다는 것의 의미에 관한 설명이자, 우리가 저지르는 실수를 포함해 현재 우리가 사는 삶을 이해하는 하나의 방식이다. 실수는 그저 부정적인 존재 방식이나 이상과 충돌하는 태도가 아니라, 흐릿해진 진실을 향한 길을 알려주는 혼란과 모순의 형태로 이해되어야 한다. 다소 추상적으로 들릴지 모르겠지만, 목표 지향적 노력의 여러 구체적 사례, 우리가 목적을 위한 수단으로 타인을 이용하거나 자연의 의미를 못 본 척하고 자연을 마음대로 사용하는 방식 등을 살펴보고 이러한 방식이 은연중에 진정한 냉철함과 우정, 자연과의 교감에 의존하거나 이것들을 추구하고 있음을 드러내는 과정에서 점차 분명히 이해하게 되리라 믿는다.

1장

냉철함 I

아리스토텔레스의 도움으로
우리의 삶을 헤쳐 나가기

고전 철학이 가르치는 까다롭고 포괄적인 의미의 냉철함은 그 이미지를 떠올리기가 쉽지 않다. 할리우드나 정치, 대기업의 세계를 들여다보면 자신감의 사례는 여럿 찾을 수 있지만 냉철함의 사례는 드물다.

이 둘의 차이는 특정 영역에서 목표를 지향하며 장악력이나 자기주장을 내세우는 것과, 삶의 매 순간 통일성과 전체성이 드러나는 것의 차이와 같다. 자신감이 있다는 것은 야구 경기에서 공을 던지거나, 사업에서 거래를 성사하거나, 강의하거나, 학생을 가르치거나, 집을 짓거나, 환자를 치료하는 것처럼 자신이 어떤 역할을 수행하거나 어떤 임무를 완수할 수 있음을 알고 느끼는 것이다. 냉철하다는 것은 특정 분야에서의 능숙함과 성취보다 자기 삶의 서사적 흐름을 분간하고 정의하는 능력이 더 중요하며, 성공과 실패는 현재의 자신을 만드는 에피소드로서 똑같이 존엄하다는 사실을 이해하는 것이다.

냉철함으로 빛나는 사람, 특히 자신의 목표를 객관적으로 바라보고, 집착과 좁은 시야를 피하고, 침착함과 구원의 정신으로 저항에 맞서는 사람을 자세히 들여다볼수록, 세상의 이목 바깥에서 살아가는 친구와 교사, 멘토, 가족 구성원을 더 많이 발견하게 된다.

한편으로 우리는 모두 냉철함을 얻고자 노력하고 냉철함을 지닌 타인을 존경한다. 철학의 가르침이 없어도 냉철함이 중요한 미덕임을 모두가 안다. 그러나 다른 한편으로 냉철함은 유지하기 어렵고 잘못 해석하기도 쉽다. 함께 몇 가지 이유를 살펴보자.

생산하고 성취해야 한다는 압박

분주한 하루 속에서는 냉철함을 잃기 쉽다. 우리는 승진이나 프로젝트 완수 같은 특정 이정표로 향하는 과정에서 강박적으로 계획을 세우고 네모 칸을 체크한다. 심지어 목표를 달성한 뒤 더 오래 지속되는 행복을 갈망할 때도 자신의 불만족을 억누르고 목표 지향적 삶으로 다시 굴러떨어지곤 한다.

나는 훈련할 때 목표 지향적 노력과 그 자체를 위한 활동 사이의 긴장을 강렬하게 경험한다. 내가 훈련의 결과와 상관없이 턱걸이 운동 자체를 진심으로 즐기는 데는 여러 이유가 있다. 그중 하나는 즐거움인데, 다양한 신체 활동에서 그렇듯이 이 즐거움은 단순히 건강과 체중 감량, 체력증진 등을 기대하는 측면에서 운동을 이해하게 되면 쉽게 줄어들고 손상된다. 이 즐거움은 자신의 힘이 세상에 작용하고 세상의 저항에 반응한다는 것을 이해하는 데서 나오는 활기로, 특정 움직임의 자유와 관련이 있다. 철봉이나 중력 또는 달리기나 걷기 중 태양과 바람, 비, 언덕 같은 주변 환경과 협상한 결과인 이 자유는, 처음에는 이질적이고 외부적인 듯 보였던 것을 이용하며 친구가 되는 가장 높은 수준의 행위다.

여기에서 선원이 바람에 주의를 기울이며 반응하는 모습을 떠올릴 수 있다. 처음에 고유한 힘처럼 보였던 바람은 잘 다루면 점차 바다 위에서 함께 배에 동력을 공급하는 파트너가 된다. 이러한 자유는 우리 일상생활 대부분에서 나타나는 게으르게 순응하는 움직임 속의 오아시스인데, 삶을 더 쉽게 만들어준다는 장치들이 다양한 방식으로 우리를 가두고 일그러트리기 때문이다(엘리베이터와 지하철, 사무실 칸막이, 책상과 의자, 그밖에 다른 '편의시설'과 '효율적인 배치'를 떠올려보라. 이런 것들이 우리의 움직임과 위치를 제한하는 방식에 우리는 좀처럼 의문을 제기하지 않는다).

그러나 훈련의 본질적 즐거움은 아무 노력 없이 경험할 수 있는 것이 아니다. 나는 종종 내가 정한 횟수에 도달했는지 또는 기록을 되찾는 데 얼마나 가까워졌는지로 운동의 가치를 판단하는 자신을 발견한다. 발전에 집중하고 핏빗 같은 전자기기를 통해 자신의 성취를 걸음과 초 단위로 집요하게 수치화할 것을 장려하는 기술과 광고에 둘러싸여 있을 때는 목표 지향적 사고에 빠지기가 너무나도 쉽다. 이런 성취 지향적 사고에 빠지면, 기록을 달성할 때마다 성취에서 얻은 기쁨이 너무 순식간에 사라져서 훈련 과정에서 내가 실천한 삶의 방식을 재고할 수밖에 없었다는 사실을 금방 잊고 만다. 나는 또한 기록은 앞으로도 계속 깨질 것이며, 더 나쁘게는 언젠가 세상이 철봉에 매달렸다가 턱이 철봉 위로 올라갈 때까지 몸을 들어 올리는 활동에 그 어떤 가치도 부여하지 않아서 아무 주목도 못 받을 수 있다는 단순한 사실을 망각한다. 이와 달리 내 곁에 오래도록 남는 것은 바로 서사이며, 승리와 패배 모두 이 서사의 증거가 된다. 나는 이 사실을 상기하며 모든 반복 운동을 그 자체로 하나의 도전이자 도착지 없는 여정의 일부로, 끝나기를 바라지 않는 것으로 이해하려 한다.

마찬가지로 책상에 앉아 글을 쓸 때도 탈고가 가장 중요한 것은 아니라고 생각하려 한다. 내 안의 일부는 원고를 가능한 한 빨리 끝내고 싶어 한다. 가을 학기가 다가오고 있음을 느낄 때는 더더욱 그렇다. 그러나 완성보다 더욱 뜻있는 것은 글 쓰는 활동 그 자체다. 내 생각을 종이 위에 표현하려고 노력하는 과정에서 나 자신을 더욱 명료하게 이해할 수 있고, 새로운 지평이 열릴 수도 있다.

완성된 결과물을 미리 내다보는 데 사로잡힐 때면 19세기 철학자 프리드리히 니체가 『선악의 저편』 말미에 적은, 너무나도 많은 생각을 불러일으키는 말을 떠올린다. 그는 자신이 글로 써서 확고하게 자리 잡은 생각이 처음의 매력을 잃었다고 말한다.

"아아, 내가 쓰고 그린 생각이여, 너는 결국 무엇이란 말인가! 얼마 전만 해도 너는 너무나 다채롭고, 젊고, 악의적이고, 가시와 은밀한 향취로 가득해서 나를 재채기하고 웃게 만들었거늘, 지금은 어떠한가? 너는 이미 너의 참신함을 잃었구나… 너의 아침에 네가 어떤 모습이었는지를, 네가 나의 고독 속 갑작스러운 불꽃이자 경이였음을 이제 아무도 짐작하지 못할 것이다."[1]

니체의 말은 글쓰기에 대한 소크라테스의 비판을 떠올리게 한다. 우리가 종이 위에 글을 쓰기 시작하자마자 생각의 여정은 지식의 생산으로 축소될 위험에 빠진다. 가장 힘들게 구하고 가장 훌륭하게 표현한 통찰조차 하나의 의견이자 제안, 앞으로 계속 나아가게 하는 불꽃일 뿐이라는 철학의 짜릿한 개방성은 쉽게 사라질 수 있다. 니체와 소크라테스의 도움을 받아 내 프로젝트의 여정을 숙고하면 목표를 균형 있게 바라보게 된다. 최소한, 타는 듯이 뜨거운 트랙에서 힘들게 달린 뒤 에어컨 달린 서재에 있는 내 책상에 앉아, 나를 자극하는 이제 막 태어난 생각들을 조금이나마 다듬어보려고 시도할 수 있는 이 단순한 기회를 반가워해야 한다는 사실을 깨닫게 된다. 멋진 여름날이다. 프로젝트가 끝나기를 바랄 이유가 어디 있겠는가?

한 활동이 나타내는 여정을 이해함으로써 그 활동이 펼쳐지는 동안 즐거움을 유지하기란 쉬운 일이 아니다. 이것이 그토록 어려운 이유는, 우리가 스스로에게 부여한 마감의 압박과 성공과 찬사의 유혹이 활동 자체의 본질적 의미를 잊게 하기 때문이다. 이러한 압박은 어느 정도 문화적인 것이며, 커리어 발전을 중시하는 목표 지향적 사회의 산물이다. 그러나 성공과 실패의 측면에서 경험을 규정하는 위험은 어느 시기 어느 사회에서나 불가피하게 발생하며, 이는 우리가 추구하는 것이 업무와 관련이 없을 때도 마찬가지다. 이러한 위험은 인간 행동의 속성과 관련이 있다. 본래 인간의 행동은 노래와 춤, 친구와의 수다, 저녁 산책처럼 누가 봐도 목표 지향적이지 않은 활동조차 기량 발휘, 좋은 인상 주기, 몇 분 차이로 노을 놓치지 않기처럼 이런저런 목표의 측면에서 해석되기 쉽다.

냉철함에 대한 저평가와 폄하

냉철함을 추구하기가 두 배로 어려워지는 이유는 세상이 이 미덕을 인정하고 장려하지 않기 때문이다. 냉철함에서 나오는 행위는 보통 위대한 업적만큼 소음과 팡파르를 끌어내지 않는다. 자신이 어디에 전념하는지 알고, 자기 삶을 전체로서 이해하며 행동하고, 고난 앞에서 흔들리지 않고, 삶이 무너질 때 마음을 다잡는 것과 같은 앞으로 살펴볼 냉철함의 양상들은 재능을 전시하는 것보다 훨씬 눈에 띄지 않는다. 물론 냉철함과 성취는 함께 갈 수 있지만, 그렇지 않을 때도 많다. 그리고 성취를 중시하는 사회에서 냉철하지만 유명한 업적은 없는 사람들은 보통 우리의 레이더에 잡히지 않는다.

소크라테스가 좋은 사례다. 플라톤을 비롯한 소수의 학생에게 막대한 영향을 미치긴 했지만, 소크라테스는 그 어떤 업적도 남기지 않았다. 플라톤이 소크라테스의 삶을 책으로 남겨서 그를 전 세계적 유명인으로 만들기 전까지 그는 명성의 측면에서 페리클레스 같은 위대한 웅변가와 정치인에게 한참 가려져 있었다. 당시 아테네의 지배적 가치는 신화 속 인물 아킬레우스처럼 세상에 기억될 대중적 영웅주의를 추구하는 것이었다. 아킬레우스는 트로이 전쟁에서 대단한 용기를 드러냈으나 속으로는 늘 복수심으로 분노하고 괴로워했으며 죽음에 대한 두려움에 시달렸다(불굴의 용기로 그 두려움에 맞서긴 했지만). 분명 아킬레우스는 전쟁터에서 인상적인 자신감을 드러냈다. 그러나 그에게 소크라테스 같은 냉철함은 없었고, 그로 인해 고통받았다.

세상은 냉철함을 간과할 뿐만 아니라 오해하고 폄하한다. 냉철함의 특징인 차분하고 태연하며 때때로 가벼운 태도는 종종 무관심이나 경솔함으로 오해된다. 냉철한 사람은 불행에 맞닥뜨렸을 때(예를 들면 자동차 사고가 났거나 비행기를 놓쳤을 때) 크게 열 내지 않는다. 그 상황이 자기 통제 바깥에 있거나 단순한 인간의 실수일 때는 더더욱 그렇다. 그리고 이러한 평온함은 그런 상황에서 엄숙함과 분노, 연민, 극심한 회한을 요구하는 관습에 젖은 사람의 신경을 건드릴 수 있다. 냉철함의 함양을 자기 삶의 가장 중요한 사명으로 삼는다는 것은 곧 '무책임'하고 '무정'하다거나 '중요한 문제'에 관심이 없다는 흔한 오해에 노출되는 것과 같다.

제2차 세계대전이 발발하기 전에 미국으로 망명한 20세기의 유대인 철학자 한나 아렌트는 전쟁이 끝난 뒤 아이히만 재판을 취재하며 그러한 비판을 받았다. 아렌트는 나치 학살자인 아이히만이 여러 면에서 터무니없이 우스꽝스러운 인물이라고 말했다. 몇몇 사람은 아렌트가 엄숙한 비난조로 말하지 않았으며, 아렌트 본인이 대단히 평범하고 매우 명청하며 한심한 관료주의적 태도라고 이해한 것(아렌트는 이 태도를 유명한 '악의 평범성'이라는 말로 요약했다)을 농담조로 비웃었다는 사실에 기분이 상했다. 아렌트는 자신을 변호하며 그런 어조를 쓸 수밖에 없었다고 말했다. 그 어조는 그저 자기 자신을 드러낸 것이었다. 아렌트는 끔찍한 현실에서 우스꽝스러움을 발견한 자신을 자랑스러워하는 사람, 어떤 죽음 앞에서 웃을 수 있는 사람이었다.

아렌트의 반응에는 소크라테스 같은 면이 있었다. 소크라테스가 처형되기 전에 친구들이 그를 찾아와 훌쩍이고 있을 때 그의 친구인 크리톤이 소크라테스에게 어떻게 묻히고 싶냐고 묻는다. 그러자 소크라테스는 특유의 빈정대는 유머 감각을 발휘하며 "자네 마음대로 하게, 자네가 날 붙들어 도망치지 못하게 할 수만 있다면"이라고 답한다.[2] 이 말은 자신이 죽자마자 진정한 자기는 더 이상 친구들 앞에서 힘없이 늘어진 몸속에 없으리라는 뜻이다. 그러므로 크리톤은 매장 방식을 놓고 법석을 떨 필요가 없다. 소크라테스는 죽음의 그림자가 자신의 가볍고 유쾌한 삶의 태도를 밀어내게 놔두지 않았다.

소크라테스와 아렌트는 삶에 대한 냉소적인 무관심으로 고통을 깔보는 몰상식한 사람이 결코 아니었다. 오히려 반대로, 두 사람은 고통을 인간 존재의 핵심으로, 가장 힘든 순간에 삶을 구원할 거대한 도전이자 기회로 진지하게 받아들였다. 두 사람이 극복하고자 한 것은 심각한 불행 앞에서의 자기 연민이었다. 아렌트와 소크라테스는 스스로를 연민하지 않으려 했고, 그만큼 타인의 고통을 해석할 때도 연민에 압도되지 않으려 했다. 그리고 고통을 삶과 구원의 기쁨에 반드시 필요한 요소로 이해하고자 오랜 시간 힘겹게 노력했다. 그러나 이렇게 높고 어려운 수준의 냉철함은 좋은 삶을 고통 없는 삶으로, 연민을 공감으로 오해하는 사람들에게 폄훼당하기 쉽다.

텅 빈 쾌락의 유혹과 그 원동력인 행복 이론

시원한 여름날 아침, 해가 너무 높이 뜨기 전에 턱걸이 훈련을 하려고 공원으로 천천히 달려갈 때 한 발 한 발 보도를 박차는 느낌을 좋아하긴 하지만, 훈련을 위해 침대 밖으로 굴러 나올 것인가, 아니면 다시 알림 버튼을 누를 것인가 하는 오래된 딜레마에 부딪힐 때도 많다. 훈련이 침대 위에서 가수면 상태로 뒤척이는 것보다 더 긍정적인 경험이 될 것임을 알지만, 푹신한 베개와 그것이 상징하는 손쉬운 위안에는 상당히 매혹적인 면이 있다. 휴식이 나쁘다고 말하려는 것은 아니다. 목표 지향적인 노력의 배경 위에서 휴식은, 특히 우리를 틀에 박힌 일상에서 꺼내 낮에는 결코 생각하지 못했던 것들을 꿈꾸게 하는 숙면은, 무언가를 이루고 성취하려는 노력보다 더 **중요한** 활동으로 여겨질 수 있다. 내가 베개의 매력에서 지적하려는 점은 우리가 인격을 개발하고 개성을 드러낼 수 있는 여러 도전을 회피하고 손쉽지만 공허한 관습적 생활방식의 쾌락에 기대려 한다는 것이다.

밖으로 나가서 자연과 교감하겠다고 또는 페이스북이나 인스타그램을 통하지 않고 직접 친구들과 만나겠다고 결심하는 대신, 우리는 아무 생각 없이 즐기면서 정신없는 생활에서 잠시 빠져나오게 해주는 다양한 향락으로 기분을 전환한다. 그리고 엄격하게 절제하며 부단히 노력하다가 한없이 가벼운 방식으로 일탈하는 악순환에 빠진다. 이 일탈은 하루의 끝에 저질 텔레비전 프로그램을 보면서 쉬는 것처럼 무해한 것에서, 절대 사라지지 않을 듯한 목표 지향적 노력의 스트레스를 줄이고자 처방약을 남용하는 것처럼 유해한 것에 이르기까지 종류가 매우 다양하다. 이러한 향락의 공통점은, 손쉽고 일시적인 쾌락이 주어지지만 결국 스스로 자긍심을 가질 수 있는 행동을 갈망하게 된다는 것이다.

커리어를 마치고 은퇴한다는 개념은 노력과 향락의 기이한 동맹처럼 보인다. 우리는 경력을 쌓는 동안 정신없이 성취를 추구하고 삶에 필수적이라고 여겨지는 것들을 초조하게 수집하지만, 사실 이 필수품이란 것은 대개 편의를 위한 상품이거나 지위의 상징이다. 그리고 은퇴 후에는 모험과 위험, 개인의 성장은 모두 사라진 채로 근심 걱정 없이 시간이 흘러간다. 물론 원칙상 은퇴 생활은 진정으로 유의미한 활동을 할 자유 시간이 될 수 있다. 그러나 커리어 이후의 삶을 의미하는 '은퇴'retirement라는 단어가 좋은 뜻이어야 함에도, 지치고 피곤하고 늘 포기할 준비가 된 사람의 이미지를 환기한다는 사실에 주목해야 한다.

놀랍게도 '물러난'retired이라는 표현은 거의 모든 맥락에서 경멸적인 용어로 쓰이거나 그렇지 않더라도 상황에 굴복하고 도피한다는 의미를 풍긴다. 만약 당신이 속한 야구팀이 '9회에 세 번 아웃'retired 됐다면, 그건 나쁜 상황이다. 그렇다면 커리어의 맥락에서 은퇴가 좋은 뜻이어야 할 이유가 어디 있겠는가? 이 단어는 커리어가 근심의 원인이며, 걱정을 내려놓고 물러나는 것이 그 탈출구라는 뜻을 암시한다.

'휴가'vacation라는 단어도 이와 유사하게 비판할 수 있다. 신성한 날holy-day이라는 표현에서 비롯된 '휴일'holiday이라는 단어가 종류나 질이 다른 활동을 추구하면서 보낸 시간을 암시하는 것과 달리, '텅 빈'vacant 시간에 대한 갈망은 우리가 초조하게 기다리며 보낸, 그저 벗어나길 바라는 시간과 관련해서만 이해할 수 있다.

손쉽지만 공허한 위안으로 도피하는 우리의 성향을 방조하는 것이 바로 행복해지거나 더 나은 결정을 내리는 법을 알려주는 대부분의 대중 자기계발서다. 이 책들은 행복을 함양해야 할 존재 방식이 아닌 획득해야 할 정신 상태로 이해하게 만든다. 주로 전문 심리학자들이 쓴 이런 책들은 소위 정신의 치우침을 수정함으로써 행복을 꾀할 수 있다고 제안하면서 절제와 계획에 대한 우리의 엄청난 관심을 충족할 뿐만 아니라, 목표 지향적 노력의 압박에서 손쉽게 벗어나려는 우리의 조급함까지 용인한다.

이러한 책들이 행복을 정신 상태로 이해하라고 가르치고 냉철함을 낳는 위험과 모험을 피하라고 장려하는 방식을 보여주는 좋은 사례는, 심리학자이자 세계적으로 유명한 합리적 선택 이론가인 대니얼 카너먼Daniel Kahneman의 휴가지 고르는 방법에 대한 조언이다. 그는 어디로 휴가를 떠날지 결정할 때 우리가 '기억 자아'의 '인지 편향'에 빠지기 쉽다고 말한다. 기억 자아는 지난 휴가에서 실제로 경험한 쾌락의 양을 왜곡하는 경향이 있다. 특히 기억 자아는 휴가 마지막에 경험한 쾌락이나 고통에 지나친 중요성을 부여한다.[3] 예를 들어 해변으로 떠난 지난 휴가 때 폭풍우가 몰아쳐서 끝이 좋지 않았다면, 우리는 앞선 6일간 큰 쾌락을 경험했어도 그 끝만 계속 곱씹는 경향이 있다. 쾌락과 고통을 무척 부정확하게 묘사하는 '기억 자아'의 편향 때문에 우리는 다음 휴가를 다른 곳, 예를 들면 산으로 떠나고 싶을지 모른다. 사실은 또 해변으로 가야 더 행복할 수 있는데 말이다.

이러한 카너먼의 접근법은 좋은 휴가 또는 모든 좋은 경험을 만드는 것이 그때의 정신 상태라고 전제한다. 우리는 매 순간 경험한 쾌락의 양을 편향 없이 전부 합산함으로써 우리가 **진정으로** 얼마나 행복했는지를 종합해서 산출해야 한다. 그는 행복이 결국 '우리 머릿속'에 있다고 생각한다. 행복은 상태이며, 우리는 이 상태를 의식적으로 인지하고 '실시간'으로 거의 정확하게 평가할 수 있다. 그러나 이러한 묘사는 행복과 의미의 관계 및 의미와 노력의 관계를 전혀 인식하지 못한다.

오늘날 내가 느끼는 행복에 작게나마 기여한, 내 인생에서 가장 의미 있었던 여행은 으레 쉽지 않았다. 답답할 만큼 의사소통이 안 돼서 내 표현력을 쥐어짜야 했고, 길을 잘못 들어서 온 길을 되돌아가야 했으며, 원치 않는 초대를 거절할 사교력이나 초대에 응할 용기를 발휘해야 했다. 평온하고 느긋했다고 별생각 없이 말할 수 있는 휴가들조차 오로지 여러 활동과 대화, 나들이를 위한 공간이 있었다는 의미에서 평온한 것이었다. 이런 활동들은 주중의 단조로운 일상에서 나를 끄집어냈고, 그것이 특정 종류의 조개껍데기를 찾는 것이든 낯선 문화적 관습을 이해하는 것이든, 새로운 형태의 미묘한 저항과 마주칠 기회를 제공했다. 이런 경험의 한복판에서 쾌락과 고통은 깔끔하게 분리될 수 없다. 발견의 기쁨과 그때까지의 힘겨운 노력을 분리할 수 없듯이 말이다.

보통 내 삶에서 가장 중요했던 경험을 할 때 내 정신 상태는 평온과 거리가 멀었다. 오늘날 일부 심리학자가 강력하게 신뢰하는 뇌 영상 장치에 당시의 나를 연결했다면 내 뇌의 이른바 스트레스 부위가 확실하게 빛났을 것이다. 그러나 돌이켜 생각해봐도, 무의미해서 내가 기억조차 못 하는 수동적이고 일시적인 즐거움의 순간보다, 심리적

스트레스가 동반된 그런 경험을 새로운 형태로 다시 추구하고 싶다.

카너먼은 내가 그저 쾌락보다 모험과 스토리텔링을 더 '선호'하는 것이며 나의 그러한 취향에도 '기억 자아'와 '경험 자아'라는 자신의 틀을 적용할 수 있다고 답할지 모른다. 그러나 모험과 스토리텔링을 즐기는 '선호'를 받아들이면 경험하는 자아와 기억하는 자아를 구분할 수 없게 된다. 어떠한 경험이 가치 있다는 인식은, 집으로 돌아와 그 경험을 되새기고, 친구들과 나누며 그들의 반응을 듣고, 그때와 유사한 새로운 상황을 만나 그 상황에 더욱 잘 대처할 수 있게 될 때 오로지 소급적으로만 생겨나기 때문이다.

말하자면, 기억 자아는 '그 당시'의 정신 상태를 무시하고 잊으며 그때 배운 교훈을 더 명확하게 이해하기 때문에 경험 자아보다 더 현명할 수 있다. 삶을 여정으로 바라보는 관점에는 '진짜로 발생한' 일을 왜곡하기 쉬운 우리 정체성의 기억 측면이 아닌, 오직 한 가지 자아밖에 없다. (또한 현대 심리학자들은 더 오래된 심리학파의 통찰, 특히 프로이트의 분석을 쉽게 잊는다. 프로이트의 분석에 따르면 우리는 회상할 때만큼이나 현재의 순간에도 자기 경험을 종종 잘못 이해한다.) 근본적으로 편향된 기억 자아 개념은 체념한 정신의 결과물이며, 얄팍한 실용주의에 파묻혀 여정으로서의 삶을 망각하게 한다.

합리적 선택 이론의 가정과 달리, 우리는 가장 유의미한 사건이 종종 그 당시에는 의심과 불안, 불편, 심지어는 고통을 수반한다는 사실을 고려해야 한다. 그때 우리는 이러한 느낌을 노력과 구원, 자기 이해라는 이야기 속에 배치하지 못하기 때문이다. 우리가 이 같은 경험을 별개의 순간에 오로지 우리의 정신 상태를 토대로 판단한다면, 그 경험을 피하고 싶은 상황이나 잊고 싶은 사건으로만 취급할지도 모른다. 그러나 계속 펼쳐지는 서사 속의 위치를 고려해서 돌이켜 생각해보면, 그 경험을 우리 삶의 의미와 방향에 꼭 필요한 요소로 받아들이게 될 수도 있다.

때때로 우리는 자신이 중요한 경험의 한복판에 있다는 사실을 인식조차 못 한다. 그 행위나 만남이 겉으로는 너무 단편적이고 하찮아 보여서 하나의 사건으로 인지되거나 우리의 의식 수준에 가닿지 못하는 것이다. 사건이 서서히 펼쳐지고 그 당시 우리의 정신을 흩뜨리던 방해 요소가 사라진 한참 후에야, 우리는 과거를 돌아보며 어떤 경험을 자신의 일부를 이루는 노력이나 열정의 시작으로 인식할 수 있다. 길고 긴 자기 발견의 과정을 기다린 후에야 나타나는 **활동 그 자체**에 내포된 행복과 비교하면, 과거의 그 순간에 우리의 정신 상태가 행복했는지, 슬펐는지, 불안했는지, 느긋했는지, 두려웠는지, 대담했는지는 전혀 중요치 않다.

살면서 우리는 자신이 다른 감정을 느껴야 한다는 생각에 기분이 나빠지곤 한다. 우리는 친구와 함께 있을 때 더 행복해야 하고, 휴가 때 더 느긋해야 하고, 발표할 때 더 편안해야 한다고 믿는다. 그런 순간에는 자신의 경험에서 특정 감정을 기대하게 만드는 행복 개념을 비판적으로 바라보는 것이 좋다. 행복을 획득해야 할 정신 상태로 이해할 때만 우리가 **어떻게 느껴야 하는가**라는 문제가 등장할 수 있다. 목표 지향적 관점과 달리 우리는 자신의 행동이 개인의 서사라는 더 큰 맥락에서 서서히 펼쳐지는 사건으로서 본질적으로 유의미하며 그 행동에서 비롯되는 만족감이 몇 시간, 며칠, 심지어 몇 년 뒤에 나타날지 알 수 없다는 사실을 스스로 상기할 수 있다. 이러한 관점에서 중요한 점은 무언가를 할 때 우리가 무엇을 느끼느냐가 아니라, 그 순간에 우리가 이해하거나 인식하거나 좋게 느낄 수 있는 것보다 훨씬 유의미한 하나의 시도이자 제안, 자기표현의 순간으로서 그 경험이 지닌 중요성을 감지하는 것이다.

행복을 활동으로 이해하고, 정신 상태를 우리 삶의 방식에서 드러나는 의미를 온전히 담지 못하는 다소 변덕스러운 것으로 격하하는 관점은 고대 그리스 단어인 에우다이모니아^{eudaimonia}로 깔끔하게 표현된다. 오늘날 이 단어는 거의 한결같이 '행복'으로 번역되지만 사실 이 말은 '행운'을 의미하며, 문자 그대로는 "(곁에) 좋은 다이몬^{daemon}이 있다"는 뜻이다. 정령인 다이몬은 고대 그리스에서 인간을 괴롭히는 사악한 생명체가 아니라 탄생부터 죽음, 사후 세계까지 우리에게 길을 안내하는 인간의 수호신이었다. 그러므로 고대 그리스에서 행복은 활동, 즉 다이몬이 안내하는 올바른 길을 따르는 것과 분리할 수 없었다.

게다가 행복은 운과도 관계가 있다. 플라톤과 아리스토텔레스가 남긴 당시의 대중적 지식에 따르면 우리의 수호신은 우리가 태어날 때 이미 정해지며, 그러므로 우리는 행복의 원천을 통제할 수 없다. 다이몬의 말을 듣거나 무시할 수 있고, 이러한 관심과 반응을 통해 행위 주체성을 유의미하게 발휘할 수 있지만, 그래도 수호신을 직접 고를 수는 없다. 에우다이모니아에서 말하는 행복은 우리가 긍정적인 사고를 통해 불러올 수 있는 것이 아니라 우리에게 발생하는 것이다. 행복happiness의 고대 영어 어근인 우연 또는 운happenstance은 이러한 고대 그리스의 정서를 간직하고 있으며, 정신의 변덕과 문제를 통제함으로써 행복을 획득하려 하는 오늘날의 열망과 반대되는 뜻을 전달한다.

고대 그리스의 에우다이모니아 개념 및 이것이 선행과 축복의 측면으로 수정된 기독교적 개념이, 행복은 고통의 조건을 통제함으로써 획득할 수 있는 정신 상태라는 개념에 대대적으로 밀려난 것은 근대 초기가 되어서였다. 이러한 변화의 이유를 살펴보면 이 개념에 의구심을 품게 된다.

오늘날 우리는 행복 추구를 자유의 필수적인 요소로 여기며 자유와 함께 자명한 진실로서 독립선언문에 간직하고 있지만, 사실 이러한 관념은 사회를 통제하려는 계획에서 나왔다. 정치 질서를 위해 정신 상태로서의 행복을 발명한 사람 또는 적어도 유례없는 규모로 이 개념을 부풀린 사람은 17세기의 철학자 토머스 홉스Thomas Hobbes였다. 격렬한 종교 전쟁을 목도한 홉스는 완고한 교조주의와 궁극적인 것에 대한 지나치게 자신만만한 확신이 전쟁의 원인이라고 생각했고, 평화와 질서를 위한 정치철학을 내놓고자 했다. 그의 급진적인 해결책은 자부심을 전면 규탄하고 판단과 행위 주체성이 빠진 이상적 행복으로 자부심을 대체하는 것이었다.

홉스는 평화와 심리적 안정을 위해 우리가 무기뿐만 아니라 도덕적·정치적 판단까지 단일한 최고 권력, 즉 그가 말한 '리바이어던'

leviathan 국가에 넘겨야 한다고 주장했다. 판단을 안락과 바꾸자는 홉스의 제안은 터무니없었지만 그는 급진적인 해결책이 필요하다고 생각했다. 그래서 그는 인류가 정말 원하는 것은 권력이나 자기주장이 아닌 평화라는 자신의 주장을 더욱 밀어붙였다. 그는 이 주장이 사실인 만큼 허구임을 알았고, 인상적인 한 문단에서 인간의 충동은 '끝없는 권력'을 추구하며, 이러한 추구는 "오직 죽어야만 끝이 난다"는 사실을 인정했다.[4] 또한 그는 웃음이 타인에 대한 조롱이라고도 말했다. 사람은 타인의 약점을 비웃을 때 웃음을 터뜨린다는 것이다.[5]

그럼에도 홉스는 평온함을 인간의 가장 큰 염원으로 끌어올리는 데 크나큰 노력을 기울였다. 심지어 자기 보호는 그저 행복의 조건이 아니라 생명의 자연스러운 본능이라는 내용의 과학을 발명하기까지 했다. 홉스는 인간이 죽음을 두려워하는 것은 돌이 아래로 구르는 것처럼 당연한 사실이라고 주장했다.[6] 그러나 그는 이 주장이 사실이 아님을 알았는데, 굴복하느니 자신의 신념을 위해 죽음을 택할 사람을 너무나도 많이 알았기 때문이다.

그러나 홉스는 사람들에게 자기 보호라는 이 새로운 '과학'을 교육할 수 있으리라 믿었다. 그리고 어떤 면에서 그의 생각은 옳았다. 오늘날 마치 다윈의 이론이 유일한 '합리적' 설명이라는 듯이 동물 행동, 심지어 인간 행동에 대해서도 다윈의 이론대로 생존이 모든 생명의 가장 중요한 본능이라고 기꺼이 상정한다는 사실이, 홉스가 드리운 긴 그림자를 잘 보여준다. 심리학자이자 유명 저자인 스티븐 핑커 Steven Pinker가 말하는 익숙한 믿음도 마찬가지다. 그에 따르면 도덕적 갈등 상황에서 우리 모두가 동의할 수 있는 유일한 사실은 살아 있는 것이 좋다는 것이다. 핑커 같은 실용주의 사상가들이 이러한 전제를 토대로 세우는 도덕 윤리는 그저 홉스의 재탕일 뿐이다.

홉스는 행복을 끌어올리는 한편 자부심을 끌어내렸다. 당시 사회를 괴롭히는 실제 원인이었던 광신주의와 정복욕을 해결하는 대신, 그는 자부심을 공격하며 개인의 자신만만한 확신과 판단이 '허영심'이라고 비난했다. 물론 홉스가 '과학'이라고 주장한 것은 그 자체로 하나의 오만한 자기주장이었고 '자연스러운'이라는 미사여구를 이용해 자기 혼자서 인간 본성을 탈바꿈할 수 있다고 믿는 교만이었다. 그럼에도 그의 프로젝트는 크나큰 영향력을 발휘했는데, 그의 주장이 힘든 시기 앞에서 체념하고 고통 앞에서 자신의 약함을 '자연스러운' 것 또는 '도덕적'인 것으로 합리화하는 인간의 근본 성향을 어느 정도 이용했기 때문이다. 생존을 타고난 본능으로 상정하고, 평화와 행복을 중시하지만 결코 충분히 행복하거나 편안하지 않고, 안정감과 위안을 즐기지만 자신의 판단에 자부심이 없는 오늘날의 우리는 여전히 홉스의 유산에 얽매여 있다.

자기 회피에 도덕적 의미를 부여하는 우리의 성향

지금까지 살펴본 냉철함을 위협하는 경향 외에도, 홉스의 수사적 성취를 이해하는 과정에서 짧게 언급하고 지나간 네 번째 장애물이 있다. 그 장애물은 바로 자신의 심지 없음과 약함을 미덕으로 재해석하는 우리의 무한한 능력이다. 예를 들어 우리는 미친 듯이 일하고 강박적으로 계획을 짜느라 가족이나 친구들과 시간을 보내지 못하고 프로젝트 자체도 즐기지 못하는 상태를 쉽게 '근면함'이나 '책임감 있는 자제력'으로 여긴다. 사실은 자신의 야망을 충족하는 중인데도 '가족을 부양하기 위해' 그러는 것이라 믿기도 한다.

또한 우리는 타인에게 좋은 인상을 주거나 호감을 사려고 순종적으로 소심하게 구는 행동을 '착한 인품'이라고 포장하기도 하고, 솔직한 발언을 오만함으로 여기고 비난하기도 한다. 이러한 종류의 도덕주의는 자기기만의 한 형태인데, 우리는 이러한 기만을 통해 니체가 말한 '마지막 인간'the last man, 즉 더 이상 자신의 약함을 인식하지 못하는 생각도 활력도 없는 존재가 되기 직전의 사람으로 전락한다.

니체에 따르면 '마지막 인간'에게는 행복조차 일종의 "행복해야 한다"는 도덕적 명령이 되므로 이들은 '계몽된' 개인답게 현대의 안락한 생활에 감사를 표해야 한다. 그리고 마지막 인간은 자신이 '행복을 발명'했음을 끊임없이 떠벌린다.7) 물론 이들이 정말 자기 삶에 만족한다면 행복을 떠벌릴 필요는 없을 것이다.

니체가 암시한 규범적 행복의 사례는 오늘날 우리 사회에 숱하게 나타난다. 텔레비전 시리즈 「열정을 꺾어라」Curb Your Enthusiasm의 한 에피소드에서도 재미있는 사례를 찾을 수 있다. 시리즈의 주인공인 래리 데이비드Larry David는 절친한 친구 제프 그린Jeff Green과 산타모니카에 있는 고급스럽지만 특별할 것 없는 식당에서 식사를 한다. 딱히 즐겁지 않게 음식만 우적우적 먹는데, 래리가 음식을 씹다 말고 묻는다. "지금 얼마나 좋아?" 이건 질문이라기보다는 긍정적인 대답을 요구하는 것에 가깝다. 본인이 공허함을 느끼기 때문에, 자신이 정말로 이 경험을 좋아하고 있음을 확인해야 하는 것이다. 이 시리즈는 "말도 안 돼"나 "너무 좋아", "마음에 들어" 같은 감탄사가 자주 나오는데, 마땅히 행복해야 하지만 기껏해야 일시적 쾌락만 느껴지는 상황에서 주로 등장한다.

규범적 행복의 흔한 사례는 카메라 앞에서 웃어야 한다는 명령이다. 나는 사람들이 일상적으로 사진을 찍으면서도 포즈를 취할 때 딱히 미소 짓지 않는 여러 국가에 여행을 다녀온 뒤 이 사실을 깨달았다. 이 사람들이 불친절하거나 뚱한 것이 아니다. 이들은 그저 신호에 따라 행복을 드러낼 필요를 못 느낄 뿐이다. 그 대신 이들은 사진사의 말에 귀 기울이는 것처럼 진지한 얼굴로 사진사를 쳐다본다.

이러한 일상적 사례 외에, 도덕적 우월감을 시사하는 좀더 추상적인 '행복' 개념도 있다. 지난 세기의 미개함과 폭력을 비교 대상으로 삼아 오늘날의 고통을 바라보는 것이다. 그러나 그 미개함은 그저 새롭고 은밀한 형태로 바뀌었을 뿐이며, 다른 시간과 공간을 깎아내려야만 누릴 수 있는 행복에는 어딘가 애처로운 면이 있다. 이처럼 자신의 행복을 증명하기 위해 다른 것을 조롱해야 한다는 사실은 우리 행복이 얼마나 얄팍한지를 보여준다.

냉철함을 방해하는 여러 강력한 힘(생산하고 성취해야 한다는 압박, 냉철함에 대한 지지 부족, 행복을 정신 상태로 이해하는 잘못된 이상, 자기회피에 도덕적 의미를 부여하는 우리의 성향)이 작동하고 있음을 생각하면, 냉철함이 유지하기 힘들 뿐만 아니라 명확하게 이해하기조차 어려운 미덕인 것도 당연하다. 동시에 우리는 냉철함이 행복에 꼭 필요하며 저항이나 고난에 맞닥뜨렸을 때는 더욱더 그러하다는 사실을 느낀다. 좋은 삶에서 냉철함이 지니는 의의를 더욱 잘 이해하기 위해 고전 철학을 살펴보자.

아리스토텔레스가 말하는 '위대한 영혼'

아리스토텔레스는 용기와 관용, 정의를 비롯해 좋은 삶에 꼭 필요한 여러 미덕을 설명하면서 그중 가장 중요한 미덕을 뽑아 '메갈로프시키아'megalopsychia, 즉 '위대한 영혼'이라 이름 붙인다. 우리 눈에 이 단어는 가장 위대한 영적 지도자나 영웅에게만 적용할 수 있을 것처럼 보인다. 그러나 아리스토텔레스는 우리 모두가 이 미덕에 다다를 수 있다고 본다. 어떤 번역가는 '위대한 영혼'을 우리에게 좀더 익숙한 현대 단어인 '아량'magnanimity으로 번역한다. 그러나 풍성한 관대함을 시사하는 '아량'이라는 단어는 아리스토텔레스가 생각한 미덕을 그리 온전히 담아내지 못한다. 인간 경험에 꼭 필요한 요소를 의미하는 단어나 표현이 전부 그렇듯이, '위대한 영혼'은 추상적으로 정의하기 어렵다. 이 미덕을 제대로 이해하려면 다양한 차원과 사례를 들여다봐야 하는데, 냉철함이 꽤 비슷한 의미를 담고 있다.

아리스토텔레스는 이 미덕을 명예와 관련된 바람직한 성향으로 소개한다. 위대한 영혼을 지닌 사람은 "스스로를 위대한 일을 할 수 있는 사람으로 여기며, 실제로 그럴 수 있다".[8] 반면에 실제로는 그럴 수 없으면서도 스스로 그럴 수 있는 사람으로 여기는 것은 오만이나 허영이며, 실제로 그럴 수 있는데도 스스로 그럴 수 없는 사람이라 여기는 것은 소심하거나 지나치게 순종적인 것이다. 흥미롭게도 아리스토텔레스는 우리가 쉽게 겸손으로 오해하는 소심함을 허영만큼이나 악한 것으로 여긴다. 그러므로 아리스토텔레스의 말처럼 위대한 영혼은 극도의 허영과 극도의 순종 사이의 '중도'다.

마땅한 권리를 주장해야 한다는 아리스토텔레스의 기본 개념을 보여주는 사례로 무하마드 알리Muhammad Ali의 자부심에 찬 포효를 생각해볼 수 있다. 알리는 복싱계의 예상을 깨고 소니 리스턴Sonny Liston을 물리치며 헤비급 타이틀을 거머쥔 뒤 이렇게 소리쳤다. "내가 세계 최고다!" 인상적이게도 그는 자신의 승리를 의심한 기자들에게 "내가 세계 최고라고 말해!"라고 외치기도 했다.

알리가 그 순간 세계 최고의 복싱 선수로서 받아야 할 존중을 요구한 것은 타당한 요구였고 일종의 위대한 영혼을 드러낸 것이었으나, 이러한 태도는 그의 놀라운 성공에 샘을 내거나 분노한 사람들에게 쉽게 오만으로 오해받을 수 있었다. 알리가 지나치게 겸손한 태도로 자신의 승리를 요행으로 치부했다면, 그를 마땅히 대우하려 하지 않는 부당한 팬과 해설가에게 굴복하는 일종의 소심함이 드러났을 것이다. 알리는 마땅한 것을 요구했다. 물론 자신이 복싱에서 달성한 위업이 다른 모든 분야의 최고의 성취를 뛰어넘는다고 자랑했을 때처럼 그 이상을 요구할 때도 있었다. 농담조이기는 했지만, 이 경우에는 그가 오만하다는 비난이 타당할 수 있다.

아리스토텔레스가 처음 묘사하듯이, 위대한 영혼은 타인의 존경,

최소한 자신이 이룬 성취에 상응하는 존경을 열망하는 인간을 말하는 것으로 보인다. 그러나 아리스토텔레스는 위대한 영혼을 계속 설명하면서 이 미덕이 명예에 대한 관심을 초월한다는 사실을 분명히 한다. 그는 위대한 영혼이 된다는 것은 곧 '명예를 사소하게 여기는 것'이라고 말한다.9) 그렇게 그는 고대 아테네에서 가장 지배적이었던 명예 중심의 윤리에 의문을 제기하고 크고 작은 찬사가 좋은 삶에 꼭 필요하다는 생각을 재고하게 한다. 그는 위대한 영혼이 작은 명예와 '그저 우연으로' 얻은 명성을 경시한다고 말한다.10) 위대한 영혼은 "널리 찬사받는 것들을 향해 달려가지 않는다."11) 위대한 영혼은 "지체 높은 사람이 타당한 이유로 제공한 명예를 적절한 만큼의 만족감만 느끼며 수용할 것이다." 명예를 제공하는 사람이 누구든 간에 "그는 그 명예를 자신에게 마땅한 만큼만 인식하기" 때문이다.12)

이렇게 아리스토텔레스는 자신의 일 또는 그 자체를 위한 활동에 자부심을 품는 성향을 제안한다. 위대한 영혼을 지닌 사람은 타인의 인정을 높이 평가하지만 그 인정에 의존하지는 않는다. 그는 타인의 인정과 상관없이 자신이 하는 일을 계속할 것이다. 아리스토텔레스는 이처럼 자기 일에 자부심을 갖는 것이 곧 명예를 요구함으로써 자기 일을 옹호하는 것이라고 말한다. 그러나 그 이유는 명예 자체를 원해서가 아니라, 자신에게 그 명예를 얻을 자격이 있기 때문이다. 우리는 다른 사람이 그 일을 폄하할 때도 자기 일을 존중하고 고수해야 한다. 만약 우리가 할 말을 다 한 뒤에도 마땅한 존경을 받지 못한다면 그냥 놔두면 된다. 중요한 것은 명예가 아니라 스스로를 존중하는 것이다.

자기 존중은 부당하게 존경을 거부당했을 때 계속해서 존경을 요구하는 것이 아니다. 위대한 영혼은 그저 자신이 겪는 부당함을 불운(분노하거나 편협한 사람 또는 그저 자기 일의 가치를 알아볼 능력이 없는 안목 없는 사람의 행동)으로 여기고 아무 일도 없었다는 듯 자기 일을 재개한다. 자신이 하는 일에 몰두하면 원한을 품을 시간이 없다. "위대한 영혼은 자신이 받은 부당한 대우를 깜빡 잊거나 눈감곤 한다."[13] 이렇게 아리스토텔레스는 부드럽지만 호락호락하지 않고, 옳고 그름에 대한 자신만의 기준이 있어서 타인의 인정이 필요치 않고, 그러므로 인간 삶에 쉽게 나타나는 옹졸함에 빠지지 않는 사람의 이미지를 제시한다.

위대한 영혼은 명예와 관련된 상황 외에 일상적인 대화의 태도와 방식에서도 드러난다. 이러한 태도는 자기 생각을 말하고 타인이 그 의견에 동의하지 않을 수도 있음을 받아들이는 것을 의미한다. 위대한 영혼을 지닌 사람은 "자신의 호오好惡를 당당하게 표현하는데, 그것을 숨기는 것은 두려움의 표시이기 때문이다."[14] 이러한 솔직함은 늘 명성이 아닌 진실에 관심이 있다는 데서 나온다. 위대한 영혼은 "의견보다 사실을 더욱 중시한다."[15] 이러한 자신감은 미묘한 몸짓, 예를 들면 "느긋한 움직임, 깊은 목소리, 안정적인 말하기 속도"에서도 드러난다. "오로지 몇 가지에만 진지한" 사람은 허둥지둥 행동하지 않을 것이기 때문이다.[16] 아리스토텔레스는 항상 분주하게 뛰어다니는 것은 곧 자신이 어디로 향하는지에만 지나치게 신경 쓰고 모든 발걸음 속에 있는 자신의 존엄은 충분히 신경 쓰지 않는 것이라고 말한다. 왜 목적지 때문에 동요하는가? 아리스토텔레스는 마치 지각이 최악의 실패인 것처럼 이 약속에서 저 약속으로 초조하게 뛰어가는 우리의 일상을 생각해보게 한다. 때로는 제시간에 도착하는 것보다 자신을 차분하게 추스르는 편이 낫다.

정신없는 화법과 초조해하는 태도에 대한 아리스토텔레스의 비판에는 목표 지향적 노력에 대한 비판이 내포되어 있다. 우리가 A 지점에서 B 지점으로 서둘러 달려가는 이유는 자기 삶을 도달해야 할 목적지의 연속으로 이해하기 때문이다. 우리가 단조로운 톤으로 지나치게 빨리 말하는 이유는 말하는 목적이 정보를 전달하거나 똑똑하다는 인상을 주는 데 있다는 듯이 한 호흡에 수많은 단어를 채워 넣으려고 하기 때문이다. 아리스토텔레스는 심호흡을 하고 그 자체로 자랑스러워할 수 있는 스타일과 자기 인식을 드러내는 의도적인 말하기 방식 및 행동 방식을 기르라고 말한다. 그는 우리의 일상적인 태도와 행실이 우리에 대해 많은 것을 말해준다고 본다. 말하는 방식과 억양, 목소리의 톤처럼 우리가 피상적인 것이라고 무시하고 싶을지 모를 측면들이 우리의 인격을 드러낸다.

아리스토텔레스가 묘사하는 모습의 핵심은 진정성 있는 표현이다. 이는 곧 자신을 왜곡하는 예의 규범과 정치적 올바름에 대한 과도한 염려에 맞서 정직하게 자신을 주장하는 것을 의미한다. 동시에 아리스토텔레스는 고결한 화법을 제안하는데, 이는 곧 위대한 영혼이 자신을 솔직하게 드러낼 때 양심과 비난, 분노가 아닌 진실에 대한 관심에서 이야기한다는 뜻이다.

목소리를 내자! 당신이 무엇을 어떻게 말하는지가 당신의 일부다

말하는 방식이 인격의 일부라는 아리스토텔레스의 주장은 일상에서 우리의 힘을 조금씩 갉아먹는 수많은 형태의 애매한 말투를 알아차리고 극복할 수 있게 도와준다. 대놓고 말하기에는 너무 수줍거나 민망해서 직설적인 요구를 모호하고 듣기 좋은 말로 대체하는 여러 방식을 떠올려보자. 흔한 사례는 '조언을 구하다'나 '기부를 요청하다'라는 의미로 '손을 내밀다'라는 표현을 사용하는 것이다. 이런 비즈니스적 표현은 모호하고 오해를 유발하기만 하는 것이 아니다. 이러한 표현은 소심하다. 자신의 프로젝트나 사명을 진심으로 믿는 사람은 부끄러움 없이 도움을 요청할 수 있어야 한다.

아리스토텔레스라면 극복하라고 말했을 법한 언어 습관을 자신이 사용하고 있음을 알아차리려고 노력하는 것은 즐겁고 보람찬 자기 성찰 연습이다. 지금 머릿속에 떠오르는 사례로는 문장의 끝을 얼버무리거나, 마치 자기 견해에 마침표를 찍는 행동이 사람들을 불쾌하게 하는 것처럼 "뭐 그렇죠…"나 "잘 모르지만요…"로 자기 의견을 마무리하는 것이 있다. 학자와 전문가들이 쉽게 빠지는 함정은 속사포처럼 빠르고 장황하게 말하는 것이다. 때때로 이들은 단숨에 수많은 반론을 직접 제시하고 반박하면서 실제로 끼어들거나 질문을 던질 여지는 전혀 남기지 않는다. 이러한 화법이 어느 정도의 능숙함과 학식을 보여주긴 하지만, 동시에 이러한 태도는 이의 제기에 대한 은근한 두려움을 드러내기도 한다. 이러한 화법에서는 "그렇잖아요?"나 "아시겠지만…" 같은 단정적인 표현이 꼭 이야기의 가장 미심쩍은 부분에서 빈번하게 사용된다. 내 경험상 철학 교수들이 특히 그러하며, 나 또한 예외는 아니다.

내가 이런 식으로 말하고 있음을 깨달을 때 나는 아리스토텔레스뿐만 아니라 8학년 때 내게 수학을 가르친 C 선생님을 떠올린다. C 선생님은 초급 대수학도 상당히 많이 가르쳐주셨지만 그보다 냉철함에 대해 훨씬 많이 알려주셨다. 선생님이 강조한 것 중 하나는 자신감 있게 말하는 것이었다. 선생님은 주로 모범을 보이는 방식으로 우리를 가르쳤지만 몇 가지 규칙도 있었는데, 똑바로 앉고, 큰 목소리로 말하고, 얼버무리지 말고 "네"라고 정확하게 대답하는 것이었다. 이 규칙은 다소 구식 감성이었다. 선생님은 우리가 학생에게 걸맞은 공손한 방식으로 말하기를 바랐다. 한편으로 이 규칙은 명확하고 자신 있게 말함으로써 어린 나이부터 냉철함을 기르도록 돕기 위한 것이었다.

본인이 정말 하려는 말을 왜곡하고 작게나마 냉철함의 부족을 드러내는 모호한 화법을 무의식적으로 선택하기는 무척 쉽다. 유려하고 독창적인 달변가를 비롯한 우리 모두가, 순응하며 자신을 왜곡하라는 무의식적인 압박에 쉽게 영향받는다. 사실 과도한 복종의 한 형태인 피상적인 친절함도 그런 순응 방식 중 하나인데, 일상적인 부탁을 할 때 '부탁드립니다'와 '감사합니다'를 너무 많이 사용하거나, 자기 잘못이 아닌 평범한 오해를 지나치게 사과하는 것이 여기에 해당한다. 말하려는 내용을 정확히 말하고 자신이 어떤 사람인지 드러내는 법을 배우는 것은 끝나지 않는 과정이다.

특정 표현이나 화법에 문제가 있다고 의식하는 것 자체가 매우 어려운데, 그러려면 살면서 다양한 집단에 속해보고 서로 다른 담화 방식을 비교할 토대를 마련해야 한다. 내가 훈련을 그저 목적을 위한 수단이 아닌 자기 형성이라는 여정에 꼭 필요한 요소로 인식하게 된 이유 중 하나는, 운동이 학계에서는 기르기 힘들었을 솔직한 표현 방식을 쓸 수 있게 도와주었기 때문이다. 학계 특유의 나쁜 화법이 영혼의 빈약함을 드러내는 장황함과 모호함이라면, 체육관 특유의 나쁜 화법은 허영과 투박함을 드러내는 노골적인 자기주장이다. 그러나 그 어떤 악습도 따르지 않는 아리스토텔레스식 균형이 존재한다. 나는 경기 중에 코치가 선수들에게 조언을 외치거나, 고된 훈련 중에 파트너들이 서로에게 격려의 말을 부르짖거나, 턱걸이 세트 사이에 가식 없는 농담을 나누는 것이 아리스토텔레스가 제안하는 솔직한 화법을 보여준다고 종종 생각한다.

나는 몇 번이고 아리스토텔레스의 통찰로 되돌아간다. 위대한 영혼을 지닌다는 것은 몇 마디로도 충분할 때 많은 말을 하지 않는 것, 자신의 의견을 말하고 타인의 반응을 기다리는 것이다. 사람들이 내 의견에 동의할 수도 있고, 그들의 주장을 듣고 내 의견을 수정할 수도 있다. 어느 쪽이든 우리는 전보다 더 나은 상태가 된다. 계속해서 진실과 지혜에 관심을 두고, 자신이 타인에게 어떤 인상을 주는지에는 더 이상 신경 쓰지 말자. 물론 사교 능력을 발휘해야 하지만 자신을 속여서는 안 된다.

사교와 정직한 자기표현 사이의 균형에 관해 아리스토텔레스는 다음과 같이 권한다. "위대한 영혼을 지닌 사람은 지위가 평범한 사람을 온화하게 대할 것"이며, 종종 "많은 사람 앞에서 역설적으로 자신을 낮출 것이다."[17] 그러나 "운이 좋고 지위가 높은 사람 앞에서 위대한 영혼을 지닌 사람은 거만해질(또는 도도해질) 것이다."[18] 아리스토텔레스는 권위와 명망이 있는 사람들 앞에서 지나치게 예의 바르고 공손하게 구는 것은 좋은 인상을 주기 위해 스스로를 왜곡하는 것이라고 말한다. 이러한 아첨은 나약함의 한 형태다. 아리스토텔레스는 오히려 그런 사람들 앞에서 솔직하게 행동하고, 스스로를 존중하며, 자신이 그들의 명성에 감탄하지 않는다는 사실을 보여주고자 특별히 노력해야 한다고 말한다. 이렇게 하면 대개 존경을 얻을 테지만, 더욱 중요한 것은 이것이 자기 자신을 존경하는 행동이라는 것이다.

반면 세상에서 인정받지 못하는 사람들과 함께할 때는 그들이 뭔가 가치 있는 말을 할 수 있을 때 너무 부끄럽거나 수줍어서 자기 의견을 말하지 못하는 일이 없도록 겸손하려고 애써야 한다. 위대한 영혼은 유명인사 앞에서 거만하게 굴 때와 똑같은 노력을 기울여 평범한 사람들 앞에서 자신을 낮춘다.

자신의 판단력 기르기

위대한 영혼의 솔직한 표현 뒤에는 판단력이 있다. 위대한 영혼은 우연이거나 하찮은 이유로 주어진 명예를 신경 쓰지 않는다는 말에서, 아리스토텔레스는 그 사람이 암묵적으로 판단을 내린다고 가정한다. 즉, 한낱 대중적인 찬사와 중요한 인물이 부여한 명예는 다르다. 이러한 판단은 또 다른 판단을 암시한다. 즉, 자기 일의 진정한 가치와 그 일에 대한 세상의 평가는 다르다.

오늘날 판단력이라는 미덕은 역경에 처했다. '판단을 잘함'은 나쁜 것으로, '아량 없음'이나 '편협함', '몰인정'과 같은 것으로 여겨진다. 그럼에도 우리는 늘 판단을 내리며 어떤 친구를 사귈지, 어떤 커리어를 추구할지, 일과 가정 사이의 균형을 어떻게 맞출지, 다시 알림 버튼을 누를지 뛰러 나갈지를 결정한다.

우리가 진짜로 거부하고 싶은 특수하고 가혹한 판단뿐만 아니라 판단 자체를 비웃게 된 이유는, 판단 전체를 거부함으로써 광신주의를 비난했던 홉스에게서 찾을 수 있다. 기억하는가? 홉스는 종교 전쟁의 한복판에서 평화와 질서를 구축하기 위해, 자기 입장에 대한 자부심을 내던지고 평온한 행복의 이상을 받아들이게 했다. 홉스는 개인의 판단이 단지 '주관적'이며 무의미하고 해결 불가능한 갈등으로 이어질 뿐이라고 집요하게 사람들을 설득했다. 그리고 중요한 판단은 공권력에 맡기는 편이 낫다고 주장했다. 판단력에 대한 우리의 의심은 홉스의 수사적 승리를 보여줄지도 모른다.

그러나 아무리 피하려고 주의한다 해도 우리는 판단이라는 무거운 짐에서 벗어날 수 없다. 자기 삶을 어떻게 살 것인가 하는 문제에 관해서는 더욱더 그렇다. 자신의 판단을 고수하고 판단력을 기르기란, 행동을 효용과 성취의 관점에서만 바라보는 목표 지향적 풍조에서는 특히 더 어렵다. 목표 지향적 틀에 갇히면 건강이나 재정 안정, 쾌락 같은 특정 결과를 목표하는 선택과 의사 결정의 관점에서만 판단을 바라보게 된다. 판단은 오로지 **자신**이, 본인이 지향하는 자기 이미지에 따라 내릴 수 있는 반면, 선택과 의사 결정은 원하는 바를 실현할 능력이 있는 사람 모두가 내릴 수 있다. 우리가 건강과 부, 신체의 힘 같은 개별 목표를 성취하고자 하는 순간, 그럴 방법을 알려줄 전문가가 저기 어딘가에 있다고 확신할 수 있다.

삶 자체가 목표 지향적인 계산의 과학이 되면 또 다른 종류의 전문가, 바로 메타 전문가가 등장한다. 이들은 의학 같은 구체적인 분야에 능숙한 게 아니라, 자신이 좋은 삶을 사는 기술을 안다고 주장하는 사람들이다. 이들은 '합리적 의사 결정자'가 되는 방법을 전공한 특정 종류의 행동심리학자로, '비합리적' 선택을 낳는 이른바 인지 편향을 폭로하겠다고 약속한다. 그저 효용을 극대화하는 결정을 말하는 것뿐이면서 어떤 권리로 '이성'과 '불합리', '편견' 같은 보편적 용어를 들먹이느냐고 몰아세우면, 이들은 여기서 '이성'이란 그저 사람들이 목표를 성취하기 적합한 계산법일 뿐임을 인정하게 된다. 그렇게 되면 이 심리학자들은 목표 지향적이고 실용주의적인 존재 양식의 대리인으로 격하되고, 자신이 정신의 작동 방식을 안다거나 '합리적인' 과학의 전문가라는 오만한 주장 역시 산산이 부서진다.

심리학자들이 비합리적이거나 편향적이라고 여기는 기이한 결정들이 비실용적인 관점에서 저마다의 방식으로 사려 깊은 것이 아니라고 그 누가 말할 수 있겠는가? 예를 들어 지방 함유량이 10퍼센트인 고기보다 살코기가 90퍼센트인 고기를 더 선호하는 사람을 생각해보자. 행동심리학자들은 이 사람을 '프레이밍 편향'의 증거로 든다. 프레이밍 편향에 따르면, 우리 뇌는 똑같은 두 가지 선택지가 주어졌을 때 더욱 긍정적으로 느껴지는 선택지를 택한다. 그러나 사람들이 살코기 90퍼센트인 고기를 더 선호하는 이유에 대한 더 그럴듯한 설명은 우리에게 내재된 편향과는 아무 상관이 없다. 소비자들은 고기를 구매할 때 지방 섭취를 최소화하려고 노력하는 것이 아니라 자기 이미지에 부응하려고 노력한다. 패션처럼 건강한 식사에 높은 가치를 부여하는 사회에서 소비자는 스스로를 '저지방 식품을 먹는 **부류의 사람**'으로 여기고 싶어 한다. 이들은 자신이 최신 건강 트렌드에 해박하다는 사실을 스스로 확인하기 위해, 또 자신이 속한 집단의 구성원과 더 나아가 카운터 뒤에 있는 직원에게 증명하기 위해 살코기가 90퍼센트인 고기를 택하는 것이다.

이러한 자신의 이미지가 피상적이거나 잘못된 것은 아닌지 의심할 수는 있겠지만(건강이 왜 그렇게 중요한 미덕이어야 하는가?), 비합리적이거나 한낱 뇌의 기벽인 것은 결코 아니다. 이 선택에는 명성 및 자부심과 관련된 미묘한 자기 인식이 결부되어 있다. 그러나 의사가 모든 것을 건강의 측면에서 바라보기 쉽듯이, 행동심리학자도 모든 것을 계산의 측면에서 바라보기 쉽다. 겉으로는 보편적인 삶의 과학처럼 보이는 것이, 사실은 다른 모든 전문가의 관점만큼 편협한 의사 결정 방식인 것이다.

특정 영역에서 전문가의 조언을 따르는 것은 아무 문제가 없다. 다리가 부러져서 빠르고 안전하게 고치고 싶을 때 우리는 의사를 찾아간다. 이때 혼자서 치료법을 생각해내는 행동은 바보처럼 보일 것이다. 그러나 전문가에게 의존해서 자신이 원하는 것을 얻는 습관을 들인다면, 그들의 능력을 훨씬 넘어서는 영역에서도 그들에게 조언을 구하는 상황에 쉽게 빠져들 수 있다.

특히 어떤 전문가가 건강처럼 많은 사람이 바라고 필요로 하는 것을 다룰 때는 그 사람의 처방을 특수한 목적 달성을 위한 행동 방침이 아니라 삶의 지침으로 믿고 싶을 수도 있다. 우리는 의사가 우리의 다리를 고쳐줄 뿐만 아니라 다리가 다 나으면 어떤 위험을 감수하거나 감수하지 않아야 할지도 조언해줄 수 있다고 믿기 시작한다. 의사는 우리의 행동을 결정할 때 건강을 가장 중요하게 고려해야 하는지가 아니라, 예상되는 건강상의 결과에 대해서만 말할 수 있다는 사실을 우리는 쉽게 잊곤 한다.

전문가들은 어떻게 살아야 하는가에 대한 자신의 의견을 제시할 권리가 있고, 어쩌면 사려 깊은 인간으로서 그래야 할 의무까지 있을지도 모른다. 그러나 그들의 의견으로 우리 자신의 의견을 대체할 수는 없다. 이들이 중요한 한 가지 영역에서 권위가 있다는 이유만으로, 우리는 너무 자주 이들이 내놓는 삶의 조언을 무분별하게 신봉한다. 자신이 잘못된 판단을 내릴 수 있고 그 결과를 책임져야 한다는 걱정 때문에, 우리는 화려한 타이틀과 하얀 가운 또는 양복과 넥타이처럼 훌륭해 보이는 겉모습을 갖춘 사람에게 판단을 내맡긴다. 상황이 틀어지면 우리는 적어도 스스로에게 또 우리의 실패에 연루된 사람들에게 이렇게 말할 수 있다.

"난 최고의 전문가에게 조언을 받았어. 내가 뭘 더 할 수 있었겠어?"

이런 식으로, 우리는 자신의 자부심을 지키고 양심의 가책을 느끼지 않으려고 한다.

널리 인정받는 기술을 능숙하게 사용하는 데서 권위를 얻고 사람들의 존경에 우쭐해진 전문가들은 자신의 전문 지식과는 아무 관련이 없는 문제에 관해 자기 직업의 편협한 견해에서 나온 의견을 스스럼없이 사실인 양 내놓는다. 이들의 자신만만한 태도는 조언이 필요하고 잘 휩쓸리는 사람들을 점점 더 끌어당기고, 결국 상당히 냉철한 사람도 이들의 의견에 저항하기 어려워진다.

이처럼 전문가들이 자기 영역의 선을 넘어서는 경향은 소크라테스가 재판에서 한 설명에서도 인상적으로 드러난다. 소크라테스는 사람들이 자신보다 더 지혜로운지 알아보기 위해 여러 아테네 시민에게 계속 질문을 던졌다고 말한다. 기술자(장인)에 관해 소크라테스는 그들이 실제로 자신에게는 없는 지식을 갖추고 있었다고 설명한다. 그들은 물건을 만들고 고치는 법을 알았다. 그러나 그들은 그 전문 지식 덕분에 가장 중요한 문제를 비롯한 다른 사안에서도 자신이 지혜롭다고 믿었고, "이러한 어리석음 때문에 그들이 실제로 가진 지혜가 빛을 잃었다."[19]

이에 관한 재미있는 사례가 플라톤의 『향연』에 등장하는 의사 에뤽시마코스의 태도와 사랑에 관한 연설이다. 소크라테스와 에뤽시마코스를 비롯한 아테네의 유명인들이 최근 인기 연극으로 수상한 비극 시인 아가톤을 축하하기 위해 그의 집에서 열린 회식 자리에 모이고, 포도주를 얼마나 마셔야 하느냐는 주제로 대화를 나눈다. 그리고 지난밤에 과음했으니 오늘은 조금만 마시자는 데 모두가 동의한다. 이렇게 정하고 난 뒤, 아무도 청하지 않았으나 에뤽시마코스가 의사로서 자신이 가진 전문 지식을 토대로 과음에 관해 훈계를 늘어놓는다.

"이중에 포도주를 많이 마시고 싶은 사람이 없으니 내가 과음에 관해 진실을 이야기해도 그리 고약해 보이지 않겠구먼. 의학에서 볼 때 과음이 인간에게 안 좋다는 것은 상당히 명백하거든. 그러니 가능한 한 나는 술을 마시려고 하지도 않고, 다른 사람에게 술을 마시라고 권하지도 않는다네."[20]

에뤽시마코스는 분명 건강에 초점을 둔 의사의 제한적인 관점에서 말하고 있으나 자신이 과음에 관한 '진실'을 알고 있다고 주장한다. 그러나 대화의 말미에 아테네 정치·군사계의 떠오르는 젊은 스타 알키비아데스가 술에 잔뜩 취한 채 불쑥 나타나 맨정신이었다면 억눌렀을 놀랍도록 정직한 찬사를 소크라테스에게 쏟아내면서, 에뤽시마코스는 곧 우스운 꼴이 된다. 정직한 자기 평가의 측면에서는 과음이 나쁜 것이라는 생각에 적어도 의문을 던져볼 수 있다. 그러나 의사에게 과음은 그저 건강에 유해한 것이며, 그러므로 나쁘다.

에뤽시마코스는 확연히 허세를 부리며 사랑(에로스)에 관한 우스운 연설을 하면서 한층 더 어리석어진다. 에로스는 저녁 식사 때 벌어진 토론의 주제이자 이 대화편의 주제다. 신중한 다른 참여자들이 열렬한 애착이나 잃어버린 반쪽을 향한 열망(아리스토파네스), 아름다움에 대한 사랑(소크라테스)의 측면에서 사랑을 이야기하는 것과 달리, 에뤽시마코스는 아마 가장 에로틱하지 않을 주제인 건강의 측면에서 두서없이 에로스를 설명한다. 그는 에로스가 몸의 완벽한 질서이며 의술을 통해 이 질서를 불러올 수 있다고 주장한다. 플라톤은 마치 에뤽시마코스의 터무니없는 자신감을 강조하는 듯이, 다른 사람들도 잘 말했지만 이제 자신이 사랑을 충분히 설명함으로써 이 토론을 '완전히 끝내'겠다는 고압적인 발언으로 그에게 연설을 시작하게 한다. 다른 참여자들은 결코 이렇게 주장하지 않는다.[21] 그러나 신비함보다는 해결책을 찾는 것이 전문가(의사든, 변호사든, 정비공이든)의 특성이다.

에뤽시마코스는 자신이 모든 분야에서 지혜롭다고 여기는 전문가를 풍자하는 인물이다. 그러나 에뤽시마코스가 드러낸 자신감을 곧이곧대로 믿는 사람들이 있다. 또 다른 손님인 파이드로스가 그런 사람이다. 에뤽시마코스가 과음에 관해 충고하자 파이드로스는 이 의사의 명령을 충실히 따른다.

"나는 늘 자네(에뤽시마코스)의 말에 따르지 않나. 특히 자네가 의술에 대해 말할 때는 언제나 그렇지. 오늘은 다른 사람들도 그렇게 할 걸세. 다들 자네의 조언을 잘 생각해본다면 말이지."[22]

파이드로스는 전문가들이 회식 자리에서 술을 얼마나 마셔야 하는가처럼 자신의 전문 기술과 하등 관련 없는 사안에서 목소리를 높일 때도 그들의 전문 지식을 믿고 그들의 말을 따르는 오늘날 우리의 경향을 나타낸다. 분명 이 사안은 의학적 문제가 아니라 판단의 문제이며, 다 함께 술 마시는 유쾌함과 그 대가로 찾아오는 숙취 사이에서 어떻게 균형을 잡아야 하는가라는 실천적 지혜의 문제다. 그러나 에뤽시마코스의 전문 자격증에 매혹된 파이드로스는 충실히 그의 명령을 따르며 심지어 다른 사람에게도 따르라고 충고한다. 파이드로스의 반응은 냉철함을 위협하는 요인, 즉 사실은 개인적·정치적 판단이 필요한 사안에서 의사나 심리학자, 경제학자 같은 기술자에게 자신의 판단을 위탁하라는 유혹의 전형을 보여준다.

이러한 유혹을 보여주는 오늘날의 인상적인 사례는 래리 데이비드의 「열정을 꺾어라」 중 '상담사들'The Therapists이라는 제목의 에피소드에서 찾을 수 있다. 이혼한 아내 셰릴을 간절히 되찾고 싶지만 스스로 판단하고 행동할 용기는 없었던 래리는 자기 상담사에게 조언을 구한다. 상담사는 단호하게 최후통첩을 보내라고 말한다.

"당신이 다시 돌아왔으면 좋겠어. 월요일까지 결정해. 이 제안은 그때까지만 유효해."

래리는 상담사의 조언을 실천하기 전에 셰릴과 유쾌한 점심 식사를 즐긴다. 결정적 순간이 다가오기 전까지는 모든 것이 잘 굴러가는 듯 보인다. 그러나 래리는 상담사의 권고를 따라야 한다는 압박을 느끼고 그가 시키는 대로 한다. 래리의 고압적인 태도에 당연히 기분이 상한 셰릴은 넌더리를 내며 서둘러 레스토랑에서 빠져나간다. 래리는 실수를 바로잡으려는 헛된 시도로 셰릴을 뒤따라가며 애처롭게 소리친다.

"상담사가 그렇게 말하라고 했어!"[23]

이 에피소드에는 생각해볼 지점이 두 가지 있다. 먼저 이 에피소드는 우리가 전문가의 능력을 넘어서는 사안에서도 얼마나 쉽게 전문가를 믿는지를 보여준다. 상담사들은 자신이 관계의 '전문가'라고 주장할 수 있고, 소크라테스처럼 의심하는 태도로 바라보면 그저 우연히 관계 문제에 조언하는 데 능숙할 수도 있지만, 이들이 상식을 기르고 다양한 인간 동기에 관심을 기울여서가 아니라 **전문적 훈련을 받았기** 때문에 그런 것이라고는 확신할 수 없다. 관계 '전문가'가 책에서 이런저런 원리를 배우고 특수한 방법을 사용한다고 해서, 의미 있는 관계를 찾거나 망가진 관계를 회복하는 방법에 대해 사려 깊은 친구나 현명한 지인보다 더 잘 조언할 거라고 가정할 이유는 없다. 즉, 풍성한 삶에 이바지하는 관계의 종류나 질처럼 인간의 행복과 관련된 문제에서 누군가가 조언한다면, 그 내용은 전문 지식과는 상관없는 개인적인 삶의 철학일 뿐이다. 그러나 우리는 전문가들이 자격증과 고객 후기, (역설적이게도) 높은 서비스 비용으로 우리를 안심시키기 때문에 쉽게 전문가를 신뢰한다. 전문가의 조언을 친구들과 멘토, 가족의 조언과 함께 하나의 관점으로 받아들이고 스스로 판단하는 대신 우리는 전문가의 조언을 신의 말씀처럼 떠받든다.

둘째로, 이 에피소드는 애초에 판단을 내린다는 것이 무슨 의미인지 생각해보게 한다. 목적이 원하는 결과를 얻어내는 것(아내를 되찾는 것)인가, 아니면 자기 인식을 표현하는 것("아내가 돌아올지 안 돌아올지는 모르지만, 결과를 위해 나의 개성을 왜곡하지 않고 스스로에게 진실한 방식으로 시도해보겠어")인가? 이 두 가지 목적을 깔끔하게 구분할 수 있는지는 확실치 않다. 유의미하고 지속적인 의미에서 '아내를 되찾'으려면 관계를 되살려야 하고, 그 책임은 **본인**에게 있기 때문이다. 상담사가 말한 최후통첩이 효과가 있어서 셰릴이 다시 래리에게 돌아왔다 해도, 애초에 두 사람을 헤어지게 만든 불만의 원인을 극복하는 방식으로 '아내를 되찾'은 것은 아니다. 래리와 셰릴의 관계는 솔직하고 사적인 노력을 기울였을 때만큼 회복되거나 더욱 깊어지지 않았을 것이다.

결국 이 에피소드는 전문가의 조언을 수용하고 적용하는 행동이 자신의 판단력과 스타일, 도덕적 성향을 포기하는 것이라면 결과와 상관없이 자기 파괴적이라는 사실을 이해하게 도와준다. 물론 전문가가 특정 결과를 얻는 데 도움이 될 수도 있다. 그러나 우리가 그 행동 방침에 동의하지 않는다면 그 결과는 외부적일 수밖에 없다. 이때 우리가 얻는 것은 우리의 개성이 녹아든 것이 아니라 그저 다른 사람이 떠먹여준 것, 개인적 서사의 참조점이 아니라 다른 사람이 쿡 찔러넣은 것일 뿐이다.

우리가 플라톤과 아리스토텔레스의 설명에서 또 래리 데이비드의 난처한 상황에서 배울 수 있는 교훈은, 단순한 선택이나 의사 결정과 달리 판단의 목적은 무언가를 성취하거나 좋은 것을 극대화하는 것이 아니라 자기 입장을 정하는 것이라는 점이다. 핵심은 자신의 생각을 확고히 드러내고 자기 행동에 책임을 지는 것이다.

활기를 앗아가는 기술의 유혹적 위험을 피하기

전문가의 지식을 순진하게 믿는 것 외에, 삶을 더 손쉽게 만들어준다고 약속하지만 모험과 인격 함양의 기회를 박탈하는 기술의 진보 역시 우리의 판단을 위협한다. 핸드폰과 넷플릭스, GPS 내비게이션에서 시작해 무인 자동차에 이르기까지, 기술은 우리가 소통하고 움직이는 수단을 점점 더 효율적으로 만들고 있다. 이러한 혁신은 목표 지향적이고 효율을 중시하는 우리 문화의 특성을 보여주는데, 우리가 길고 지난한 과정을 거치지 않고도 원하는 것을 얻도록 도와주기 때문이다. "시리, 나 대신 모든 걸 해줘"라는 애플Apple의 최첨단 손목시계 광고 문구는 우리 시대의 모토일 수도 있다.

애플의 광고처럼 '그저 손목을 들기만 하면 길을 알려주고, 지금 나오는 노래가 무슨 노래인지 찾아주고, 언어 번역까지 해주는' 마치 기적처럼 보이는 기술의 문제는, 우리가 원래 이런 일들을 해내기 위해 거쳤던 과정이 때때로 지루하더라도 종종 인격을 함양하는 기회였고, 그저 우리의 욕망을 충족시키는 것이 아니라 형성하기까지 하는 기회였다는 것이다.

저녁에 즐길 오락거리를 고르려고 토요일 밤에 비디오 대여점에 가는, 이제는 낯설어진 경험에 대해 생각해보자. 여기에는 어느 정도 수고가 따른다. 우리는 자리에서 일어나, 원하는 영화가 있기를 바라며 (미리 전화로 확인하지 않았다면) 걷거나 자동차를 타고 대여점으로 향해야 한다.

이 경험은 하나의 모험이었다. 고려해본 적 없는 영화, 줄줄이 늘어선 선반을 둘러볼 때 우리의 눈길을 사로잡는 색다른 영화를 우연히 만날 가능성이 늘 존재했다. 때로는 마음속에 정해둔 영화 없이 대여점에 가서 점원에게 추천을 부탁하기도 했다. 그럴 때는 자신이 가장 좋아하는 영화가 무엇인지, 그 영화가 왜 좋은지를 점원에게 알려주었고, 대화를 나누며 표현하고 해석하고 자신의 취향을 가다듬는 능력을 개발했다. 점원과의 대화가 늘 쉬운 것은 아니었다. 종종 연체료의 그림자가 드리웠고, 우리는 그럴듯한 말로 난처한 상황을 모면해야 했다. 그러나 그 난처함 덕분에 어린 나이에 외교술과 임기응변 능력을 키울 수 있었다. 친구들과의 관계에서 좋은 추억이자 이야깃거리가 되어주는 그런 경험이었다. ("그때 기억나? 우리가 연체한 핑계를 한참 둘러대다가 웃음이 터져서 결국 직원한테 씨알도 안 먹혔던 거?") 비디오 대여점에 가는 것은 영화를 보기 전부터 그 나름대로 흥미진진하고 성취감을 주는 하나의 사건이었다.

그러나 넷플릭스에서는 이 모든 것이 사라진다. 우리는 그 순간의 충동을 즉각 만족시킬 수 있지만 우리의 욕망과 개성이 형성되는 여정을 잃게 된다. 넷플릭스에서도 여전히 여러 작품을 훑어볼 수 있지만, 대여점에 가는 것과 똑같지는 않다. 넷플릭스가 우리에게 내놓는 '둘러보기'의 선택지들은 앞선 선택으로 이미 결정되어 있다. 놀랄 일은 줄어든다. 현대 기술의 상당수가 '넷플릭스식 구조'를 따른다. 이 기술들은 우리의 행위 주체성과 자제심을 대가로 우리에게 손쉬운 쾌락을 제공한다.

GPS 내비게이션이 가장 극명한 사례일 수 있다. GPS는 우리를 A 지점에서 B 지점까지 가장 효율적으로 데려다주는 기술이지만 길을 스스로 파악하는 행위 주체성을 우리에게서 완전히 앗아간다. 물론 GPS가 나오기 전에 우리가 아무 도움 없이 길을 찾아야 했던 것은 아니다. 그때도 지도와 신호 체계가 있었다. 누군가는 우리가 운전과 하이킹을 할 때 길을 알아내느라 랜드마크를 찾거나 북극성을 따라갈 필요가 없도록 방향을 알려주는 기술이 GPS이므로, GPS가 신호 체계와 그리 다르지 않다고 말할지도 모른다. 그러나 신호를 사용하는 데는 여전히 상당한 행위 주체성과 주의력이 필요하다. 신호를 따라가려면 신호가 가리키는 것들이 나타나는지 유의해서 살펴야 하고, 실제로 눈앞에 나타났을 때 그것을 알아볼 수 있어야 한다. 신호는 우리를 안내하지만, 한편으로는 주변 환경 속에 우리를 위치시키고 우리가 스스로 위치를 파악하게 한다. 지도가 가장 명백한 사례인데, 지도는 GPS 기기의 자동 음성이나 움직이는 파란 점과 대척점에 서 있다. 지도를 통해 교차로나 랜드마크를 알아차리려면 지도의 부호를 실물로 바꿔야 한다. 예를 들어 우리는 서쪽으로 차를 운전할 때 다른 것들과 대조되는 특정 높이의 산이 우리 오른쪽에 나타나리라는 것을 예상해야 한다. 지도에 있는 작은 세모 모양의 부호를 보는 것과 실제로 산을 인식하는 것은 다른 문제다.

이렇게 산을 인식하려면 상상력을 발휘해 이미지를 현실에 적용할 수 있어야 한다. 엄밀히 말하면, 우리는 지도를 따라갈 수 없다. 지도는 해석을 요구하는 특수한 기호다. 지도는 우리를 안내하지만, 우리가 스스로 사물을 파악하게 만든다. 창의적으로 사물을 상상하게 하고, 사물이 눈앞에 나타났을 때 돌아오는 길의 이정표로서 기억해둘 수 있도록 머릿속에 그려보게 한다.

기준으로 삼을 랜드마크의 모습을 머릿속에 그려보며 그 특징을 파악할 때, 우리는 랜드마크를 자신이 직접 활기를 불어넣은 안내원으로 여기게 된다. 이렇게 우리는 랜드마크를 자신의 확장으로 이해하게 되고, 그러므로 그것을 보호하고 가꿀 이해관계가 생긴다. 환경에 대한 우리의 무관심이 GPS 같은 기술 때문에 주변 환경과 친밀한 관계를 맺지 못하는 상황과 얼마만큼 관련이 있을지도 생각해볼 만하다. 알고리즘에 의지해 한 장소에서 다른 장소로 이동할 때 우리는 주변 환경을 자신과 관련 없는 '저 바깥'에 있는 것으로 여기며 게으르고 냉담하게 바라보기 쉽다.

기기가 오작동하지 않는 한 이동을 철저히 기계적인 것으로 만드는 GPS와 달리, 지도는 방향을 제시하긴 해도 여행의 매력을 더욱 강화할 수 있다. 지도에 그려진 저 랜드마크가 내 상상과 비슷할까? 내가 알아볼 수 있을까?

7학년과 8학년 때 사회 수업의 가장 중요한 과제이자 하이라이트 중 하나가 지도 만들기였던 것이 기억난다. GPS의 시대에는 다소 구식처럼 보일 수 있는 활동이다. 우리는 커다란 기름종이를 지도 위에 겹쳐놓고 땅의 경계를 따라 그렸다. 그리고 우리가 살던 매사추세츠주에서 시작해 다른 지역과 대륙으로 뻗어나갔다. 도시와 마을, 강, 호수, 산을 파악해야 했다. 어떤 것은 찾기 쉬웠고, 어떤 것은 찾기 어려웠다. 제대로 그리기 위해 종종 여러 개의 지도를 참고해야 했다. 여러 가지 색깔로 지형이나 기후를 표시하거나 지도 가장자리에 그 지역의 야생동물과 문화를 그리면 추가 점수를 받을 수 있었다.

우리는 무엇이 어디에 있는지 배우고 자신이 다른 사람을 여러 장소로 안내하는 모습을 상상하며 장소 자체를 더욱 깊이 인식하게 되었다. 우리가 그곳들을 사랑하게 된 이유는 손으로 직접 그려서이기도 했지만, 그 장소들이 신비함을 품고 있어서이기도 했다. 실제 장소가 우리의 상상과 비슷할까? 지도를 만들자 우리가 위치를 찾아서 따라 그린 장소들로 여행을 떠나고 싶어졌다. 우리는 여행 경로를 짜고 탐험가가 된 자신을 상상하면서 그 목적지와 개인적인 관계를 맺었다.

지도를 만들고, 길을 찾고, 그 과정에서 자기 인식을 개발하는 경험은 그저 가야 할 방향을 지시하는 GPS의 보급으로 사라질 위험에 처했다. 오늘날 지도 만들기를 과제로 내는 학교 선생님이 몇 명이나 있을까? GPS가 있으면 우리는 아무것도 머릿속으로 그려보거나 해석하지 않고 그저 GPS의 명령을 따른다. 주변 환경에 이정표라는 의미가 없으면 우리는 혼자 길을 찾을 때처럼 자세히 사물을 들여다보는 수고를 하지 않는다.

또한 우리는 주변 환경을 이해하고 스스로 자부심을 갖게 하는 여행의 또 다른 차원을 잃게 된다. 탐험가의 눈으로 주의를 기울이지 않으면 독특하게 형성된 암석층이나 길가의 농작물 가판대처럼 예상치 못한 즐길 거리를 못 보고 넘어가기 쉽다. 알고리즘이 길을 알려줄 때는 길을 찾으려고 멈출 필요가 없으므로 뜻밖의 인상적인 경험과 마주칠 기회가 적다. 헤매지 않고 더 빠르게 목적지에 도착할 수는 있겠지만, 그 목적지의 의미를 더욱 풍성하게 만드는 가능성은 빼앗기고 만다. 이동 중에 생긴 재미있는 일화와 함께 친구의 집에 도착하면 대화가 더욱 즐거워지고 방문이 더욱 유쾌해진다. 그랜드캐니언 같은 경이로운 자연경관 앞에 도착했을 때 대조적인 풍경을 지나왔다면 자연경관의 웅장함이 더욱 강렬해진다.

열두 살 때 가족들과 오스트레일리아로 여행 갈 기회가 있었다. 그보다 6년 전에 가족을 만나러 스페인에 간 이후로 처음 떠난 해외여행이었다. 당시 오스트레일리아에 도착하기까지의 여정이 실제로 경험의 중요한 일부였던 것이 선명하게 기억난다. 오스트레일리아 땅에 착륙해, 이번 여행을 기대하며 수많은 자연 다큐멘터리와 책에서 보았던 전설적인 그레이트배리어리프에서 스노클링을 하기 훨씬 전에, 747 여객기의 서쪽 창문으로 넓게 펼쳐진 산호초를 내려다보았다. 그때 우리는 오클랜드에서 케언스를 향해 북쪽으로 빠르게 날아가고 있었고, 나는 내 위치를 파악하려고 애썼다. 양쪽의 청록색 바다 사이로 살짝 물속에 잠겨 은은한 금빛으로 빛나는 넓은 산호초를 보니 그 거대함이 느껴졌다. 나중에 바로 그 위에서 수영하면서 그 거대함을 또 다른 관점에서 감상할 수 있었다.

물론 GPS를 사용하면서 주변 환경을 감상하는 것이 불가능하지는 않다. 기술의 열렬한 지지자들은 언제 어디서 길을 꺾어야 할지 걱정할 필요가 없을 때 주변을 더 잘 감상할 수 있다고 말할지도 모른다. 그냥 주변만 바라보면 되기 때문이다. 그러나 '그냥 본다'는 생각은 우리가 무심한 관찰자일 때 주변을 가장 잘 볼 수 있다고 가정한다. 이러한 가정은 인식에 기준이 필요하다는 것, 즉 우리가 보는 풍경과 관련된 이해관계나 관심사가 필요하다는 사실을 놓치고 있다. 물론 길찾기에 관심이 없어도 이러한 관점을 가질 수 있다. 드라이브를 즐기면서 최근에 시나 소설에서 읽은 아름다운 내용에 비추어 풍경을 바라볼 수도 있다. 또는 과거에 했던 여행을 추억하며 그때 본 풍경과 지금 보이는 풍경을 비교할 수도 있다. 우리는 무궁무진하게 다양한 관점으로 주변을 관찰할 수 있다.

그러나 GPS를 통해 경로를 대하는 우리의 태도, 즉 최대한 효율적으로 목적지에 도착하는 것은 길을 어떤 식으로든 감상하지 못하게 만들기 쉽다. 우리는 길 자체를 감탄하며 바라보는 대신 주변 풍경에서 시선을 돌리고 시간을 때운다. 차체 안에 몸을 웅크리고 전자기기 속으로 빠져든다.

GPS 내비게이션의 연장선상에 무인 자동차가 있다. 무인 자동차를 타면 이동할 때 그 어떤 적극적인 역할도 맡을 필요가 없다. 그러나 무인 자동차 덕분에 경치를 더 즐기거나 주변 환경에 더 관심을 기울이게 되리라는 생각은 지나치게 순진하다. 그보다는 목적지가 어디든 가는 길에 이메일을 확인하고 소셜미디어에서 하릴없이 스크롤을 내릴 '자유'를 얻게 될 가능성이 크다. 구글이 무인 자동차 기술을 선도하는 이유가 무엇일까? 운전할 필요가 없으면 사람들이 화면에 더 오래 시선을 고정하고 구글 검색을 더 많이 하리라 예상하기 때문이라는 생각도 그리 과장은 아니다.

평탄하지 않은 길이 주는 정신적 이로움에 대해 누군가는 이의를 제기할 수 있다.

"급히 서둘러야 할 때는요?"

가끔 내 학생들은 이렇게 묻는다. 물론 그럴 때는 GPS가 도움이 된다. 정말로 상황이 급박할 때 GPS가 유익하다는 사실은 명백하다. 다친 사람을 최대한 빨리 병원으로 옮겨야 할 때 우리는 스스로 길을 찾는 행위 주체성을 기꺼이 포기할 것이다. 그러나 문제는 GPS가 이따금 도움이 되느냐 아니냐가 아니다. 진짜 문제는 왜 우리가 길을 찾을 때 지도나 우리의 방향 감각이 아니라 언제나 GPS를 사용할 만큼 늘 바쁘냐는 것이다. 애초에 GPS에 의지할 수 있다는 가능성 때문에 시간을 빠듯하게 남기고 서두르게 되는 건 아닐까? 게다가 핸드폰의 등장으로 우리가 늘 연락 가능 상태가 되고 사무실에서 나온 지 한참이 지난 뒤에도 상사의 명령에 상시 대기하는 상태가 되었음을 고려하면, 기술 자체가 정신없는 삶의 속도를 더욱 악화한다고 생각할 수밖에 없다.

방향 감각이 '나쁜' 사람에게는 GPS가 도움이 된다는 주장에 관해서도 비슷한 질문을 던질 수 있다. 그러한 능력 부족의 얼마만큼이, 길찾는 능력을 기를 필요를 없애버리는 기술의 결과일까? 일단 GPS에 의존하게 되면 GPS 없이는 무력해진다. 우리는 방향 감각이 불변하는 능력인 것처럼 말하지만, 방향 감각에 의존해야 한다면 그 능력을 사용하면서 키워나가게 될 것이다.

나의 학생들이 제기한 또 다른 반대 의견은 GPS 비판이 길 잃는 것을 낭만화한다는 것이다. 그러나 우리는 '낭만화'가 목표 지향적 틀에 갇힌 사람들이 사용하는 경멸적 용어는 아닌지 자문해야 한다. 잘못된 길로 들어서는 것이 왜 그렇게 두려울까? 우리의 평범한 목표와 도착지가 무엇이 그리 중요하기에 가능한 한 빨리 도달해야만 하는 것일까? 병원에 가는 것은 중요하다. 그러나 왜 모든 곳에 제시간에 도착해야 하는가? 플라톤의 『향연』에서 소크라테스는 식사가 시작되고 나서야 아가톤의 집에 도착하는데, 오는 길에 생각이 하나 떠올라 곁길로 샜기 때문이었다. 소크라테스는 이웃집 문 앞에 멈춰 서서 그 생각에 깊이 빠져들었다. 뒤늦게 아가톤의 집에 도착한 소크라테스는 따뜻하게 환영받고, 그가 늦었다는 사실은 대화에 끼어드는 진입점이 된다.

소크라테스의 일화는 도착지의 의미를 그곳에 이르는 길과 깔끔하게 분리할 수 있는가, 곁길로 새서 지각하거나 길을 잃을 가능성과 분리할 수 있는지를 고민하게 한다. 오디세우스가 GPS를 사용할 수 있어서 트로이에서 이타카까지 비교적 손쉽게 항해할 수 있었다고 상상해보라. 그랬다면 아내 페넬로페와 더 빨리 만날 수 있었을 것이다. 그러나 힘겹게 돌아왔을 때만큼 아내에게 헌신하는 마음이 생기지는 않았을 것이다. 시련 없이 빠르게 재회한 아내는, 괴물과 싸우고 스킬라와 카리브디스에게서 빠져나오고 세이렌의 유혹에 저항하고 난 뒤에 겨우 만난 아내와 똑같지 않을 것이기 때문이다.

오디세우스 같은 영웅들은 우리가 모험가와 탐험가가 가진 미덕을, 그들이 힘겨운 길에서 드러내는 독창성과 재치, 불굴의 용기를 흠모한다는 사실을 보여준다. 우리는 여행을 떠날 때 GPS에 의지하면서도 텔레비전 프로그램 '인간과 자연의 대결'Man versus Wild의 주인공 베어 그릴스Bear Grylls의 재기 넘치는 생존 전략에 열광한다. 특수부대 출신인 그는 낙하산을 타고 자신이 전혀 모르는 오지에 떨어진 뒤

칼과 배낭에 든 옷만 가지고 다시 문명사회로 되돌아온다. 그러나 우리가 정말로 베어 그릴스에게 감탄한다면 사소하게나마 그를 본받아 (지도를 사용한다든가 기술이 제공하는 안락함을 상쇄할 고된 상황을 찾아 나서는) 모험 정신을 우리 삶에 적용해야 마땅하다.

넷플릭스나 GPS 같은 기술을 비판적으로 고찰하는 목적은 '삶을 악화한다'며 그것들을 전면 거부하는 것이 아니라, 이러한 기술의 사용을 (영화관 대신 비디오를, 말 대신 자동차를 선택했을 때 그랬듯이) 큰 희생이 따르는 의심스러운 것으로 이해하는 것이다. 우리는 너무 자주 이러한 혁신을 순전한 진보로, 이성과 과학의 발전을 보여주는 징표로 여긴다. 기술이 계몽과 인간 지성의 증거라는 생각은 지나치게 순진하고 자멸적이다. 이러한 생각은 과거 사람들이 오늘날 우리가 개발하고 이룩한 것을 본다면 깜짝 놀라며 '진작' 그 기술을 떠올리지 못한 자신을 자책하리라고 여긴다. 그러나 고대 그리스인의 생각을 대강만 훑어봐도 그들이 기술의 가능성을 충분히 인지하고 있었으나 수용하기를 꺼렸음을 알 수 있다. 아리스토텔레스 같은 철학자들은 생산과 조작 능력을 다른 무엇보다 중시하는 목표 지향적 체제에 비판적이었다.

오늘날 우리가 발명가를 숭배하는 것과 달리 고대 아테네인은 정치와 시민의식을 지향하고 아테네 의회에서 인격의 미덕을 드러내는 사람에게 더욱 감명받았다. 그리스인이 말한 테크네techne는 무언가를 만들거나 생산하는 기반이 되는 지식을 의미한다. 우리가 사용하는 '기술'technology이라는 단어가 바로 이 단어에서 나왔다. 아리스토텔레스는 우리가 무언가를 잘 활용할 수 있게 하는 지식인 실천적 지혜, 프로네시스phronesis보다 테크네가 훨씬 아래에 있다고 생각했다. 고대 그리스에서 기술 발전이 제한된 것은 그리스인이 실천적 지혜와 판단력, 인격 형성에 한결같은 관심을 기울였기 때문이다. 직설적으로 말하자면, 오늘날 우리의 탐욕스러운 기술 발전은 고대 그리스인이 악으로 여겼던 것, 즉 원하는 것을 얻기 위해 기꺼이 노예가 되는 태도를 보여준다.

여기서 결국 우리를 노예로 만드는 것은 우리에게 무엇을 하거나 어디로 가라고 지시하는 기계가 아니라, 우리 자신이 욕망하는 대상이다. 이러한 내적 노예 상태에서 우리는 성취와 획득의 가능성 그리고 여정의 목적지가 우리의 삶을 통제하게 내버려둔다.

자신의 삶을 전체로서 이해하기

위대한 영혼의 특징인 자기 신뢰에는 자신으로 존재한다는 의미에 대한 이해가 담겨 있는데, 아리스토텔레스는 이를 '실천적 지혜'라는 말로 설명한다. 그는 실천적 지혜를 '재산이나 체력 같은 삶의 일부가 아니라 좋은 삶 전체에 관해' 무엇이 좋은지를 숙고할 수 있는 능력으로 정의한다.[24] 그는 부분과 전체를 구분하며, 우리 자신은 우리가 이력서에 쓸 수 있는 다양한 목표와 역할 그 이상임을 생각해보게 한다. 여기서 말하는 '그 이상'은 우리 삶의 다양한 부분을 그저 목표와 훌륭함의 기준이 각기 다른 고립된 영역으로서가 아니라, 서로와의 관계 속에서 작동하며 더욱 명확해지는 존재 방식이자 통합된 전체의 일부로서 이해하게 하는 힘이다.

예를 들어 나는 교사로서 과제로 무엇을 낼지, 예의 없는 학생에게 어떻게 예의를 가르칠지와 같은 교실이라는 제한된 영역과 관련된 문제만 고민하지 않고, 어떻게 하면 이 특정 직업의 습관과 성향을 활용해 내가 매사에 추구하는 정신을 알리고 조명할지를 고민할 수 있다. 언뜻 보면 천진난만해 보이지만 다시 생각해보면 심오한 학생들의 질문에 답하는 데 점점 익숙해지면서, 나는 전에는 너무나도 자명하게 여기던 상황에서 스스로 질문을 던지며 새로운 방식으로 세상에 주의를 기울이게 된다. 퇴근 후 귀갓길에 다른 차가 무례하게 끼어드는 불쾌한 경험을 할 때, 어려운 학생을 다룰 때처럼 저 운전자가 자기 삶에서 겪고 있는 일 때문에 이렇게 행동하게 되었을지 모른다고 생각하며 분노를 가라앉히는 '선생님다운' 방식을 사용한다. 이렇게 나는 특정 영역(교사로 일하는 방법)뿐만 아니라 여러 영역의 관계에 대한 지식을 쌓고, 이를 통해 비교와 비유가 가능한 사람, '전체'를 이해하는 사람으로 나 자신을 바라보게 된다.

이러한 이해에 다다르는 것은 곧 사고와 불운, 실패에 대한 두려움에서 해방되는 것을 의미한다. 특정 영역에서 어떤 일이 발생하든 간에, 어디든 적용할 수 있는 교훈과 통찰을 끌어낼 준비가 되어 있기 때문이다. 이러한 관점에서 보면 그 어떤 패배나 상실도 끝이 아니다. 우리가 기울인 노력과 우리가 쏟은 창조적 에너지는 여전히 우리 곁에 있으며, 이를 통해 새로운 도전 앞에서 더욱 강해질 수 있다. 그렇기에 "위대한 영혼을 지닌 사람은 부와 권력, 어떤 식으로든 닥쳐오는 행운과 불운 앞에서 균형을 유지하며 좋은 것을 지나치게 기뻐하지도, 나쁜 것을 지나치게 한탄하지도 않는다."[25]

이러한 감각을 잘 보여주는 사례가 바로 레드삭스Red Sox의 슈퍼스타 타자인 J. D. 마르티네스J. D. Martinez다. 그는 2018년 올스타전 선수로 선발되어 전통적으로 가장 훌륭한 선수에게 주어지는 타순인 '4번 타자'로 지명되었다. 그는 이 영광이 '비현실적'이고 '정말 멋지다'고 말했지만, 지나치게 흥분하지는 않았다. 그 대신 그는 이 영예를 스타가 되기까지의 고된 과정을 되돌아보고 마침내 긍정할 기회로 삼았다. 젊은 선수였을 때 그는 드래프트에서 스무 번째 라운드에야 선발되었다. 마이너리그 선수 대부분이 달성하지 못하는 빅리그 진출을 마침내 해냈으나, 3년 뒤 방출되었다. 그러나 그는 점차 스윙을 바꾸었고 최고의 타자가 되었다. 마르티네스는 과거를 회상하며 이렇게 말했다.

"다시 돌아간다 해도 아무것도 바꾸지 않을 겁니다. 제가 실패했었다는 사실이, 완전히 넘어졌었다는 사실이 다행스럽습니다. 그때의 실패가 오늘의 저를 만든 것 같습니다."[26]

올스타전에 참가한 쾌거는 마르티네스에게 그 자체로 크게 축하할 일이 아니었다. 그보다 올스타전은 자신이 밟아온 궤적 전체를 균형 있게 바라볼 수 있는 순간이었고, 이 순간은 그에게 자신의 여정을 긍정할 기회가 되었다. 우리가 이룬 성취는 오로지 그 안의 이야기를 통해서만 의미가 생기고 지속적인 행복을 준다는 점을 고려하지 않으면, 마르티네스의 태도를 그저 지나친 겸손으로 이해하기 쉽다.

이따금 나는 인터넷에 접속해 2009년에 잉글랜드 밀턴킨스에서 열린 세계 약물 없는 파워리프팅 협회 선수권 대회World Drug-Free Powerlifting Association Championship의 결과를 찾아보곤 한다. 턱걸이 기네스 기록에 도전하기 전에, 옥스퍼드대학원의 파워리프팅 동아리 회원이었을 때 참가한 경기다.

75kg 체급에서 스크롤을 내리며 내 이름과 참가번호를 찾는다. 스쿼트 175kg, 벤치프레스 120kg, 데드리프트 212.5kg. 파워리프팅 대회에서 내가 거둔 최고의 결과였다. 규모는 작아도 경쟁이 치열한 리그의 내가 속한 체급 4위에 올랐다. 마지막 세 번째 데드리프트를 끝낸 뒤 심판석에서 그린라이트 세 개가 보였을 때의 짜릿함을 떠올리면 절로 미소가 지어진다. 그러나 개인 최고 기록이라는 쾌거가 과거의 일이 된 지금, 내 마음을 움직이는 것은 이 대회에 참가하기까지의 여정이다.

파워리프팅 동아리의 다른 회원들과 함께했던 고된 훈련이 떠오른다. 우리는 월요일과 화요일, 목요일 저녁마다 이플리 로드Iffley Road에 있는 비좁은 체육관에 모였다. 바로 옆에는 1953년에 로저 배니스터Roger Bannister가 세계 최초로 1.6km를 4분 내로 달린 유명한 트랙이 있었다. 훈련이 끝난 뒤 우리가 종종 단백질 셰이크를 마시곤 했던 운동 센터 옆의 작은 카페의 이름은 적절하게도 '카페 서브-포'*였다. 체육관에는 기본 시설만 갖춰져 있어서 철봉과 플레이트, 벤치, 스쿼트랙

---

* Café Sub-four, 마라톤 풀코스를 4시간 이내로 주파하는 것을 의미함—옮긴이.

두 개가 전부였다. 동아리 회원인 댄이 고중량을 들기 전에 에너지를 더 끌어내려고 코앞에 대고 암모니아 스틱을 부러뜨릴 때 우리를 휘감던 유독한 냄새가 지금도 코끝에 생생하다. 무게를 드는 데 성공하면 댄은 위풍당당하게 플레이트를 제자리에 갖다 놓고 우리 쪽을 바라보며 모두에게 알렸다.

"자식들아, 벤치는 이렇게 하는 거다!"

이 상스러운 오만함은 격식을 차리는 옥스퍼드대학의 분위기와 기분 좋은 대조를 이루었다. 내 사회생활 능력을 짜내야 했던 교수님들과의 회의와 오후 수업이 끝날 무렵이면 체육관의 거칠고 노골적인 농담이 간절히 듣고 싶었다. 그리고 이따금 운동이 끝날 때쯤이면 낮 동안 내가 반발했던 격식이 아주 조금 그리워지기도 했다.

부상 없이 최고의 컨디션으로 훈련하다가 대회가 열리기 겨우 한 달 전에 심각한 독감에 걸렸던 것도 기억난다. 고열이 나서 일주일간 침대에 누워 있었고 체력이 너무 약해져서 그 뒤로도 일주일을 더 훈련하지 못했다. 좋은 결과를 내는 것은 고사하고 대회에 출전할 만큼 다시 체력을 회복할 수 있을지 의심스러웠다. 브래드 피트가 아킬레우스 역으로 출연한 영화 「트로이」를 보면서 집에 늘어져 있던 2주가 지난 뒤, 간신히 몸을 일으켜 체육관으로 향했다.

몸을 풀며 60kg을 들었던 것이 기억난다. 한 달 전에는 깃털처럼 가볍게 느껴졌던 무게가 나를 무겁게 짓눌렀다. 머리가 어지럽고 다리가 후들거렸다. 그러나 천천히 무게를 올리자 몇 달간의 훈련이 효과를 발휘하기 시작하며 초반의 피로를 밀어냈다. 그날 이후로 내가 여러 차례 되뇌게 된 귀중한 교훈을 얻은 것이 바로 그때였다. 그 교훈은 훈련이든 글쓰기든 아침 출근이든 어떤 활동을 처음 시작할 때 어떤 느낌이 드는지가 그 활동을 하면서 어떤 느낌이 들지 또는 결국 그 활동을 어떻게 마칠지를 결정하지 않는다는 것이다.

마지막으로 대회 전날 밤 침대에 누워, 철봉 앞에서 내 이름이 불리는 상상 때문에 요동치는 마음을 가라앉히고 다음 날 일을 잊으려 애쓰던 것이 기억난다. 더 넓은 관점에서 대회를 바라보기 위해, 사형을 선고받은 소크라테스가 아테네 시민으로 이루어진 500명의 배심원단 앞에 서서 자신을 변호하는 모습을 떠올렸다. 소크라테스가 그만큼 냉철하게 재판받을 수 있었다면, 나도 다음 날 세 번째 시도에 실패했다는 실망감 정도는 감당할 수 있을 것이다! 또한 나는 "나를 파괴하지 못하는 것은 나를 더 강하게 만든다"는 격언을 떠올리며 마음을 달랬다. 이 말은 가수 켈리 클락슨Kelly Clarkson의 노래를 통해 널리 알려졌지만 이 표현을 처음 사용한 사람은 니체였다. 이 격언은 오늘날 널리 알려진 조언과 동기 부여 문구의 상당수가, 수 세기 전에 오늘날 우리보다 훨씬 깊이 숙고한 철학자들에게서 나왔음을 보여주는 좋은 사례다. 나는 대회를 생각하며 이렇게 되뇌었다.

"내일 무슨 일이 일어나든 최소한 내 인격의 시험대가 될 것이고, 패배를 만회하거나 균형 있는 시각으로 승리를 바라볼 기회가 될 것이다."

수백 년 전의 과거를 살았던 사상가들의 말과 행동을 떠올리는 단순한 행위가 내게 큰 위안을 주었다. 설명하기는 어렵지만, 어떤 면에서 이 철학자들은 몸과 신체 능력이 과거의 것이 된 지 오래인데도 나를 통해 계속해서 살아가고 있었다.

이것 말고도 기억나는 것이 많은데, 이 모든 것이 좋은 결과와 관계없이 지금도 그때만큼 생생하게 남아 있다. 결과는 찰나와 같다. 그 순간에는 짜릿하지만 곧 과거의 일이 된다. 그러나 통찰은 결코 나이 들지 않는다. 오늘날 우리가 그 통찰을 조언이나 영감으로 삼을 때마다 처음처럼 생생하게 되살아난다.

대회 결과 스프레드시트를 바라보며 그날까지 있었던 일들을 회상하다 보면 목표를 두 가지 방식으로 이해할 수 있다는 생각이 든다. 목표는 우리가 성공하거나 실패할, 경계가 명확한 추구의 대상일 수도 있고, 삶 전체의 특정 측면이 뚜렷하게 드러나는 지점일 수도 있다.

아리스토텔레스는 『니코마코스 윤리학』의 시작 부분에서 이 같은 목표의 양면성을 환기하며 특정 목표, 즉 좋은 것과 선 자체를 구분한다. 그는 모든 인간 활동이 '어떤 좋음'을 추구한다고 말한다. 이러한 활동은 특정 목표(텔로스)를 '위한 것'이다. 그는 말굴레 만들기를 사례로 드는데, 말굴레를 만드는 것은 말을 타기 위해서고, 말을 타는 것은 전쟁을 잘 이끌기 위해서다.[27] 그러나 우리의 행동에 의미가 있으려면, 우리가 하는 모든 활동이 다른 무엇을 위한 것이어서는 안 된다. 우리는 늘 최고선을 목적으로 행동해야 한다.[28] 그러나 아리스토텔레스는 최고선이 쾌락과 명예 또는 지식처럼 우리가 추구하는 특정 목표에서 이어지는 또 다른 목표가 아니라고 말한다. 최고선은 행복, 즉 에우다이모니아이며, 여기서 말하는 행복은 존재의 상태가 아니라 삶의 방식이다. 행복은 계속해서 숙고하고 판단하는 삶과 분리할 수 없으며, 이러한 삶을 살기 위해서는 여러 순간과 상황을 비교하고, 상충하는 여러 주장을 평가하고, 모든 것을 고려해 자기 입장을 정할 수 있어야 한다.

독립성을 기르는 방법: 무심함 VS 통합

실패와 불운, 상실에 대한 두려움에 맞설 때 또는 어떤 집착이나 불안의 근원에서 벗어나려고 시도할 때, 삶에 무심한 태도나 체념하고 자제하는 태도로 도피하고 싶을 수 있다.

"내가 하는 것, 심지어 내가 꼭 필요하다고 생각하는 것도, 더 넓은 차원에서 보면 궁극적으로 전혀 중요하지 않다. 나라는 사람이 곧 내가 하는 일이나 속한 국가, 또는 가족과 친구들처럼 내가 애착을 느끼는 사람인 것은 아니다. 중요한 것은 한 발짝 물러나서 거리를 두고 내 삶을 바라보는 능력, 이런저런 일들을 즉시 놔버릴 수 있는 능력이다. 그러니 너무 열광하거나 애착을 갖지 말고 내게 발생하는 일들을 즐기자."

이 같은 무심한 독립성이 냉정하고 성숙한 관점이며 심지어는 냉철함의 정수라고 확신하기 쉽다. 그러나 위대한 영혼과 실천적 지혜, 삶의 '일부'와 '전체'의 관계에 대해 우리가 살펴본 내용을 고려하면, 이것이 어리석은 태도임을 간파할 수 있다.

두려움과 집착의 진짜 근원은 우리가 소중히 여기는 것들에 지나치게 열정적으로 몰두한다는 사실이 아니라, 우리가 그것들과 목표 지향적인 방식으로 관계 맺는다는 데 있다. 일자리는 오로지 유지하거나 잃는 것이 되고, 국가는 단결하거나 분열되는 것이 되고, 누군가가 지금은 이곳에 있지만 언젠가는 사라질 사람이 될 때만 두려움이 생겨난다. 이러한 두려움 때문에 우리가 이런 것들에서 무심해지라고 스스로를 설득하고 삶을 멀리서 조망하고 평가하는 태도에서 '진정한' 자신을 찾으려 하는 것이다. 그러나 자신에게 중요한 것들을 실천적 지혜의 원천으로, 서로 영향을 미치면서 끊임없이 의미를 얻는 가능성으로 여긴다면, 완전히 다른 의미의 냉철함을 얻게 된다. 이 냉철함은 종합적으로 바라보고 유사성을 발견하고 여러 가지를 통합하는 힘이다.

좌절하거나 불안을 느낄 때 갈망하게 되는 무심한 거리두기가 아닌 니체가 제안한 자기 성찰을 생각해보자.

"지금껏 네가 진정으로 사랑한 것, 네 영혼을 끌어당긴 것, 영혼을 장악하는 동시에 행복하게 한 것… 그 대상들을 비교해보고, 어떻게 하나가 다른 것들을 완성하고 확장하고 변화시키는지를 관찰하고, 어떻게 그것들이 하나의 사다리를 이루어, 네가 그것을 올라 오늘날의 네가 되었는지를 생각해보라."29)

이런 식으로 바라보면 우리가 진정으로 사랑한 것들은 삶의 여정에서 지지와 영감의 근원으로서 언제나 우리와 함께한다.

아리스토텔레스가 말하는 위대한 도덕과 옹졸한 도덕

아리스토텔레스는 위대한 영혼을 한창 설명하다가 두 가지 급진적인 주장을 한다. 하나는 위대한 영혼 안에 다른 모든 미덕이 들어 있다는 주장이다. 아리스토텔레스는 위대한 영혼을 지닌 사람이 '전투에서 필사적으로 후퇴하거나 부당하게 행동하는' 모습을 상상할 수 없다는 것을 그 이유로 든다.[30] 그러므로 위대한 영혼은 그저 여러 미덕 중 하나가 아니라 용기와 정의, 관용을 모두 포함한 가장 포괄적인 미덕이다. 그렇다면 아리스토텔레스가 위대한 영혼으로 이어진다고 말한 미덕들은 최고의 미덕을 얻기 위한 조건처럼 보일 수 있다. 먼저 용감하고 공정하고 관대한 사람이 되어야 다음 단계인 위대한 영혼으로 향할 수 있는 자격을 얻는 것처럼 말이다.

그러나 아리스토텔레스는 그러한 진행의 가능성에 의문을 제기하는 더욱 대담한 두 번째 주장을 내놓는다. 그에 따르면 위대한 영혼은 일종의 '체계'이며 다른 미덕에 주어지는 '최고의 장식'이다. 위대한 영혼은 다른 미덕을 포함하기만 하는 것이 아니라, '더 위대하게 만들어'주기도 한다.[31] 그러므로 아리스토텔레스는 위대한 영혼이 가장 진실하고 고결한 형태를 띤 모든 미덕의 원천이라고 말한다. 위대한 영혼이 없다면 다른 모든 미덕은 광채를 잃고 만다. 위대한 영혼이 없는 사람은 어떤 식으로든 충분히 정의롭거나 용감하거나 관대하거나 도덕적일 수 없다. 엄밀히 말하면 위대한 영혼은 유일한 미덕이며, 다른 모든 미덕의 기저에서 그 미덕을 참된 선의 표현으로 만들어주는 성향이다. 수많은 미덕은 위대한 영혼의 한 차원이나 갈래로 이해할 수 있다. 우리는 이 주장을 주의 깊게 살펴봐야 한다. 미덕과 냉철함의 관계에 관한 중요한 함의가 담겨 있기 때문이다.

위대한 영혼이 다른 미덕의 상위에 있음을 생각해보는 방법은 다음과 같다. 모든 미덕은 더 훌륭하거나 열등한 형태가 있다. 위대한 영혼을 증명하는 미덕 그 자체와 옹졸함으로 물든 미덕의 유사품이 있는 것이다. 아리스토텔레스는 많은 생각을 불러일으키는 이 주장을 더 자세히 설명하지 않지만, 그가 무엇을 염두에 두었을지 상상해볼 가치가 있다.

정의를 예로 들어보자. 위대한 영혼을 보여주는 정의로운 존재 방식이 있다. 살면서 만나는 다양한 사람들을 마땅하게 대우하려고 끊임없이 노력하며 살아가기, 빚이 있으면 갚고 상황이 여의찮을 때도 자기 책임을 다하기, 약속한 것이 없고 평소에 자신과 생각이 다른 사람일지라도 합당한 기여를 인정하기, 법이나 관례로 보면 엄밀하게 나의 것일지라도 다른 사람이 더 잘 사용하거나 환영하는 것이라면 포기하고 내어주기가 그러한 방식이다. 이러한 방식의 정의로움에서는 위대한 영혼이 드러난다. 이러한 삶을 살려면 관습적인 가치 판단에서 벗어나 누가 무엇을 받아 마땅한지를 직접 판단해야 한다. 또한 내가 '빚지고' 있는 것에 대한 개념을 확장해야 하는데, 이 빚은 물질적인 것을 넘어서며, 단순히 우리의 관심이나 참여를 의미할 수도 있다.

그러나 다른 종류의 정의도 존재한다. 옹졸한 영혼을 보여주는 이 정의는 인색함과 나약함, 분노의 한 형태다. 이러한 정의는 무엇이 '공정'한지를 끊임없이 계산하는 맞대응의 정의이고, 구체적인 사례에서 옳은 결정을 희생해가며 '규칙'만 들먹이는 무정한 관료주의적 정의이며, 비례성이라는 외피를 두른 처벌적 정의다. 이는 상실 앞에서 행위 주체성을 행사하려는 헛된 시도로서, 눈에는 눈으로 보복하려는 충동이라고도 할 수 있다.

"내가 입은 피해는 회복할 수 없지만 적어도 가해자에게 복수할 순 있어!"

이러한 정의의 사촌 격(보통 그렇게 인식되지 않지만)이 바로 쩨쩨하게 타인을 감시하며 도덕적으로 비난하는 것이다. 우리 일상에서도 친숙한 이러한 비난은 사실 가면을 쓴 분노다.

이러한 종류의 정의를 이해하기 위해 다시 한번 우리 문화의 해악을 풍자하는 가장 흥미로운 프로그램 「열정을 꺾어라」를 살펴보자. 래리 데이비드가 아이스크림 가게에서 주문을 기다리는데, 그의 앞에 선 여성이 모든 맛을 다 맛보고 있다. 짜증과 불만에 가득 찬 래리가 친구 제프에게 그 여자도 들을 만큼 큰 소리로, 저 사람이 자신의 '시식 특권'을 남용하고 있다고 비난한다. 여자는 래리를 째려본 뒤 마침내 바닐라 맛을 고른다. 여자가 가게에서 나가자 래리는 불만을 터뜨리며 가게 직원을 위로하려 한다.

"바닐라! 결국 고른 게 바닐라야! 웃기네 진짜!"

그러나 가게 직원은 래리의 분노에 공감하지 않고 말없이 그의 주문을 기다린다. 잠시 침묵이 흐르고 래리가 확실히 자기가 선택한 맛을 주문할 거라고 믿게 될 즈음, 래리가 말투를 바꾼다. 그리고 호기심 가득한 눈으로 직원에게 묻는다.

"바닐라 맛있어요?"

알고 보니 래리도 방금 자신이 비난한 여성처럼 아이스크림을 시식하고 싶다. 그러나 사회적 비난이 무서워서 눈치를 본다. 래리가 정의에 호소한 이유는 분노 때문이었다. 그는 자신이 소심함 때문에 억누른 성향을 자유롭게 내보였다는 이유로 타인을 손가락질한다.[32]

위대한 영혼에 비추어 정직함 같은 다른 미덕도 살펴볼 수 있다. 진실과 자신이 믿는 바를 말하는 행동은 자기 존중에서 나온 것이다. 이때의 정직함은 편리함 때문에 결과가 두려워서 거짓을 말하는 것이 나약함의 한 형태라는 확신에서 나온다. 민감한 질문에 대답하기를 거부하거나 모순되더라도 정직하게 대답함으로써 곤란한 상황을 자기 신념을 긍정하는 기회로 삼는 대신, 우리는 상황에 녹아들고자 스스로를 굽힌다. 거짓말을 하는 것이 타인에게 유해하거나 무례하거니와는 별개로, 거짓말은 자신의 통일성에 무례한 행동이다.

그러나 정직함은 나약함의 한 형태이거나, 지나친 가책이나 죄책감 때문에 생각나는 것을 전부 말해야 한다고 느끼는 일종의 강박이거나, 모든 질문에 순종적이고 성실하게 대답해야 한다는 욕구일 수도 있다. 영화 「라이어 라이어」Liar Liar에서 짐 캐리Jim Carrey가 연기하는 인물의 정직함이 죄책감에서 비롯된 무분별한 솔직함을 보여주는 좋은 사례다. 경찰이 신호 위반으로 그를 멈춰 세우고 그가 뭘 잘못했는지 아느냐고 묻자, 짐 캐리는 일평생 저지른 모든 위반 행위를 고백하며 조수석 도구함을 연다. 그 안에서 지불하지 않은 주차 위반 딱지가 쏟아져 나온다.

아마도 영혼의 위대함이나 옹졸함을 가장 잘 드러낼 수 있는 미덕은 관대함일 것이다. 관대함은 우리가 한 학생의 재능을 키우기 위해 자원을 쏟아부을 때나, 자기 삶에서 중요한 사명을 수행하는 자선 단체를 지원할 때처럼 기부자가 무언가를 내줌으로써 성취감을 느낄 수 있는 미덕이다. 그러나 관대함은 자기 소모의 한 형태일 수도 있다. 자신보다 가진 것이 적은 이들에게 느끼는 죄책감 때문에 또는 고통받는 이들에 대한 연민 때문에 모든 것을 내어줘야 한다는 압박을 느끼는 사람들이 있다. 어떤 사람은 심지어 자신을 이용하는 자에게도 계속 가진 것을 내준다.

이러한 위험을 풍자한 사례가 바로 고전 누아르 영화 「아파트 열쇠를 빌려드립니다」The Apartment에서 잭 레먼Jack Lemmon이 연기한 '버드' 백스터라는 인물이다. 보험회사에 다니는 백스터는 고위 경영진들의 협박으로 자신이 사는 아파트를 빌려주게 되고, 경영진들은 그곳을 호텔 방처럼 사용하며 마음껏 바람을 피운다. 백스터는 고분고분 집을 비웠다가 상사들이 저녁 시간을 다 즐기고 난 뒤 다시 집으로 돌아온다. 한번은 길거리에서 밤을 보내고 끔찍한 감기에 걸린 채 다음 날 아침 회사에 출근하기도 한다. 누군가는 백스터가 승진이라는 보상을 기대하며 에어비앤비 같은 일종의 숙박 공유 플랫폼을 운영하는 거라고 말할지도 모른다. 상사들의 외도를 방조한다는 점에서 백스터가 그들의 부도덕한 행동에 공모하고 있기는 하지만, 그의 환대는 뒤틀린 의미의 관대함을 보여준다. 심지어 백스터는 집을 빌려주는 것을 넘어 자신의 '손님'들이 좋은 시간을 보낼 수 있도록 부지런히 음료를 채워놓기까지 한다. 그러나 이러한 행동은 위대한 영혼이 아닌 옹졸함에서 비롯된 매우 제한적이고 시시한 관대함이다.

청소년 야구 리그에서 찾을 수 있는 관대함과 냉철함

나약함에서 나온 버드 백스터의 관대함과 극명하게 대조되는 것이 바로 교사나 멘토의 관대함이다. 이들은 자신의 학생이나 멘티를 가르치면서 자부심과 냉철함을 얻는다. 내가 청소년 야구 리그에서 뛰던 시절의 한 멘토가 떠오른다. 그분의 미덕을 마땅히 칭송하려면 먼저 청소년 리그 현장에서 흔히 나타나는 불미스러운 경쟁심을 간단히 설명해야 한다.

이런 분위기의 원인은 대개 선수들의 부모인 코치들에게 있었는데 (그중 대다수가 리그 임원직을 겸했다), 이들은 자신의 상상 속 좋았던 시절을 다시 체험하고 싶어 했고, 자기 자녀를 지나치게 압박했으며, 지역 대회에서 우승하려고 수단과 방법을 가리지 않았다. 내가 열두 살이었던 해의 봄이 기억난다. 그때 우리 팀은 3판 2승제의 플레이오프 경기에서 1승을 거둔 상태였다. 우리 팀이 앞서고 있던 두 번째 경기가 우천으로 중단되자, 상대 팀의 코치이기도 했던 한 리그 임원이 경기를 좀더 '효율적'으로 진행하기 위해 단판 승부로 다음 라운드에 진출할 팀을 결정하자고 제안했다. 이 부모이자 코치는, 우리 팀 타자에게 내려진 스트라이크 판정에 반감을 표했다는 이유로 이전 경기에서 퇴장당한 우리 팀의 스타 투수에게 플레이오프 내내 출전 정지 명령을 내리자고 로비를 하던 중이었다. 퇴장당한 경기에서 우리의 스타 투수는 심판의 스트라이크존이 너무 넓다고 생각해 심판에게 "이봐요, 손. 빨리 가야 할 데 있어요?"라고 외쳤던 것이다. 그러나 결국 일말의 공정함이 단판 승부 제안을 거절했고, 우리 팀 투수도 경기에 출전할 수 있었다.

그러나 이따금 이런 옹졸한 기만에서 벗어난 인물을 만나기도 했다. 나보다 약간 나이가 많은 삼형제의 아버지였던, 부드러운 목소리를 지닌 한 코치가 기억난다. 그분은 세 아들이 선수로 뛰고 있어서 이 모든 과정을 지켜보았는데, 상대 팀의 옹졸함을 괘념치 않았다. 그분은 승패와 상관없이 그저 야구를 사랑했고, 투구법을 날카롭게 분석했다. 나는 그분이 자식들을 가르치는 데 긴 시간을 들였으리라 확신한다. 그러나 그분은 아들의 동작 하나하나를 가다듬느라 땀 흘리는 대신, 시간을 내서 나를 코치하고 내 아버지와 투구에 관해 이야기를 나누었다. 자기 아들이 경기장 반대편에서 뛰고 있는데도 나를 마운드로 불러내서 내가 투구하는 모습을 지켜봤던 것이 생각난다. 관대한 행동이었다. 그러나 그보다도 관대함을 베푼 사람이 기쁨과 성취를 느끼는 나눔의 행동이었다. 그분에게 청소년 야구 리그는 자신이 사랑하는 활동을 고유한 형식과 온전한 형태 그대로 물려준 뒤 다음 세대의 선수들이 그 활동을 더욱 발전시키는 모습을 지켜볼 기회였다.

이 아버지는 승리를 부르짖던 다른 부모들보다 아이들을 더 잘 가르쳤을 뿐만 아니라 본인 자신도 더 자신감 있고 느긋했다. 적대적인 태도를 보이며 인색하게 굴었던 다른 부모들은 언제나 불만족 상태였다. 자식이 패배하면 불평을 늘어놓으며 핑곗거리를 찾았고, 자식이 이기면 기세등등하게 뻐기며 고자세로 조언을 건넨 뒤 또다시 승리할 계획을 짜기 시작했다. 그들은 양쪽 팀 아이들이 병살을 잡거나 도루하는 주자를 송구로 아웃시키며 성숙한 선수의 모습을 보였을 때도 경기를 거의 즐기지 못했다.

또한 그들은 경기에서 팀에 대한 의리 같은 인생의 교훈을 얻지도 못했다. 우리 팀의 스타 투수는 심판 판정에 실망하고 벤치에서 당돌하게 항의했을 때 자기 투구를 두고 다툰 것이 아니라 팀원을 지지한 것이었다. 볼과 스트라이크 판정에 왈가왈부하는 것이 무례한 행동으로 여겨지긴 하지만, 그 친구는 심판에게 악담과 욕을 퍼붓는, 여느 화난 열두 살짜리 소년이 할 법한 행동은 하지 않았다. 그 친구가 화를 낸 데는 어딘가 존경스러운 면이 있었다. 그러나 상대 팀 코치들은 그 친구를 희생시켜 자신의 권력을 강화할 생각밖엔 없었다. 그들은 승패에 집착하느라 불만족의 수렁에 빠져 있었다. 반면 시간을 내서 나를 가르쳐주신 분은 경기가 잘 풀릴 때나 안 풀릴 때나 한결같았다. 그분은 어린 투수들이 경기에서 승리하는지, 학생들이 고등학교 졸업 이후에도 선수로 활동하는지와 별개로, 아이들을 코치하는 활동이 그 자체로 보람차며 영원히 남을 강점을 만드는 방법임을 알았다. 그분의 관대함은 냉철함과 연결되어 있었다.

순위와 상대적 성취에만 집중하는 매우 경쟁적인 환경에서 또 생산과 업적, 커리어 발전에만 집중하는 사회에서 우리는 자신을 긍정하는 관대함을 망각하기 쉽다. '모두 나를 위한 것'이라는 불안하고 옹졸한 태도에 빠져, "왜 우승해야 하는가?"라는 질문에 대답하지 못하게 되기 쉽다.

자기 일은 자기가 알아서 하는 것이 규범인 환경에서, 관대함은 이타주의라는 공허하고 불안정한 미덕의 형태를 띤다. 이타주의는 가장 필요한 사람에게 재화를 보내는 유용한 수단이지만, 도덕의 방편으로는 충분하지 않다. 주는 사람도 받는 사람도 만족시키지 못하기 때문이다. 아리스토텔레스의 용어를 사용하면 이타주의는 위대한 영혼이 없는 관대함이다. 주는 사람은 시간과 돈이 줄어든 상태로 남고, 오로지 비용을 들여 선행을 실천했다는 도덕적 느낌과 타인의 찬사에서만 만족감을 얻을 수 있다. 받는 사람이 얻는 것은 유용하지만 외부적이며, 그것이 공식적으로 자기 소유가 되었어도 그것에서 자신이 가진 미덕이나 능력은 드러나지 않는다. 자선의 형태로 이타주의적 선물을 받는 많은 사람이 분노하며 그 선물을 거절하는 이유가 바로 이것이다. 이들이 진짜로 원하는 것은 자기 힘을 기를 수 있는 능력이다. 청소년 야구 리그에서 한 아버지가 나를 코치하며 드러낸 것과 같은 진정한 관대함은 받는 사람과 주는 사람 모두의 힘과 능력을 강화한다. 이때 우리는 함께하는 활동이나 삶의 방식을 선물받는다.

이처럼 정직함과 관대함, 정의의 모든 사례에서 영혼은 위대해지거나 옹졸해질 수 있다. 가장 고결한 의미의 미덕은 위대한 영혼을 보여준다. 나는 이것이 아리스토텔레스의 주안점이라고 생각한다. 물론 옹졸한 형태로 드러나는 도덕성에도 미덕이 있다. 많은 경우 우리는 냉철함 없이 누군가를 도와주거나 관념적으로 옹호할 가치가 있는 원칙을 따른다. 그러나 이러한 도덕성에는 개인적인 대가가 따르며, 때로는 그 대가가 거대할 수 있다. 이러한 도덕성에는 위대한 영혼에서 나온 미덕의 탁월함이 부족하다.

우리는 이러한 도덕성을 다른 식으로 바라볼 수 있다. 옹졸함에서 나온 미덕의 경우, 모든 행위 뒤에 "왜 도덕적이어야 하는가"라는 질문이 떠오른다. 그러한 미덕에는 자기 소모가 따르고, 우리는 그 대가로 보답을 기대하기 때문이다. 꼭 돈이 아니어도, 우리는 세상이 인정이나 행운의 형태로 우리에게 보상하기를 바란다. 그러면 필연적으로 "좋은 사람들에게 왜 나쁜 일이 일어나는가" 같은 질문이 떠올라 우리를 괴롭힌다. 반면 위대함에서 나온 미덕의 경우에는 이런 질문이 떠오르지 않는다. 본인의 도덕적 행동이 자신이 어떤 사람인지를 말해주기 때문이다. 위대한 영혼의 관점에서 보면 우리의 '선행'과 그밖에 모든 행동 사이에는 아무런 차이도 없다.

2장

냉철함 II

소크라테스의 삶과 죽음

위대한 영혼에 대한 아리스토텔레스의 설명을 처음 읽었을 때 나는 위대한 영혼을 전형적인 아테네 신사의 이상화된 모습, 즉 자존감이 강하고 노블레스 오블리주를 실천하는 사람으로 이해했다. 그러나 이 책을 집필하기 위해 다시 읽어보면서 다른 관점을 갖게 되었다. 이번에는 아리스토텔레스가 명성보다 진실을 중시하는 태도에 중점을 둔 것이 눈에 띄었다. 그리고 아리스토텔레스가 실제로 다른 모델을 염두에 둔 것이라는 결론을 내렸다. 그 모델은 외모가 훌륭하지 않고 종종 너저분하기까지 했던 플라톤 대화편의 철학자이자 영웅, 소크라테스다.

플라톤의 설명을 비롯한 대부분의 기록에서 소크라테스는 우습게 생긴 사람으로, 심지어 아테네 귀족의 위풍당당함이 전혀 없는 추남으로 묘사된다. 또한 그는 맨발로 아테네 거리를 걸어 다니며 외국인과 시민을 가리지 않고 다양한 사람들과 어울렸고, 정의와 독실함, 명예, 아름다움, 영혼, 좋은 삶을 비롯한 인간의 가장 큰 관심사에 관해 기꺼이 대화를 나누려 하는 모든 사람과 교류한 것으로 알려져 있다.

평민이나 노예와 오래 교류하는 행동을 수준 낮다고 여겼던 아테네 귀족과 달리, 소크라테스는 평범한 사람들에게 사회의 유명인 못지않은 관심을 보이며 질문을 던지곤 했다. 예를 들어 플라톤의 대화편 중 하나인 『메논』에서 소크라테스는 메논의 노예와 긴 토론을 나누는데, 이를 통해 적어도 독자들에게는 이 노예가 자신의 거만한 주인보다 학습 능력이 더 뛰어나다는 사실이 드러난다. 명문가 출신으로 교육 수준이 높은 메논이 소크라테스와 토론을 벌일 때 명석해 보이고자 주로 유명한 시인과 웅변가들의 생각을 앵무새처럼 따라 하는 것과 달리, 관습적 지혜에 물들지 않고 지켜야 할 명예가 없는 메논의 노예는 소크라테스의 질문에 정직하고 단도직입적으로 답한다. 이로써 소크라테스는 본질적인 의미에서 메논의 노예가 메논보다 더욱 자유롭다는 사실을 드러내 보인다. 노예는 존경받는 사람이 무엇을 말해야 하는지에 대한 규범에서 자유롭기에 독립적으로 사고할 수 있다.

아리스토텔레스가 말하는 위대한 영혼처럼, 소크라테스는 당대 사회의 가식적인 귀족들을 조롱하고 덜 알려진 인물들의 상식을 옹호했다. 플라톤의 대화편 내내 소크라테스는 아테네의 저명인사보다는 젊은 아테네 청년들과 더 많은 대화를 나눈다.

소크라테스가 매우 오래전의 인물이고 온종일 길거리에서 대화를 나누는 독특한 삶을 살긴 했지만, 그는 여전히 우리에게 교훈을 주는 본보기로서 살펴볼 만하다. 이상화된 모습일 수도 있겠지만, 적어도 플라톤의 대화편에서 묘사하는 소크라테스의 모습은 냉철함의 인상적인 모범이다. 소크라테스가 명백하게 제시한 주장 다수가 냉철함이라는 주제를 담고 있기도 하거니와, 그가 학생들에게 제안한 내용 외에도 토론 내내 자신을 드러내고 반대 의견, 심지어 적대감에 대응한 방식이 무척 흥미롭다.

소크라테스가 어떤 사람이고 무슨 생각을 했는지를 드러내는 중요한 표지로서 그의 태도에 주의를 기울이는 이유는 플라톤의 글이 대화 형식이기 때문이다. 논문이나 해설과 달리 대화는 내용 자체와 그 내용이 전달되는 방식을 분리할 수 없다. 그러므로 소크라테스의 가르침을 그가 직접 실천한 태도와 분리하는 것 또한 불가능하다. 소크라테스의 제안과 주장을 이해하려면 행동의 맥락에서, 특히 그가 각각의 대화 상대와 어떻게 논쟁하리라 기대되는지에 비추어 그 내용을 살펴봐야 한다.

소크라테스의 제안만큼이나 그의 행동을 눈여겨보면 그의 행동이 놀라울 만큼 아리스토텔레스가 말한 위대한 영혼을 닮았음을 알게 된다. 아테네의 저명인사와 아테네의 청년들, 유명한 외국인, 노예를 비롯해 자신이 만난 수많은 사람과 토론을 벌이는 내내 소크라테스는 인기와 예절과 찬사에 대한 걱정, 지혜롭다고 알려진 사람들 앞에서 바보처럼 보이는 것에 대한 두려움 같은 익숙한 불안에 놀라울 만큼 초연하다. 곧 살펴보겠지만, 그는 불운을 극복하는 방식을 보여주는 좋은 본보기이기도 하다.

우리와 의견이 다른 사람을 이해하기

소크라테스가 존경받는 인물과 사회 주변부에 자리한 인물 모두에게 마음을 열 수 있었던 것은 그가 늘 명성보다 진실을 중시하는 사람이었기 때문이다. 당대의 교육받은 엘리트와 달리 그는 똑똑하고 세련되고 박식해 보이는 데 전혀 관심이 없었다. 그는 사랑과 섹스의 관계나 신이 정말로 전능한가 같은 외설적이고 신성모독적인 주제를 거리낌 없이 제시했고, 유명한 시와 큰 행사에 흥미를 느끼는 만큼 구두장이에게도 똑같이 흥미를 느꼈다. 그는 오로지 자기 이해에 초점을 두었다. 어떤 미덕이 좋은 삶을 만드는지 이해하고 그 미덕을 실천하며 살고자 했다. 이 유일한 목적을 위해 살았던 그는 지위나 직함, 명성과 관계없이 흥미로운 말을 하는 모두에게 열심히 귀를 기울였다.

소크라테스는 관습적인 지혜에 의문을 제기하는 것이 전적으로 유익하다고 믿었기에 의심과 반박을 환영했다. 그는 자기 이해에 관한 문제에서는 승자와 패자가 없다는 통찰에 따라 살았다. 타인을 만나 자기 생각을 수정하고 새롭고 더 나은 관점을 배우는 것이 타인의 생각을 바로잡는 것보다 훨씬 이익이기 때문이다. 소크라테스는 유명 웅변가인 고르기아스 앞에서 선뜻 이렇게 인정한다.

"나는 내가 진실을 말하지 않았을 때 반박당하는 것도 좋고, 다른 사람의 의견을 반박하는 것도 좋다네… 그러나 전자가 더 유익하다고 생각하네. 왜냐하면 나 자신이 가장 큰 해악에서 풀려나는 것이 다른 사람을 풀려나게 하는 것보다 더 유익하기 때문이네."[1]

소크라테스는 자기 이해를 가장 중시했다는 점에서 당대의 유명한 연사나 교육자, 웅변가, 소피스트와 달랐다. 이들은 자신의 주장을 진실이라고 믿는지와 상관없이, 의회나 배심원단 앞의 논쟁에서 이길 수 있다는 사실을 자랑스러워했다. '궤변'(sophistry)이라는 단어의 유래가 된 소피스트는 그리스의 여러 도시를 돌아다니는 선생이었는데, 이들은 야심에 찬 젊은 시민들에게 토론 상대를 모순으로 몰아넣는 영리한 화법을 가르치며 돈을 벌었다. 부유한 아테네인이 이들을 고용한 것은 자기 자식에게 공개 토론에서 이기는 법을 가르치기 위함이었다. 소피스트에게 오명을 안기며 오늘날 '궤변'이라는 경멸적인 단어의 기틀을 닦은 사람이 바로 소크라테스의 소피스트 비판을 기록으로 남긴 플라톤이었다.

소피스트와 웅변가는 오로지 제삼자를 설득하는 방법에만 관심이 있었고 옳고 그름의 내적 기준은 기르지 못했기에, 자신의 토론 능력이 도전받는 듯 보일 때마다 즉시 좌절하고 분노했다. 반면 소크라테스는 아무리 혹독하게 반박당해도 침착하고 당당한 태도를 유지했다. 예를 들면 쉽게 격앙되는 야망 있는 젊은 웅변가였던 트라시마코스가 정의의 의미에 관한 대화에 끼어들어 소크라테스가 대답은 않고 질문만 던진다고 질타하자, 소크라테스는 냉정을 유지하며 순수한 호기심으로 이렇게 말한다.

"트라시마코스, 너무 심하게 굴지 말게. 우리가 이 논의에서 실수를 저지른다면 그 실수가 고의가 아님을 알아주게. 그렇다면 당신 같은 명석한 사람들이 우리를 혹독하게 몰아세우는 대신 측은하게 여기는 것이 훨씬 타당하지 않겠나."[2]

트라시마코스가 정의의 의미가 무엇이냐는 질문에 자신이 '더 나은' 답을 내놓는다면 소크라테스 당신은 어떤 벌을 받아야 하느냐고 묻자, 소크라테스는 그저 '진실을 아는 사람에게서 배움을 얻는 것'이 자신이 받을 '벌'이라고 답한다.[3]

승리를 향한 사랑에 사로잡혀 언어로 상대방을 이기는 방법 외에 다른 것을 배울 수 있다는 생각을 아예 하지 못한 트라시마코스는 소크라테스의 대답이 진심임을 알지 못했다. 그는 소크라테스가 본인이 논쟁에서 이길 것이라고 확신하며 자신을 비꼬았다고 생각한다. 그러나 소크라테스는 진심으로 트라시마코스가 한 말의 의미를 알아내고자 한 것이었다. 트라시마코스가 정의는 '강자에게 이익이 되는 행위'라는, 소위 계몽적이고 지혜로운 자신의 주장을 거창하게 늘어놓자 (트라시마코스 본인은 몰랐지만, 이 주장은 트라시마코스의 독창적인 관점이 아니라 논쟁을 즐기는 사람들이 흔히 사용하는 관습적 비유였다) 소크라테스는 그의 의견을 진지하게 받아들이며 이렇게 말한다.

"먼저 자네가 한 말의 뜻을 이해해야 하네."

그는 트라시마코스의 주장에 반박하는 대신, 그의 의견을 더욱 명료하게 하고자 단순한 질문 하나를 던진다. 정의는 통치자가 자신의 이익에 부합한다고 생각하는 것인가, 아니면 실제로 그들의 이익에 부합하는 것인가? 가장 강력한 독재자들도 때로는 잘못된 판단으로 스스로에게 해를 입히지 않던가? 또한 그 독재자에게 봉사함으로써 '정의롭게' 행동하는 시민이, 자기 행동이 독재자에게 해를 입힌다는 사실을 알게 된다면, 그럼에도 그렇게 하는 것이 적절한가?[4] 상대방에게 공감하면서도 동시에 비판적인 좋은 질문이다. 이 질문은 트라시마코스가 정의의 일면을 발견했을지도 모른다는 가능성을 유지하면서 한편으로는 트라시마코스가 말한 '강자의 이익'이 매우 모호하고 혼란스럽다는 사실을 드러낸다. 소크라테스는 이 질문을 제기함으로써 정의의 의미를 더욱 명료하게 다듬는 광범위한 토론으로 나아가는 길을 연다.

대화가 이어지면서 소크라테스는 트라시마코스의 주장이 완전히 틀린 것은 아님을 드러내 보인다. 소크라테스의 가르침으로 젊은 친구들이 발견했듯이, 정의는 선이나 영혼의 조화와 관련이 있다. 영혼이 조화를 이루면 지혜를 향한 사랑이 명예와 이익에 대한 사랑을 인도한다. 이렇게 이해하면, 정의는 이른바 강자를 비롯한 모두에게 '이익'이다. '이익'의 의미를 편협하게 이해하고 '선'을 명예와 물질적 소유로 축소하긴 했지만, 트라시마코스가 완전히 틀린 말을 한 것은 아니었다. 그는 정의가 그저 타인을 위한 자기희생인 것만은 아님을 인식했다. 어떤 의미에서 제대로 이해한 정의는, 정의를 지닌 사람을 더욱 풍요롭고 강하게 만든다.

대화가 끝날 무렵에는 소크라테스가 트라시마코스 본인보다 그를 더욱 잘 이해하게 되었음이 명백하게 드러난다. 소크라테스는 트라시마코스가 본인의 첫 주장에서 말하고자 했던, 정의에 관한 참되고 종합적인 관점을 드러낸다. 이렇게 그는 재판에서 승리하는 웅변가의 방식으로 트라시마코스를 무찌르는 것이 아니라, 초반의 의견 불일치 너머에 내재한 공통 의견을 드러냄으로써 트라시마코스의 반박을 넘어선다.

트라시마코스와 나눈 대화처럼, 소크라테스는 자신에게 반대하는 사람들에게 선의에서 나온 질문을 던지며 그들의 가장 논쟁적인 의견에 함축된 의미를 드러내려 한다. 논쟁적인 견해가 가진 매력을 끌어내고자, 대화 상대에게 그 견해를 더 정교하고 자세하게 말해보라고 권하기까지 한다. 예를 들면 그는 두 젊은 청년인 글라우콘과 아데이만투스에게 주인을 투명 인간으로 만드는 마법의 반지 덕분에 그 어떤 불공정한 행위를 저질러도 빠져나갈 수 있는 전능한 도둑을 상상해보라고 권한다. 이는 트라시마코스가 말한 '힘이 곧 정의'라는 관념을 장식한다. 충실하게 타인의 권리를 존중하지만 늘 손해를 보는 사람보다 이 도둑이 더 행복하지 않을까? 이 대담하고 많은 생각을 불러일으키는 질문은 플라톤의 『국가』의 중심 주제가 되고, 소크라테스는 이 주제를 통해 폭군 또는 잠재적 폭군의 문제를 다룬다. 민주적인 정치 체제에서 이러한 탐구의 전제, 예를 들어 폭군의 삶에도 무언가가 있을 수 있다는 견해는 금기처럼 보였을 것이다. 그러나 소크라테스는 도덕주의와 정치적 올바름을 개의치 않았다. 그는 흥미를 일으키는 자극을 모조리 탐구하고 싶어 했다.

결국 소크라테스는 폭군 자신의 관점으로 폭군을 비판하도록 친구들을 이끈다. 폭군은 마음껏 불의를 저지르고 재산과 여자와 찬사를 축적하면서 그저 덧없고 실체 없는 것들로 자신의 욕망을 채울 뿐이며, 이렇게 소유물과 찬사를 '포식'함으로써 만족과 허무의 자기 파괴적 순환에 갇힌다. 동시에 폭군은 자신에게 권력을 제공하는 사람들을 만족시켜야 한다는 생각에 사로잡히기도 한다. 소크라테스는 오로지 철학을 추구함으로써만 진정한 행복을 얻을 수 있다고 말한다. 철학은 모든 아름답고 바람직한 것들에 함축된 의미를 끌어내고, 좋은 삶의 가능성 속에서 그것들을 고수하기 때문이다.

그러나 이 말은 곧 폭군과 학자가 겉모습은 극명하게 다를지라도 사실 전적으로 다르지는 않다는 뜻을 의미한다. 폭군과 철학자 둘 다 평판과 관습의 한계를 초월해 만족을 추구하려는 열렬하고 무한한 욕망에 따라 움직인다. 둘의 차이점은 이 동일한 욕구를 충족하는 방법에 있다.

소크라테스의 질문 방식과 명시적 발언에서 드러나는 그의 기본 가정은, 어떤 의견이든 최소한 한 줄기의 통찰은 있다는 것이었다. 소크라테스가 의구심 없이 내놓은 몇 안 되는 주장 중 하나는 모든 인간이, 심지어 가장 무지하고 악한 사람도 선을 바란다는 것이다.[5] 전능한 도둑이라는 이상에 혹하는 사람조차 선을 바란다. 그는 그저 타인을 이용하고 그들의 물건을 훔침으로써 행복해질 것이라 오해하고 있을 뿐이다. 우리 모두가 영혼의 통일성과 조화를 위해 나름의 효과적인 방식으로 애쓰고 있으므로, 누가 봐도 명백하게 길을 잃고 혼란스러워하는 사람조차 완전히 틀린 것은 아니다.

소크라테스는 사람들을 그들의 방식으로 이해하려 하고 악덕을 악의보다는 무지로 여겼기에 대부분의 사람들을 괴롭히는 분노에서 놀라울 만큼 자유로웠다. 자신의 철학적 생활방식이 대놓고 공격받을 때도 그는 침착함과 탐구심을 잃지 않았으며, 심지어는 자신이 영향을 미칠 수 있는 사람들 앞에서 자신의 철학을 옹호할 수 있음을 즐기기까지 했다.

소크라테스가 칼리클레스라는 이름의 야심만만한 젊은 웅변가에게 보인 반응이 가장 두드러지는 사례다. 칼리클레스는 철학이 어린 시절에나 할 법한, 성숙한 성인과는 어울리지 않는 '남자답지 못하고 우스꽝스러운' 활동이라고 비난한다.[6] 칼리클레스는 소크라테스에게 웅변술이 필요한 '더욱 큰일'인 국정에 참여하라고 촉구한다. 그러면서 철학자는 사무와 공무에서 탁월함을 발휘할 능력이 전무하고, 인간의 쾌락과 고통에 무지하며, 남성의 기개를 평가할 기지가 없다고 주장한다. 그리고 철학자는 '남자아이 서너 명과 구석에서 중얼거리는' 명성 없는 삶을 살게 될 것이라 덧붙인다.[7] 칼리클레스는 소크라테스의 운명을 예시하며 철학 비판을 마무리한다.

누군가 당신이나 당신 같은 사람 중 한 명을 붙잡아 감옥으로 끌고 가서 당신이 저지르지 않은 죄로 당신을 고소한다면, 당신은 혼자 어쩌지 못하고 무슨 말을 해야 할지 몰라 멍하니 입만 벌리고 있을 것이오… 그리고 재판에 서면 당신을 고발한 사람이 시시한 불한당이더라도 그가 당신에게 사형을 내리고 싶어 한다면 당신은 죽을 수밖에 없을 것이오. 이런 크나큰 위험에서 본인이나 다른 사람을 구하거나 지키지 못한다면 철학에 어떤 지혜가 있단 말이오, 소크라테스?[8]

이러한 칼리클레스의 비난은 소크라테스가 살던 시대에도 낯설지 않았던 철학을 향한 오래된 비판을 보여준다. 즉 철학자는 추상적인 이론 탐구에 빠져 실무를 외면하고 현실적인 삶의 문제에서는 일종의 바보가 되어버린다는 것이다. 소크라테스가 살던 시대의 유명한 희극 시인인 아리스토파네스는 소크라테스를 그의 '싱크탱크'think-tank에서 현미경으로 곤충을 연구하는 엉뚱하고 무능한 어린아이로 묘사하며 정확히 이러한 측면에서 장난스럽게 그를 조롱했다. 플라톤은 칼리클레스의 항의를 통해 당시 소크라테스에게 제기된 가장 큰 혐의가 무엇이었는지를 보여준다. 이 혐의는 소크라테스가 청년들을 타락시켰다는 아테네시市의 고발보다 더욱 전면적인 것이었다. 시의 고발은 무거운 형벌로 이어지지만, 소크라테스의 핵심 생활방식을 겨냥한 것은 아니다. 아테네시가 겨냥한 것은 철학 자체가 아니라, 철학이 가져오는 결과다. 플라톤은 칼리클레스를 통해 소크라테스를 가장 직접적이고 강력한 방식으로 시험대에 올린다.

칼리클레스의 통렬한 비판에도 소크라테스는 전혀 분개하지 않는다. 오히려 그는 솔직하게 말하는 사람, 그러므로 삶을 어떻게 살아야 하는가라는 중요한 주제로 토론을 나눌 적합한 상대를 찾은 것을 기뻐한다.

자네와 만난 것은 정말 큰 횡재로군! … 강직한 삶을 사는지 아닌지와 관련해 영혼을 충분히 검토하려면 지식과 호의, 솔직함을 살펴야 한다고 생각하는데, 자네에게 이 세 가지가 다 있으니 말일세… 자네가 지혜를 어디까지 길러야 하는지를 두고 토론을 벌였을 때 [방금 내게 말한 것과 같은] 그러한 의견에 찬성했다는 사실을 알고 있네… 그러니 자네가 가장 친한 친구들에게 건넨 것과 똑같은 조언을 내게 건넸을 때 자네가 내게 호의적이라는 사실이 충분히 증명되었네… 그리고 칼리클레스, 자네가 나를 비난한 주제, 즉 인간은 어떤 품성을 지녀야 하고 무엇을 추구해야 하는가만큼 고결한 질문을 던질 수 있는 주제는 없을 걸세.[9]

그다음 소크라테스는 칼리클레스의 주장을 하나씩 짚어나가기 시작한다. 철학자가 실무에 무지하다는 비난에 관해서 그는 칼리클레스에게 쾌락과 선이 어떤 관계인지 묻는다. 이전에 칼리클레스는 좋은 삶은 자신의 욕망에 완전한 자유를 주고 그 욕망을 최대한 충족시키는 삶이라고 주장했다. 그는 그러려면 웅변술이 필요하다고 주장하는데, 그래야 다른 사람을 설득해 자신이 원하는 것을 얻어낼 수 있기 때문이다. 소크라테스는 선이 곧 쾌락이라는 칼리클레스의 견해를 지적하며, 정말로 이 두 가지가 똑같다고 생각하는지 묻는다. 처음에 칼리클레스는 선과 쾌락이 똑같은 것이라는 견해를 고수한다. 그에 따르면 좋은 삶은 그저 쾌락으로 가득 찬 삶이다. 그러나 소크라테스가 더 강하게 밀어붙이자, 칼리클레스는 선과 쾌락이 다르다는 사실을 어쩔수 없이 인정한다. 소크라테스는 칼리클레스의 동기가 어디에 있는지 주목하며 간단한 질문을 통해 그가 진짜로 추구하는 것이 무엇인지 시험한다.

"쾌락을 즐기는 바보 같은 어린애를 본 적이 없는가?"

"있습니다."

칼리클레스가 답한다.

"쾌락을 즐기는 바보 같은 성인을 본 적이 없는가?"

"있습니다."[10]

이제 소크라테스는 칼리클레스 본인의 대답을 통해 모든 쾌락이 선한 것은 아니라는 불가피한 결론에 도달한다. 좋은 삶을 살려면 그 순간 생기는 욕망을 전부 충족시키는 대신 여러 욕망을 분별할 판단력이나 지혜를 갖춰야 한다. 소크라테스는 칼리클레스가 자신에게 제기한 비난에 근거해 그가 부인할 수 없는 주장을 내놓음으로써 그를 이러한 결론으로 이끈다. 칼리클레스는 소크라테스를 철학에 몰두하는 바보 같은 어린애라고 비난했다. 그러나 칼리클레스 앞에서 소크라테스는 명백히 철학 행위를 통해 쾌락을 얻고 있다. 철학자의 삶은 무가치하다는 자신의 견해를 고수하려면, 칼리클레스는 자신이 부정했던 차이를, 즉 선은 쾌락과 다르다는 사실을 인정해야만 한다.

그러나 이 사실을 인정하면 칼리클레스의 철학 비판도 저절로 힘을 잃는다. 철학보다 웅변술이 더 중요하다는 그의 생각은, 웅변술을 지닌 사람은 세상을 지배할 수 있으므로 자신이 욕망하는 것을 얻을 수 있는 반면 철학은 약하고 무용하다는 주장에서 나온다. 칼리클레스에 따르면 철학자는 본인이 원하는 것을 마음껏 즐기지 못하고 금욕적으로 자기를 부정하는 삶을 살게 된다. 그러나 소크라테스가 칼리클레스에게 입증한 바에 따르면 좋은 삶에는 어떤 형태의 분별력이나 지혜가 요구되며, 여기에는 욕망을 충족할 수단만이 아니라 욕망을 비판적으로 평가하는 능력이 필요하다. 그러나 칼리클레스가 제시하듯이 웅변술의 목적은 그저 제삼자를 설득해 자신이 원하는 것을 얻어내는 것이다. 무엇이 자신에게 좋은지를 이미 아는 것처럼 말이다. 웅변술은 자기 안의 문제를 어떻게 해결할 것인가라는 지극히 중요한 문제를 등한시한다.

칼리클레스의 철학에 대한 비난은 사실 추상적인 학문 또는 미덕과 좋은 삶에 관심이 없는 자연 탐구로 여겨지는 철학에 대한 비난이다. 이러한 평가는 지금까지 이어지고 있고 어느 정도는 소크라테스가 등장하기 전에도 이미 존재했지만, 소크라테스가 실천한 철학은 이러한 철학이 아니다. 칼리클레스는 소크라테스의 철학을 세상 물정 모르는 것으로 간주하면서 무엇이 진정 추구할 가치가 있는지 판단하려면 옳은 행동이 무엇인지를 끊임없이 숙고하고 자기 삶 전체를 검토해야 한다는 사실을 놓친다. 오로지 타인을 설득하는 것이 목적인 웅변술은 이런 근본적 과제에서 아무 소용이 없다. 그러므로 소크라테스는 웅변술이 아닌 철학이 진정으로 실용적인 노력임을 드러낸다. 진정으로 지혜로운 조언을 건넬 능력이 있는 사람은, 재판에서 승리하고자 하는 웅변가가 아닌, 자기 이해에 힘쓰는 철학자다.

철학을 추구하면 재판에서 남을 설득할 수 없고, 자신과 친구들을 변호하지 못하며, 가장 끔찍한 불의를 경험하기 쉽다는 칼리클레스의 비난에, 소크라테스는 어려운 딜레마 하나를 제시한다. 만약 남을 설득한다는 것이, 무죄 판결을 끌어내기 위해 배심원단 앞에서 아무 말이나 하는 것처럼 그저 제삼자를 만족시키는 것이라면, 거기에는 대가가 따른다. 자신의 안전을 보장하고자 악랄한 배심원단을 만족시키면 곧 자신의 영혼을 왜곡하게 되고, 자기 자신에게 심각한 불의를 저지르게 되기 때문이다. 자기 영혼의 통일성을 지키고 불의를 저지르지 않고자 하는 사람은 배심원단을 만족시키지 않고 법정을 움직여야 한다. 앞으로 살펴보겠지만, 소크라테스가 자기 재판에서 바로 이러한 궁지에 빠진다.

소크라테스는 칼리클레스 같은 이들이 숭배하는 페리클레스처럼 아테네 역사의 가장 위대한 웅변가들 역시 격동의 시기, 아테네 민주주의가 등을 돌렸을 때 자기 목숨을 구하지 못했다는 사실을 지적하며 칼리클레스의 주장에 결정타를 날린다. 웅변술은 칼리클레스의 생각처럼 전능한 힘이 아니다. 자신을 지키는 것과 자기 입장을 고수하는 것 사이에서 적절한 균형을 잡는 철학이야말로 웅변술보다 더욱 강력하다.

만약 소크라테스에게 악덕이 있다고 말할 수 있다면, 그 악덕은 패기나 설득력이 부족한 것이 아니라, 그가 위대한 영혼답게 높은 곳에서 사람들을 내려다본다는 것이었다. 이러한 성향이 사람들의 타락을 우스운 것으로, 미성숙한 어린아이의 어리석은 행동으로 보이게 했고, 소크라테스는 그들을 바라보며 동료 철학자와 웃음을 터뜨렸다.

플라톤의 대화편에서 소크라테스가 대화 상대를 가혹하게 대하는 경우, 다시 말해 그가 상대를 논리적 모순으로 몰아넣으려 하는 때는, 고압적인 인물이 현장에 있는 더 어리고 과묵한 사람들의 입을 막거나 잘못된 근거로 그들에게 감명을 주면서 그에게서 토론을 구하려고 할 때다. 소크라테스는 트라시마코스와 토론을 하다가 어느 순간 정의의 의미를 명확하기보다는 모호하게 하는 언어적 혼란에 그를 빠뜨린다.[11] 그러나 소크라테스가 그렇게 한 이유는, 바로 전에 트라시마코스가 눈에 보이는 사실을 말하는 것이 당신에게 반박하는 것보다 더 중요한 이유가 무엇이냐고 고집스럽게 물었기 때문이다. 그에 대해 소크라테스는 트라시마코스에게 소피스트들이 하는 추상적인 언쟁이라면 자신이 트라시마코스의 방식으로 그를 이길 수 있음을 보여준다. 용어를 교활하게 바꾸고 똑같은 단어를 다른 의미로 사용함으로써, 소크라테스는 트라시마코스를 명백한 자기모순에 빠지도록 유도한다.

소크라테스가 이렇게 한 것은 추상적으로 트라시마코스를 물리치기 위해서가 아니다. 그러한 승리에 그는 아무런 관심이 없다. 소크라테스는 그저 자신이 관심을 끌고 싶은 젊은 두 청년, 글라우콘과 아데이만투스 앞에서 트라시마코스의 콧대를 꺾고자 할 뿐이다. 글라우콘과 아데이만투스는 터프가이를 당황시켜서 붉으락푸르락하게 만들수 있는 사람에게 분명 깊은 감명을 받을 것이므로, 소크라테스는 기회를 잡아 트라시마코스의 방식대로 그의 주장에 설득력이 없음을 폭로한다. 그러나 이것은 전략적인 행동이며, 여기에는 젊은 청년들과 진정한 지혜를 탐구하려는 더 큰 목적이 있다. 아리스토텔레스가 말하는 위대한 영혼처럼, 소크라테스는 '일부러 불쾌하게 만들 이유가 없다면' 사람들을 내리누르지 않는다.[12]

소크라테스의 냉철함을 보여주는 또 다른 측면은 그의 정직함으로, 아리스토텔레스는 이를 '열린 표현'이라 칭한다. 소크라테스는 종종 질문을 통해 돌려 말하는 방법을 썼지만 늘 자기 생각을 솔직하게 말했다. 그는 자신이 진실이라 믿는 것을 이야기했고, 내가 파악하기로는 단 한 번도 거짓말을 한 적이 없다. 그는 종종 대답을 유도하는 질문으로 특정 인물에게서 무분별한 동의를 끌어낸다. 더욱 경청하는 토론의 다른 참여자들, 특히 우리 독자를 위해서다. (소크라테스는 플라톤의 주인공이며, 우리는 플라톤의 관중임을 늘 명심해야 한다.) 그러나 다른 사람을 잘못된 방향으로 이끄는 질문은 거짓말이 아니다. 이러한 질문은 대답하는 사람에게 분별의 책임을 지우는, 신중하게 드러낸 정직함의 한 형태다. 소크라테스는 자기 생각을 아무렇게나 세상에 드러내는 사람이 아니었다. 소크라테스의 견해는 거의 언제나 그가 타인에게 던지는 질문에 내포되어 있었고, 본인의 주장을 통해 드러나는 일은 드물었다.

친구와 적들이 생각을 터놓고 말하라고 압박하면 소크라테스는 반어적으로 말하곤 했다. 진실을 말했지만, 자신이나 상대방을 위해 일부 사람은 알아듣지 못할 방식으로 말했다. 그는 반어법을 통해 수없이 대화를 나누면서도 냉철함을 유지할 수 있었다. 거짓말로 자신을 왜곡하지도 않았고, 악용되거나 오해받기 쉬운 경솔한 정직함에 빠지지도 않았다.

소크라테스의 반어법을 보여주는 유명한 사례는 재판에서 그가 한 발언이다. 앞으로 우리는 소크라테스 인생의 마지막 사건이었던 이 재판을 살펴볼 것이다. 법정에서 그는 자신이 많게든 적게든 지혜롭다고 생각하지 않는다고 말했다.[13] 어떤 차원에서 그의 이 발언은 사실이었다. 소크라테스는 확실한 사실이나 명확하고 뚜렷한 진실 인식이라는 우리에게 익숙한 의미에서 자신이 지식을 소유했다고 주장한 적이 없다. 그는 모든 통찰을 자기 삶이 펼쳐지는 동안 더욱 명료하게 다듬고 수정할 하나의 가능성으로 여기며 지혜를 탐색하기를 즐겼다. 그러나 소크라테스를 잘 아는 사람은 그의 반어적 발언에 담긴 진실을 이해했을 것이다. 소크라테스를 모르는 사람은 그가 허위를 드러내는 회의론에 전념하다 결국 아무것도 남지 않은 자기 삶을 곧이곧대로 설명하고 있다고 생각했을지 모른다.

재판에서의 소크라테스

소크라테스는 아테네의 세 저명인사에게 고발당해 70세에 법정으로 끌려갔다. 청년을 타락시키고 국가가 인정하지 않는 새로운 신을 소개했다는, 사형이 내려질 수 있는 중대한 혐의였다. 소크라테스의 기소와 재판을 둘러싼 당시의 상황은 그가 처한 불운을 잘 보여준다. 플라톤의 대화편에서 알 수 있듯이, 소크라테스는 아테네에 분노를 일으키지 않고 철학을 실천하려고 평생 주의를 기울였다. 권력 경쟁에 말려들까 우려되어 정치를 피하긴 했어도, 군인으로 델리온 전투에 참전하는 등 충실하게 시민의 책임을 다했다. 그러나 재판받을 무렵 그는 불운한 상황에 휘말렸다. 아테네가 스파르타와 펠로폰네소스 전쟁을 치르며 점점 몰락하고 있던 것이 그 배경이었다.

권력자들은 안정적인 시기보다 정치적 격변의 시기에 비인습적 견해와 생활방식을 참지 못하는 경향이 있다. 소크라테스가 기소될 무렵 그리스의 강대국이자 문화의 중심이었던 아테네는 전쟁에서 패배하기 직전이었다. 설상가상으로 영예로운 젊은 사령관이자 소크라테스의 걸출한 제자 중 한 명이었던 알키비아데스가 시작한 시칠리아 원정이 그가 스파르타로 망명하면서 처참한 패배로 끝났다. 처음에 이 군사 작전은 아테네 역사에서 가장 영광스러운 승리를 약속했으나, 시작도 전에 아테네 민주주의를 뒤흔든 명백한 불경 행위가 발생했다. 신원 미상의 범인이 여러 신성한 헤르메스 남근상을 여럿 박살 내어 모독한 것이다. 범인이 알키비아데스이며 그가 아테네의 종교적 신념에 맞서 자신의 권위를 과시하려 했다는 소문이 퍼져 나갔다. 플라톤의 『향연』을 보면 소크라테스가 알키비아데스에게 온건함을 심어주고 명성과 영예에 심취하는 그의 성향을 누그러뜨리려고 애썼음을 알 수 있다. 그러나 이 젊은 사령관의 야심이 좋지 않은 때에 그를 집어삼켰다. 아테네 당국이 시칠리아 원정에서 알키비아데스를 소환해 신성모독죄로 기소하려는 조짐을 보이자(일부에서는 이 때문에 시칠리아 원정이 힘을 잃었다고 설명한다) 그는 스파르타로 도망쳤다. 알키비아데스가 변절한 이후 소크라테스가 아테네 젊은 지도자들의 충성심을 훼손하고 있다는 의심이 퍼졌다.

동시에, 아테네의 모든 자유인에게 더 큰 힘을 주고자 했던 아테네의 민주주의자들과, 엘리트에게 더 큰 힘을 주고 소피스트를 고용해 자기 자식에게 영리하게 말하고 통치하는 기술을 가르침으로써 권력을 유지하고자 했던 과두제 집권층 사이에서 갈등이 격화되었다. 이러한 상황에서 소크라테스는 쉽게 소피스트로 오인되었다. 그는 특히 부유한 귀족의 자제들과 어울리며 관습적 지혜를 의심할 것을 촉구했다. 또한 그는 아테네 시민만큼이나 외국인과도 스스럼없이 토론을 벌였다.

그러나 사실 소크라테스는 소피스트가 아니었다. 그가 배심원단에게 말했듯이, 그는 가르침의 대가로 돈을 받은 적이 한 번도 없었다. 또한 마치 본인은 지식이 가득 담긴 항아리이고 제자들은 빈 그릇인 것처럼 자신이 일방적으로 미덕을 전달할 것이라고 주장한 적도 없었다. 그가 몸소 실천했듯이, 철학의 목적은 지식을 전달하거나 논쟁에서 승리하거나 종점에 도착하는 것이 아니라, 다른 이들과 교류하며 함께 자기 이해를 추구하고 이를 통해 더 많은 질문으로 나아가는 것이었다.

소크라테스를 잘 모르는 사람들은 그가 은근하게 궤변술을 비난했음을 알지 못했다. 그는 전통적인 아테네 민주주의자들의 미움을 샀고, 그 미움은 알키비아데스 사건 이후로 더욱더 커졌다. 대화편『메논』에서 소크라테스는 교육이란 학생이 이미 지닌 것을 끌어내는 것이라는 개념을 옹호하는데, 이 대화편의 말미에서 소크라테스를 향한 아테네 시민들의 분노가 그의 고소인 중 한 명인 정치인 아니투스의 모습으로 나타난다. 아니투스는 갑자기 토론에 끼어들어 소크라테스가 소피스트들과 기꺼이 교류하려 한다는 사실만으로 그를 맹렬히 비난한다. 소크라테스가 그에게 소피스트에게 부당한 취급을 받은 적이 있는지, 아니 만난 적이나 있는지 묻자 그는 분노를 터뜨린다. 그가 그런 적이 없음을 시인하자 소크라테스는 알지 못하는 사람을 어떻게 비난할 수 있느냐고 묻는다. 아니투스는 자신이 그런 '부류'를 알고

있다고 대답하며, 소크라테스에게 소피스트라고 비난받고 싶지 않다면 조심스럽게 처신하라고 경고한다.[14]

아테네가 내릴 수 있는 가장 가혹한 형벌에 직면한 상황에서, 소피스트와의 관련성을 비롯해 본인을 둘러싼 복잡한 오해를 밝히기는 쉽지 않은 일이었다. 시민 약 500명으로 구성된 배심원단 앞에서 그렇게 하기는 더욱더 어려웠다. 그러나 그는 평정심을 유지했다. 그리고 자신의 운명에 대처하는 동시에 자기 삶을 긍정하고, 학생들에게 영감을 줄 방법을 찾아냈다. 그는 분노와 두려움, 자기 연민 없이 아테네 배심원단 앞에서 절묘하게 철학을 변호하는데, 이 내용이 플라톤의 대화편 『소크라테스의 변명』에 담겨 있다. 이 책을 통해 플라톤은 소크라테스가 보통 철학자 하면 연상되는, 탈레스처럼 우화 속에서 조롱당하는 우아하고 비현실적인 인물이 결코 아님을 보여준다(사상가 탈레스는 하늘을 탐구하는 데 너무 몰입한 나머지 우물에 빠지고 만다.) 또한 플라톤은 소크라테스가 인간의 동기에 정통했으며 자신을 변호하는 방법을 잘 알았음을 드러낸다.

플라톤이 보여주듯이 소크라테스의 변론은 확고한 동시에 신중했다. 플라톤을 비롯해 재판에 참석한 제자들이 철학에 대한 신념을 잃지 않도록, 소크라테스는 "성찰하지 않는 삶은 살아갈 가치가 없다"고 분명하게 주장한다.[15] 동시에 그는 철학자에게서 찾아보기 어려운 웅변술을 발휘해, 자신의 운명에서 제자들을 보호할 수 있는 방식으로 철학을 설명한다. 그는 아테네가 타락한 탓에 시민을 더 나은 사람으로 만들 담론을 허용하지 못하는 것이라며, 철학이 법을 준수하는 시민정신에 부합한다는 사실을 증명하려 한다.

유명한 웅변가인 고르기아스 못지않게 재치 있는 표현을 구사하고 법정이 돌아가는 방식을 모르는 척하면서, 소크라테스는 어떻게 철학이 법을 존중하라고 권하는지에 관한 복잡한 설명을 엮어나간다. 그는 과거에 자신이 대중의 격분에 반대하고 법을 지지했던 두 번의 사례를 언급한다. 철학이 파괴적 힘이 아니라 아테네를 온전하게 지키는 방어벽임을 보여줌으로써, 사람들을 고무하고 자기 삶의 방식을 지키기 위해 할 수 있는 모든 것을 한다. 그의 가장 큰 희망이 철학을 변호하는 동시에 무죄 판결을 받는 것이었다면, 소크라테스는 이 불가능해 보이는 위업을 거의 달성할 뻔한다. 그러나 아슬아슬하게 (거의 50 대 50으로) 배심원단은 그에게 유죄 판결을 내린다.

판결을 들은 소크라테스는 정직한 자기 평가를 유지한다. 아테네의 사형수에게 허용되었던 것처럼 사형보다 가벼운 형벌을 내려달라고 간청하는 대신, 그는 아테네가 공짜 식사를 포함한 공적 편의를 '처벌'로서 자신에게 제공해야 한다고 뻔뻔하게 선언한다. 그것이 바로 아테네 시민의 인격을 고양한 것에 대한 정당한 보상이라는 것이다. 물론 배심원단은 그의 말에 찬성하지 않았다. 아테네는 소크라테스에게 사형 판결을 내렸다.

소크라테스는 이 판결을 대수롭지 않게 받아들이며 자신을 고발한 사람들과 자신을 지지하는 사람들에게 차례로 자기 생각을 덤덤히 밝힌다. 그리고 자신은 죽음을 악한 것으로 여기지 않는다며 지지자들을 안심시킨다. 그는 시간이 좀더 많았다면 자신을 고발한 사람들에게 그들의 어리석음을 납득시킬 수 있었을 것이라 주장한다.

소크라테스가 직면한 상황은 대다수 사람이 자기 삶의 방식을 부인하고 바닥에 바짝 엎드려 자비를 구할 만한 상황이었다. 최소한 아테네에서만이라도 철학을 버리거나, 사형 대신 추방을 선고해달라고 빌기가 얼마나 쉬웠을지 생각해보라. 그러나 목숨을 지키기 위해 자신을 왜곡하고 철학을 포기하는 대신, 소크라테스는 불운을 직면하고 그것을 자기 삶의 방식을 긍정할 기회로 삼았다. 이렇게 그는 '위험을 사랑하지 않고 사소한 이유로 위험에 달려들지 않지만, 중요한 문제에서는 자기 삶을 내려놓는' 위대한 영혼의 미덕을 드러내 보였다.[16] 소크라테스는 불운을 자기 것으로 만들었다. 그 과정에서, 고소인들을 죽이거나 법정에서 승리함으로써가 아니라(시도는 했지만), 그들을 자신에게 유리한 방식으로 이용함으로써 그들을 능가했다. 소크라테스는 고소인들을 철학에 감명받은 모두에게 메시지를 전달하는 수단으로 삼았다. 포기하지 말라. 죽음을 두려워하지 말라. 성찰하지 않는 삶은 살아갈 가치가 없기 때문이다. 소크라테스가 이렇게 강렬한 태도를 취하지 않았더라면, 플라톤을 비롯한 그의 제자들에게 이만큼 영향을 미치지는 못했을 것이다.

소크라테스의 죽음: 불행을 구원하고 자기 자신이 되는 법

자신의 신념을 강조하기 위해 소크라테스는 도망칠 수 있는데도 감옥에 남았다. 당시에는 간수에게 뇌물을 주고 우아하게 다른 도시로 도망치는 것이 흔한 관행이었다. 플라톤은 대화편 하나를 통째로 할 애해 친구인 크리톤이 제안한 이 선택지를 소크라테스가 어떻게 거부했는지 보여준다. 사형 당일에도 소크라테스는 특유의 꿋꿋하고 쾌활한 태도를 잃지 않는다. 소크라테스의 친구인 파이돈은 이렇게 말한다.

"나는 연민에 잠기지 않았네. 다른 친구가 죽음을 앞두고 있었다면 그렇게 되었을지도 모르겠지만 말이야. 소크라테스의 말과 행동을 봤을 때 그는 행복해 보였거든. 그는 너무나도 용감하고 고결하게 죽음을 맞이하고 있었네."[17]

해 질 녘에 처형을 앞둔 소크라테스는 평소와 다름없는 하루를 보냈다. 미덕과 영혼의 문제에 관해 친구들과 심도 있게 진지하고 유쾌한 대화를 나눈 것이다.

죽음을 앞둔 소크라테스는 이 상황에서 가장 불편해 보일 수 있는 질문, 즉 영혼은 불멸하는가를 주제로 자유롭고 폭넓은 토론을 이끈다. 심미아스와 케베스를 비롯한 소크라테스의 젊은 친구들은 소크라테스와 함께 이 문제를 탐구하고 싶어 한다. 처음에 이들은 영혼이 불멸한다는 소크라테스의 주장에 쉽게 이의를 제기하지 못한다. 소크라테스의 인생 마지막 순간에 그에게 불편하게 느껴질 주장으로 그를 어지럽히고 싶지 않았기 때문이다. 그러나 소크라테스는 이들이 주저하는 것을 간파하고 언쟁을 참지 말라고 격려한다. 자애로운 차분함으로, 소크라테스는 친구들에게 그들의 가장 깊은 두려움을 꺼내 보이라고 청한다.

심미아스와 케베스가 차례로 자신이 두려워하는 것을 이야기한 뒤 소크라테스가 질문을 던진다. 소크라테스의 말과 행동을 전달하는 파이돈에 따르면, 이 장면에서 인상적인 점은 모두의 두려움을 달래주던 소크라테스의 태도다.

그동안 소크라테스에게 놀란 적이 많았지만, 그때만큼 감탄한 적은 없었다네. [젊은 친구들의 영혼에 관한 질문에] 소크라테스가 한 대답은 어쩌면 그리 놀랍지 않았어. 나를 가장 놀라게 한 것은 질문에 대답하는 그의 태도였네. 그 친구들의 말에 얼마나 유쾌하고 온화하고 정중하게 귀 기울이던지. 그리고 그들의 말이 우리에게 미치는 영향을 얼마나 재빠르게 파악하고, 도망치고 좌절한 우리를 어찌나 능숙하게 되돌려 태도를 바꾸게 하고, 자신을 따라 [영혼에 관한] 이 논쟁을 함께 고찰하게 하던지.[18]

운명의 시간이 다가오고 대화가 끝을 향해가면서, 소크라테스는 심미아스와 케베스를 영혼이 불멸한다는 '증거'로 이끈다. 소크라테스가 연이어 던진 질문의 목적은 이 젊은 친구들의 두려움이 은연중에 영혼을 신체와 동일시하는 데서 비롯된다는 사실을 드러내는 것이다. 영혼이 죽음과 함께 흩어지거나 소멸할 수 있다고 말할 때 암암리에 이들은 추운 날 순간 보였다가 사라지는 숨결이나 죽어가는 불씨 같은 물질적인 것을 관찰한 경험에 의존한다. 그러나 소크라테스는 영혼의 운명을 질문하려면 더욱 철저한 탐구가 필요하다고 말한다.

소크라테스는 죽음을 앞두고도 시종일관 흔들림 없이 차분한 태도를 유지하는데, 이러한 태도는 그 어떤 논쟁이나 증거로도 담아내지 못하는 영적인 인식의 깊이를 보여준다. 신체를 움직이고 생기를 불어넣는 것은 영혼이며, 영혼은 그저 신체에서만 드러나는 것이 아니라 말과 행동에 담긴 의미에서도 나타난다. 사람들이 그러한 의미를 인식하지 못하거나 오해할 수 있고, 심지어 오랜 시간이 흐르면 잊힐 수도 있지만, 의미는 숨결이나 한 줄기 연기처럼 소멸하거나 흩어지는 것이 아니다. 의미는 그 의미에 감명받은 사람들의 행동 속에 계속 살아 있다. 우리가 플라톤의 대화편을 해석하고 그들의 통찰에 따라 살고자 노력할 때, 소크라테스가 플라톤의 글과 우리의 생각·행동 속에 계속 살아 있듯이 말이다.

소크라테스의 자식들을 위해 자신이 무엇을 해줄 수 있겠냐고 묻는 친구 크리톤에게, 소크라테스는 마지막 당부 중 하나로 간단한 부탁을 한다.

"내가 늘 말했듯이… 자네가 [철학을 추구함으로써] 스스로를 챙긴다면, 그것이 나와 내 자식들을 도와주는 걸세."[19]

소크라테스가 원한 것은 기억되거나 찬사받는 것이 아니라, 자기 삶의 방식에서 가치를 발견하는 모든 사람에게 계속해서 영향력을 발휘하는 것이었다. 소크라테스의 부탁을 제대로 이해하지 못한 크리톤은 그에게 어떻게 묻히고 싶으냐고 묻는다. 소크라테스는 특유의 무표정한 유머를 발휘해 조용히 웃으며 대답한다.

"자네 마음대로 하게, 자네가 날 붙들어 도망치지 못하게 할 수만 있다면."[20]

이 농담은 크리톤이 순진하게 소크라테스를 곧 시체가 될 몸속에 있는 인물로 생각했고, 소크라테스는 그런 크리톤에게서 이미 도망치고 없을 것이라는 뜻이다. 탈옥하라고 소크라테스를 설득한 인물이 크리톤이라는 사실은 우연이 아니다. 신체를 보전하는 데 집중하는 크리톤은 영혼이 가진 위대한 힘을 이해하지 못한다.

마치 소크라테스가 자신의 불운을 어느 정도 받아들였는지를 독자에게 강조하려는 것처럼, 플라톤은 소크라테스가 직접 처형을 지휘하게 한다. 소크라테스는 친구 크리톤에게 사형 집행인을 불러달라고 말하고, 사형 집행인이 눈물을 흘리며 감옥을 떠날 때 독미나리가 든 컵을 쾌활하게 받아 든다. 두려움에 휩싸이거나 자신의 운명을 한탄하는 대신, 그는 마치 축하하는 의미의 포도주인 것처럼 독배를 들이킨다.

독이 점점 퍼져나가는 마지막 순간에 소크라테스는 눈물 흘리는 친구들을 위로한다. 그는 크리톤에게 마지막 부탁을 하는데, 이것이 그가 남긴 마지막 말이 된다.

"아스클레피오스에게 수탉 한 마리를 바쳐야 하네. 꼭 그렇게 해주게나."[21]

수수께끼 같은 이 마지막 대사는 흔히 소크라테스가 삶을 긍정하지 않았다는 증거로 이해된다. 아스클레피오스는 치유의 신이며, 수탉을 바치는 것은 선물을 상징한다. 소크라테스가 크리톤에게 한 부탁은, 몸에 매인 삶이 하나의 질병이며, 죽음이 그 질병을 치유한다는 뜻을 암시하는 것으로 해석된다. 그러므로 우리는 죽음을 통해 우리를 몸에서 자유롭게 하는 치유의 신에게 제물을 바쳐야 한다. 그러나 소크라테스의 마지막 유언을 이렇게 해석하면 그가 명랑한 정신으로 이 발언을 했다는 사실을 간과하게 된다. 처형 당일에, 재판받을 때, 그밖의 평생 소크라테스가 한 모든 말과 행동은 지혜를 향한 사랑으로 가득했고, 그 사랑은 초월적인 동시에 그만큼 세속적이었다. 그러므로 소크라테스가 (이번 생에서) 철학자를 수차례 영혼의 치유자로 간주했듯이, 아스클레피오스 신을 철학의 상징으로 해석하는 것이 타당하다.

소크라테스가 몸에서 또는 이 세상의 고난에서 해방되어야만 진정한 삶을 살 수 있다고 믿었다는 생각은 분명 특정 기독교 교리의 영향을 받은 신플라톤주의의 해석이다. 소크라테스가 영혼이 몸보다 우선한다고 주장하긴 하지만, 영혼을 방해한다며 몸을 거부한 적은 단 한 번도 없다. 심지어 그는 플라톤의 『향연』에서 아름다움을 향한 열정적 사랑을 의미하는 에로스가 철학의 기원이자 원동력이라고 말한다. 또한 그는 아름다운 몸이 아름다운 것과 함께하고 싶은 신체적 갈망뿐만 아니라 아름다움 자체를 이해하고 싶은 지적 갈망을 불러일으킨다고 주장한다. 소크라테스는 보고 만질 수 있는 것들로 이루어진 몸의 세계를 거부하기는커녕 경탄하는 눈으로 바라보며, 바람직한 삶의 방식을 드러내는 상징으로 꾸준히 활용한다.

소크라테스가 몸을 어떻게 이해했고 얼마나 활기 넘치는 삶을 살았는지를 보여주는 좋은 사례가 바로 처형 직전에 그가 친구들에게 마지막으로 들려준 신화다. 그의 이야기에 따르면, 저 위에서는 '지구의 진짜 표면'이 보이는데, 선한 인간의 영혼은 죽은 뒤 그 표면 위에서 살게 된다. 이러한 지구의 이미지는 철학을 원동력으로 삼는 삶을 나타낸다. 소크라테스는 지구의 크기나 특징이 우리 생각과는 다르다고 말한다.

우리는 연못 주변에 사는 개미나 개구리처럼 지구의 아주 작은 일부에서 살아간다. 우리는 우리가 지구 표면 위에서 산다고 생각하지만, 사실은 물과 공기, 안개가 가득 찬 수많은 구덩이 속에 파묻혀 살고 있다. 자신은 해수면 위에 있다고 믿지만 사실은 바닷속에 살고 있는 생명체들과 똑같다. 이 생명체들은 물속에서 태양과 별을 바라보면서 바다를 하늘로 착각한다. 그러면서 게으름과 나약함 때문에 수면 위로 올라가지 못하고, 저 위에서 보는 해와 별이 얼마나 더 맑고 아름다운지도 알지 못한다.

우리도 똑같다. 우리의 게으름과 나약함 때문에 공기를 별들이 움직이는 하늘로 착각한다. 그러나 공기는 사실 에테르라 불리는 맑은 하늘이 가라앉은 침전물일 뿐이다. 만약 우리가 날개를 얻어 이 탁한 환경 밖으로 날아오른다면 별들을 비롯한 모든 것을 있는 그대로 바라볼 수 있을 것이다.[22]

여러 층을 가진 지구는 다양한 수준의 자기 이해를 상징한다. 우리가 '구덩이' 속에 산다는 말에는 관습적 지혜에 의문을 제기하고 소속 집단에서 말하는 '진실'이 삶의 전부가 아님을 깨닫게 하려는 의도가 있다. 사람들이 말하는 진실은 사실 의견에 불과하고, 그 의견을 선의 관점에서 신중하게 뜯어보면 현재 우리가 가진 것보다 더욱 종합적인 통찰이 드러난다. 우리의 의견이 가리키는 이 종합적인 관점이 바로 '위에서 바라본 지구'인데, 이 지구는 보라색과 금색, 흰색 등등의 다채로운 색이 다양하게 연결되어 빛나고 있다. "물과 공기, 안개로 가득한 지구의 구덩이들이 아름다운 색조로 빛나고", 함께 반짝이며 "하나의 독특한 이미지"를 이루기 때문이다.[23]

각각의 색이 서로와의 관계 속에서 아름다움을 획득하는 소크라테스의 상상 속 '다양하게 연결된' 빛은 냉철한 삶의 통일성 또는 전체성을 이해할 방법을 제공한다. 이 이미지는 무지를 바라보는 관점도 제시하는데, 완전히 틀린 의견은 없다는 소크라테스의 견해와도 일치하는 이 관점은 다음과 같다. 우리의 지식이 부족한 것은 환상을 현실로 오해해서가 아니라, 집착이나 근시안적 사고에 사로잡혀서 자신의 지엽적인 모습에, 말하자면 지구의 여러 구덩이 중 하나에 빠져서다. 이렇게 되면 우리는 각각의 구덩이가 이바지하는 다양하게 연결된 빛을 보지 못한다. 그러나 올바른 위치에서 지구의 다른 지역들을 다 함께 조망하면, 각 구덩이는 하나의 반짝이는 이미지를 구성하는 없어서는 안 될 일부가 된다.

'선한 영혼'들이 거주하는 아름다운 장소는 사실 철학 덕분에 올바른 비례와 색채로 보이는 이 세상이다. 소크라테스는 지혜를 향한 사랑으로 인도되는 삶이 끝없는 여정이며, 우리는 이 여정을 통해 자신이 이미 알고 사랑하는 세상을 더욱 높은 위치에서 명료한 시점으로 바라볼 수 있음을 암시한다.

유죄 판결을 받은 뒤 자기 변호를 끝낼 무렵 소크라테스는 배심원단에게 자신의 가장 큰 소망은 죽은 뒤에도 철학을 계속해나가는 것이라고 말한다. 그가 하데스(신화 속의 지하 세계)에서 아킬레우스와 오디세우스를 만난다면 늘 친구들과 토론했던 주제로 그들에게 질문을 던지는 것 외에는 더 바라는 바가 없었을 것이다.

소크라테스는 지혜를 사랑하고 부단히 자기 이해를 추구했기에, 가장 자유로울 때처럼 침착하게 재판과 처형을 겪어낼 수 있었다. 적대적인 대화 상대에 맞서 그들의 의견을 활용했듯이 고소인에게 맞선 재판은 철학을 긍정하는 기회로 삼았다. 그는 자기 삶이 하나의 여정임을 이해했다. 그랬기에 죽음마저 균형 있게 바라볼 수 있었다. 처형은 소크라테스의 이야기 속 또 하나의 사건일 뿐이며, 그의 이야기는 다른 이들의 생각과 행동 위에 계속 쓰여나갈 것이다.

인생은 아름다워: 현대의 소크라테스 이야기

소크라테스의 삶과 죽음 이야기는 철학이 그저 논쟁과 담론, 사색의 문제에 그치지 않음을 보여준다. 무엇보다 철학은 삶의 고난과 시험에 침착하게 대응하며 철학적으로 살아가는 문제다. 이 말이 사실이라면 우리는 철학자를 대단한 지식인 이상의 존재로 이해할 수 있어야 한다.

로베르토 베니니Roberto Benigni의 영화 「인생은 아름다워」가 인상적인 사례다. 이 영화는 자신이 무엇을 추구하는지를 잘 아는 데서 나오는 구원의 힘을 통해 막대한 고난을 초월하는 현대의 이야기다. 영화에 등장하는 아무도 예상하지 못한 영웅은 바보 같고 뻔뻔한 겉모습을 통해 냉철함을 발휘한다는 점에서 놀라울 만큼 소크라테스와 비슷하다.

우리는 먼저 코믹한 상황에서 주인공 귀도 오레피체를 만난다. 익살스런 표정을 지닌 가난한 웨이터 귀도는 자신에게 과분한 여성을 사랑한다. 그 여성은 아름다운 귀족 도라로, 도라는 거만한 공무원과 약혼한 상태다. 그러나 귀도는 재치와 로맨틱한 매력, 계속되는 거절을 견디는 꿋꿋한 인내심으로 결국 도라의 마음을 얻는다. 도라의 약혼식 식사 자리에서 웨이터로 변장한 귀도는 도라가 앉은 기다란 식탁 밑으로 숨어든 뒤 도라의 다리를 톡톡 치고 자신과 달아나자고 설득한다. 장면이 몇 년 후로 넘어가고, 귀도는 도라의 남편이자 장난기 많은 다섯 살 조수에의 아버지가 되어 있다. 귀도의 이야기는 거짓말 같은 성공 이야기이자 모든 것이 착착 들어맞는 한 편의 코미디처럼 보인다.

그러나 갑자기 상황이 비극적으로 변한다. 나치가 집권하고, 우리는 귀도가 유대인임을 알게 된다. 어느 날 오후 집으로 돌아온 도라는 난장판이 된 집을 발견하고 남편과 아들이 사라졌음을 알게 된다. 도라는 미친 듯이 두 사람을 쫓아 기차역으로 향하고, 귀도와 조수에는 소 떼처럼 몰려 강제수용소행 기차에 몸을 싣는다. 도라는 유대인이 아니지만 가족과 함께 있고자 자신도 기차에 타게 해달라고 애원한다.

그 뒤로는 귀도가 잔혹한 강제수용소 안에서 아내와 아들을 보호하려고 기발한 재주를 발휘하는 믿기 힘든 이야기가 펼쳐진다. 조수

156

에를 제외한 어린이들이 전부 살해당한 뒤 귀도가 나치에게서 조수에를 숨기려고 능수능란하게 계책을 짜는 것이 중심 줄거리다. 조수에는 다른 아이들이 "샤워하라"는 명령을 따를 때 막사 뒤에 숨은 덕분에 가스실에서 처형당하지 않을 수 있었다. 귀도는 특유의 창의력을 발휘해 조수에에게 지금 우리는 다른 수감자들과 함께 대규모 게임에 참여하고 있는 거라고 말한다. 이 게임의 가장 중요한 규칙은 간수의 눈에 띄지 않는 것이다. 또 다른 규칙은 배가 고프거나 엄마가 보고 싶다고 불평하지 않는 것이다. 규칙을 잘 지키고 가장 큰 점수를 따는 사람은 상으로 군용 탱크를 받는다. 탱크를 받을 수 있다는 말에 눈이 휘둥그레진 조수에는 아버지가 하라는 대로 계속 숨어 지낸다.

내용이 전개되면서 우리는 이 영화가 잘 만든 생존 이야기 이상임을 이해하게 된다. 제목이 말해주듯이, 이 영화는 인간이 극단적인 억압 속에서도 활기와 냉철함을 잃지 않을 가능성에 관한 이야기다. 귀도가 지어낸 게임은 아들을 지키려는 수단에 불과하지 않다. 이 게임은 그가 도라를 만난 순간부터 쭉 그의 삶을 정의해온 경쾌한 정신과 창의적 능력의 표현이다. 그러므로 이 게임을 귀도 자신의 이익을 위해 아이를 속이려는 기발한 속임수로 여겨서는 안 된다. 이 게임은 모두가 자신을 왜곡할 수밖에 없는 상황에서도 귀도가 자기 자신으로 살 수 있는 방법이다. 게임은 귀도가 재해석한 자신의 현실이다. 공포와 저항을 수반하는 그의 현실은 게임의 소재가 된다. 소크라테스가 재판과 처형 때 그랬듯이, 귀도는 가장 적대적인 환경에서도 자기 자신을 발견할 수 있다.

이 게임의 자기 표현적 특징은 귀도가 게임을 처음 소개하는 방식에서도 드러난다. 기차에서 내린 뒤 명령에 따라 막사 안으로 들어간 귀도와 다른 이탈리아 남성들은 간소하고 동그란 헬멧을 쓴 땅딸막한 나치 친위대 장교의 지시를 기다리며 잠잠하게 바닥에 앉아 있거나 서 있는다. 장교는 딱딱하고 엄격한 목소리로 독일어를 이탈리아어로 통역할 수 있는 사람이 있느냐고 묻는다. 독일어는 하나도 모르지만 이때가 기회라고 느낀 귀도는 위험을 무릅쓰고 대담하게 앞으로 나선다.

다른 수감자들에게는 놀랍고 당혹스럽게도, 귀도는 장교의 말 한마디 한마디에 집중하는 척하고 심지어 장교의 엄격한 말투까지 따라 하면서 실제로는 게임을 지어내고 조수에가 따랐으면 하는 규칙을 설명하기 시작한다. 그러는 내내 이탈리아어를 모르는 장교는 귀도가 충실하게 자기 명령을 전달하는 중이라고 생각한다. 귀도의 기발한 발상은 장교와 자신의 위치를 뒤집는 저항 행위다. 게다가 이건 귀도가 도라의 거만한 약혼자에게 했던 장난과 그의 장난스러운 행동들을 훨씬 심각한 상황에서 되풀이하는 일종의 반복이다.

귀도는 똑같은 지략과 냉철함을 발휘해, 강제수용소 안에서 떨어져 있는 도라에게 사랑을 표현하는 데 성공한다. 어느 날 아침 조수에가 숨어 있는 손수레를 밀며 노동하러 가던 귀도는 통신실에 아무도 없다는 것을 알아차린다. 발각되면 자신과 아들이 분명 목숨을 잃을 텐데도, 귀도는 위험을 무릅쓰고 살며시 줄에서 빠져나온 뒤 아들에게 너도 이리로 오라고 손짓하며 확성기로 다가간다.

"좋은 아침입니다, 공주님!"

귀도는 어디 있는지도 모르는 자신의 아내에게 말한다.

"밤새 당신 꿈을 꿨어. 우리는 영화관에 가고 있었고, 당신은 내가 진짜 좋아하는 분홍색 정장을 입고 있었어. 공주님, 난 늘 당신 생각뿐이야!"

그리고 귀도는 서둘러 도망치기 전에 조수에도 몇 마디를 하게 한다. 강제수용소의 다른 곳에서 여성 수감자들과 힘들게 일하고 있던 도라는 방송을 듣고 놀라움과 희망에 찬 환한 미소를 짓는다. 확성기를 훔쳐 씀으로써 귀도는 나치 장교의 말을 '통역'할 때처럼 억압의 수단을 자기 자신으로 존재하는 방법으로 탈바꿈시킨다.

귀도의 마지막 행동도 성격이 같다. 연합군이 강제수용소를 해방하려고 접근하자 나치 장교들은 수감자를 모두 소집해 죽이려 한다. 귀도는 버려진 용광로에 아들을 숨기고 가족이 다 함께 탈출할 수 있도록 급히 도라를 찾아 나선다. 그러나 황급히 도라를 찾던 귀도는 겨우 몇 미터 떨어진 용광로의 틈으로 자신을 바라보고 있는 아들 앞에서 나치에게 붙잡히고 만다. 자신이 총으로 위협당하는 모습을 아들이 보고 있음을 알았던 귀도는 아들이 숨은 쪽으로 몸을 돌려 비밀스럽게 윙크를 한다. 나치가 귀도를 죽일 통로를 향해 그를 끌고 가는 동안, 그는 자유로웠던 시절 아들과 함께 놀 때처럼 우스꽝스럽게 과장한 걸음걸이로 행군하듯 걸어간다. 귀도가 시야에서 사라진 뒤 그의 죽음을 암시하는 기관총 소리가 들린다. 그리고 얼마 안 가 연합군이 들이닥쳐 수감자들을 풀어준다. 조수에와 도라는 살아남아 재회한다.

귀도의 삶과 죽음에는 놀라울 만큼 소크라테스와 비슷한 면이 있다. 겉으로 보기에 소크라테스와 귀도는 무척 다른 인물이다. 한 명은 가족을 거의 돌보지 않았던 철학자이고, 다른 한 명은 오로지 수수께끼(귀도의 취미 중 하나다)를 풀 때만 이론적으로 사고하는 헌신적인 남편이자 아버지다. 그럼에도 둘은 똑같은 철학적 성향을 보여주는 좋은 본보기다. 두 사람은 자신이 어떤 사람이고 무엇을 추구하는지 명확히 알기에 고난을 직면하고 구원할 수 있다. 소크라테스는 재판과 처형을 철학을 옹호하는 연단으로 탈바꿈하고, 귀도는 강제수용소의 확성기를 몰래 빌려 도라를 향한 사랑을 표현한다.

이와 같은 구원의 행위를 통해 소크라테스와 귀도의 삶은 다시 제자리로 돌아온다. 두 사람은 극단적인 억압 속에서 다시 제 모습을 찾고, 무너진 세상에서 살아갈 가치가 있는 삶을 지켜낸다. 심지어 강요된 죽음 앞에서조차 두 사람은 자신이 실천해온 정신을 잃지 않고 자기답게 죽음으로써 통합된 자신을 표현한다. 소크라테스와 귀도의 생애는 고통이 삶에 반하는 증거가 아니라는 통찰을 제공한다. 가장 캄캄한 시기에도 삶은 구원과 기쁨의 가능성으로 흘러넘친다.

고통 앞에서 진정으로 공감한다는 것의 의미

정치적 불의나 질병, 개인적 비극 같은 고통의 의미를 숙고하다 보면, 참상을 인식하는 것과 그 참상을 고결하게 직면하고 심지어 최악의 상황에서도 삶을 자신답게 살아내는 이들의 힘을 칭송하는 것 사이의 미묘한 균형을 만나게 된다. 우리는 너무 자주 고통과 두려움 자체에 집중하며 고통받는 사람을 불쌍히 여기고 그들이 눈앞의 상황 때문에 인간성을 잃어가는 방식을 강조한다.

그 익숙한 이유 중 하나는 사실이건 아니건 간에 우리가 그 고통에 책임이 있다고 느끼기 때문이다. 우리 또는 우리의 조상이 억압적인 정권에 일조했거나, 재난의 피해자를 도울 수 있었을 때 돕지 않았을지도 모른다. 우리는 죄책감 때문에 우리가 돕지 않은 이들의 고통을 소환하고 그 고통이 얼마나 끔찍한 것이었는지를 강조하려 한다. 이러한 행동이 건강한 공감과 책임감을 반영할 수도 있지만, 다른 한편으로는 고통을 극복한 사람들의 미덕을 저해하는 비뚤어진 자해의 한 형태일 수도 있다.

우리에게 책임이 없는 재난의 경우, 고통받는 사람들에 대한 연민은 자기연민에 기반한 얄팍한 동일시를 불러일으킬 뿐이다. 다시 말해 우리 자신이 그런 식으로 고통받는다면 얼마나 끔찍할지를 상상하게 된다. 그리고 그들의 고통에 탄식할 때, 우리는 상상 속의 무력한 자신을 바라보고는 이를 공감이라 미화한다. 그러면서 고통받는 사람들의 힘을 비하한다. 극단적인 궁핍과 고난, 불의 속에서도 구원의 가능성이 빛날 수 있고 그저 존재하는 것이 아니라 활기찬 삶을 살아갈 수 있다는 중요한 교훈을 우리는 간과한다. 고통받는 이들을 그저 피해자로 간주하는 것은 그들을 부정하고 우리 안의 위대한 영혼을 없애는 행위다. 우리는 그들을 가장 고결한 미덕의 본보기로 이해하고, 그들에게서 영감을 받을 수 있어야 한다. 이러한 관계는 연민에 기반한 공감보다 훨씬 숭고한 존중의 한 형태다.

공감을 조잡하게 모방한 또 다른 사례는 정치적 올바름을 추구하며 타인의 고통 또는 타인이 속한 집단의 역사적 고통에 대한 언급을 피하는 것이다. 여기에는 "내 위치에서는 제대로 이해할 수 없을 거야"라며 책임을 면하려는 의도가 있는데, 이로써 연민과 죄책감을 표하는 반응이 어디에서나 '안전한' 표현 방식이 된다. 고통받은 이들의 힘에 주로 초점을 맞추고 이들이 불의와 심각한 고난 속에서도 잘 살아갈 수 있었다고 인식하는 행위는 수많은 비난조의 질문을 불러일으킨다.

"그들에게 일어난 일이 그리 나쁜 일이 아니었다고 말하는 겁니까? 그 심각한 악행이 정당했다고 말하는 겁니까?"

가해 행위 자체를 정당화할 수는 없어도, 고통받은 사람들은 그 상황에 창의적으로 적응함으로써 그러한 경험을 구원할 수 있고 이로써 더 깊은 의미에서 그 경험을 정당화할 수 있다. 우리에게 익숙한 이런 질문들은 그 사실을 이해하지 못한다. 자신이 경험한 억압을 본인이 긍정할 수 있는 삶으로 탈바꿈한 사람들을 연구하고, 그들이 지닌 힘을 인식하고, 그들에게서 배우는 것은 진정한 공감의 가장 고결하고 유일한 형태다. 그리스어 어근에 따르면 공감sympathy은 '함께 고통받는 것'syn-pathos을 의미한다. 누군가와 함께 고통받을 때, 우리는 자신이 같은 상황에 처한다면 그들이 겪은 고통을 어떻게 극복할 것인지를 최선을 다해 상상해야 한다. 우리는 너무 자주 (소위 안락하고 특권을 누리는) 우리와 그들 사이에 넘을 수 없는 차이가 있다고 가정하며 이러한 노력을 처음부터 배제해버린다.

「인생은 아름다워」는 일부 평론가에게 홀로코스트를 다룬 전형적인 영화처럼 무겁고 엄숙하지 않다고 비난받았다. 평론가들은 이 영화가 코믹한 감성으로 강제수용소의 끔찍한 환경을 게임으로 바꾸는 주인공을 내세움으로써 홀로코스트를 가볍게 다루었다고 주장했다. 이러한 비난은 주인공의 경쾌한 태도에 얼마나 큰 통찰과 창의적 능력이 필요한지를 간과한다. 귀도의 경쾌함은 오로지 그 배경에 있는 참혹함에 비례해서만 설득력을 얻는다. 귀도의 아들이 간신히 피한 어린이 대량 학살, 여성과 남성 모두가 고된 노동에 동원되면서 발생하는 가족의 이별, 어느 날 저녁 귀도가 방탕한 파티에서 나치 장교들의 시중을 들고 돌아오다가 길을 잃었을 때 우연히 마주친 불타는 시체 더미. 귀도는 이렇게 참혹한 현실에서 반드시 살아남겠다는 불굴의 의지를 끌어모아야 하는 것이다.

이러한 성격적 강점의 묘사를 받아들이기 어려워하는 것은 이상이 가진 힘을 부정하는 것과 같다. 또한 역사적 기록에 남은 현실을 무시하는 것이기도 하다. 예루살렘의 홀로코스트 기념관에 있는 가장 감동적인 전시물 가운데 하나는 공들여 만든 무척 우아한 장신구들이다. 이 반지와 귀걸이, 머리빗은 강제수용소의 일부 수감자가 얼마 없는 자유 시간에 맨손으로 직접 만든 것들이다. 이 장신구가 이토록 놀라운 이유는, 아름답기는 하지만 생존에는 아무런 도움이 안 되기 때문이다. 「인생은 아름다워」의 주인공이 강제수용소에서 확성기로 남몰래 아내에게 사랑을 표현한 것과 비슷하다. 이 장신구들은 우리가 발견할 수 있는 그 어떤 귀금속보다 아리스토텔레스의 다음 주장에 공감하게 한다.

"위대한 영혼은 아름답지만 무용한 것들을 중시하는데, 자신의 독립성을 더욱 잘 보여주기 때문이다."[24]

요약하면, 불의를 앎과 동시에 고통받은 이들이 억압의 근원을 자신이 긍정할 수 있는 삶으로 탈바꿈했다는 사실을 인식할 수 있다. 멀리서 동정하며 오로지 비참한 사건만 바라보는 방관자의 관점이 아니라 분투하는 사람의 관점에서, "바꿀 수 있다고 해도 다른 선택지를 택하진 않았을 거예요"라고 말하는 것은 가장 위대한 힘과 가장 고결한 미덕의 표현이다.

우리는 자기 자신을 위해서도 이러한 힘을 인식해야 한다. 엄밀히 말하면, 우리는 충격적이고 끔찍한 고통을 겪는 사람들의 운명을 결코 그저 방관할 수 없기 때문이다. 17세기의 철학자이자 신학자인 블레즈 파스칼은 "마지막 장은 늘 피투성이"라고 말한다.[25] 죽음은 우리 모두에게 닥치며, 이런 최후의 문제에서는 모두가 공평하다는 의미다. 고통의 원인이 질병이든, 정치적 억압이든, 아니면 단순한 노화이든, 고통은 전부 신성한 우연의 전쟁터다. 어떤 형태의 죽음이 다른 죽음보다 더 낫거나 나쁘다는 우리의 관습적 생각은, 매 순간 시간의 흐름에 직면해야 할 책임에서 달아나는 우리를 위로하는 역할을 한다.

파스칼은 음울한 감성의 소유자로 악명이 높았다. 그러나 삶의 연약함을 바라보는 그의 불길한 시각이 비관적인 관점을 암시한다고 이해해서는 안 된다. 오히려 이러한 관점은 소크라테스와 「인생은 아름다워」의 주인공의 방식으로 우리 안에 구원과 경쾌함의 정신을 불어넣어야 한다. 모든 순간이 귀중하다. 매 순간이 우리가 책임져야 하는 삶, 아름답고, 우리를 유혹하고, 위협하고, 영감을 주는, 바로 지금 이곳에서의 삶이기 때문이다.

3장

우정

이따금 학기가 끝날 무렵이면 학생들이 내게 철학이 내 삶을 바꾼 지점이 있는지, 있다면 무엇인지 묻곤 한다. 예전에는 자신을 성찰하고 관습적 지혜를 비판적으로 바라보는 삶의 장점에 관해 일반적인 대답을 내놓곤 했다. 그러나 이 질문에 대해 더 깊이 고민하고 대학생 시절의 나에게 무슨 말을 해주고 싶은지 생각해본 뒤, 지금은 더 구체적인 답변을 내놓고 있다. 나는 철학 덕분에 우정을 더욱 중요시하게 되었다.

자기 진로를 고민하는 꿈 많은 대학생에게 해줄, 내가 철학 공부를 통해 얻은 단 하나의 조언이 있다면, 그건 바로 동맹이 아닌 친구를 열심히 사귀라는 것이다. 동맹은 교지 편집부에서 함께 활동하거나 사회 정의를 위해 함께 싸우는 사람처럼, 나와 이해관계를 공유하며 목표 달성을 돕는 사람이다. 반면 친구는 우리가 상황을 균형 있게 바라보고 실패에 대한 두려움을 극복하도록 돕는 사람, 성취가 삶의 전부가 아님을 우리에게 상기시키는 사람이다.

동맹은 언제나 어떤 결과물(기사 게재, 개혁 실행, 승리 달성)을 열망하는 반면, 우정은 그 자체 외에는 목표하는 바가 없다. 말하자면 우정의 '열매'는 누군가가 나를 지지하고 내가 그들을 지지한다는 사실에서 나오는, 더욱 강해진 자기 인식이다. 동맹은 친구가 될 수 없고 친구는 동맹이 될 수 없다는 말이 아니다. 내 가장 가까운 친구 중에는 훈련 파트너와 동료도 있다. 그러나 점점 나이 들며 커리어에 몰두하다 보면, 지인을 서로 소개하거나 '일 얘기'를 할 때는 기꺼이 나타나지만 나의 결혼식은 '너무 바빠서' 못 오는 사람들로 둘러싸이기 쉽다. 이러한 도구적 우정에 굴복하지 않기란 쉽지 않다. 그러나 사실 우정은 목표 지향적인 노력과 그리 어울리지 않는다. 우리는 이런저런 일들을 서둘러 마치고 싶은 마음에 진정한 친구보다는 동맹을 찾곤 한다.

이것은 오늘날만의 문제가 아니다. 아리스토텔레스도 서로 이익을 교환하려 하는 친구 관계, 즉 효용을 위한 친구와 서로 같은 미덕을 추구하며 서로에게 끌리는 친구 관계를 구분했다. 효용을 위한 친구는 '친구의 모습 자체' 때문이 아니라 그들이 제공하는 물건이나 도움 때문에 서로를 좋아한다. 이러한 친구 관계는 한 명이 다른 한 명을 더이상 필요로 하지 않으면 곧바로 멀어진다.[1] 이런 우정은 거래 중심적이거나 특정 목표에 한정되기 때문에 공정성이라는 문제에서 벗어나기 어렵다. 효용을 위한 친구는 각자가 제 몫을 하는지, 교환이 공정한지를 늘 따진다.

반면에 진정한 의미에서의 친구는 어떤 목표를 성취할 수 있는지와 상관없이 교류 그 자체를 즐긴다. 이들은 서로가 가진 미덕 또는 위대한 영혼을 높이 평가하기 때문에 서로에게 끌린다. 다른 종류의 관계는 관심사가 바뀌면 끝나는 데 반해, 미덕을 중시하는 우정은 친구가 본래의 모습을 잃지 않는 한 계속해서 이어진다. 이러한 우정은 공정함보다 더 높은 차원에 자리하는데, 마치 서로가 서로를 떠받치는 것처럼 자발적으로 자신을 내어주기 때문이다. 이러한 관계에서 거래가 공정한지 아닌지의 문제는 절대로 발생하지 않는다.

"친구 사이에서는 정의가 필요하지 않다."[2]

우리가 흔히 '우정'이라는 일반적인 단어를 사용해 효용을 중시하는 관계와 미덕을 중시하는 관계를 모두 지칭하긴 하지만, 사실 우정이라는 말은 두 가지 다른 종류의 관계를 내포하고 있다. 하나는 철저히 목표 중심적이고 아리스토텔레스의 말처럼 '우연한' 관계이고(이런저런 목표를 반드시 추구해야 하는 것은 아니므로), 다른 하나는 그 자체를 위한 관계다.

아리스토텔레스는 그 자체를 위한 우정이 행복의 필수적인 요소라고 주장한다.

"다른 좋은 것을 전부 가졌다 해도, 친구 없는 삶을 선택할 사람은 없을 것이다."[3]

우정과 냉철함

우정 없이는 냉철함을 이해하기조차 힘들다. 우리가 자신을 옹호하거나, 스스로 판단을 내리거나, 불행을 구원하는 순간을 떠올려보면, 대부분 친구의 도움이 있었음을 깨닫게 된다. 아리스토텔레스는 진정

한 친구 관계를 통해 "함께 행동하고 서로를 바른 길로 인도함으로써 더 나은 사람이 된다"고 말한다.[4]

또한 냉철함에서 나온 우리의 가장 위대한 행동은 대개 친구(또는 넓은 의미에서 친구라고도 볼 수 있는 사랑하는 사람)를 위한 것일 때가 많다. 「인생은 아름다워」의 주인공이 가장 삼엄한 환경에서도 자신의 통일성과 삶의 기쁨을 잃지 않는 방식은 아내와 아들을 향한 그의 헌신과 분리할 수 없다. 그는 도라를 향한 사랑을 선언하고 조수에를 위해 창의적으로 저항할 때 가장 자신다워진다. "성찰하지 않는 삶은 살아갈 가치가 없다"고 공표하고 자기 삶의 방식에 대해 사과하기를 거부했을 때 소크라테스는 자신을 옹호하는 동시에 자신의 제자들을 옹호한다. 그는 철학을 추구하는 이들을 보호하고 그들에게 영감을 주고자 아테네 시민 앞에서 철학을 정당화하려 한다.

친구를 위해 행동에 나설 때가 아니더라도, 우리가 즐거움을 얻고 스스로를 더욱 잘 이해하게 되는 활동은 종종 미묘하게 우정의 형태를 띤다. 철학을 향한 소크라테스의 헌신이 그 사례다. 소크라테스가 이해했듯, 철학이 가진 대화적 성격은 본질적으로 우정의 특성이라고 볼 수 있다. 상대를 이기려 하는 궤변술과 법정 웅변술 특유의 적대적인 화법과 달리, 소크라테스식 대화는 서로의 역량을 더욱 강화하고자 한다. 그러기 위해서는 두 사람 모두 정직한 자기 성찰을 통해 좋은 삶의 의미를 더욱 분명히 하고, 본인이 진실이라고 믿거나 이해하지 못하는 사안에 관해 질문을 주고받고, 그저 논쟁을 위해 관념적 반대 의견을 내놓고 싶은 유혹에 저항하려 노력해야 한다. 진정한 철학에는 이런 상호적 노력이 수반된다. 이를 깨달은 소크라테스는 종종 철학을 우정의 한 형태로 칭한다. 말을 곧이곧대로 믿는 사람들과 소크라테스를 갈라놓는 소크라테스의 그 유명한 반어법조차, 반어법을 이해하는 사람들과 우정을 쌓게 한다. 서로가 반어법을 제대로 이해한다는 것은 두 사람이 어떤 성향을 공유한다는 사실을 드러내며, 이러한 관계는 그 자체를 위한 우정의 좋은 본보기다.

그러므로 아리스토텔레스가 아우타르케이아autarkeia, 즉 '자율'이라는 단어에서 암시하듯이 냉철함이 독립성 또는 개인성을 암시하는 것처럼 보여도(아리스토텔레스는 아우타르케이아를 위대한 영혼의 핵심 요소로 여긴다), 이러한 독립성은 우정과 양립할 수 있다. 아리스토텔레스가 이해했듯이 자율적으로 산다는 것은 고립된 개인으로 사는 것이 아니라, '지배적' 관습과 공통된 의견, 순응하는 방식을 비판적으로 바라보는 것이다. 여기에는 분명 친구가 도움이 된다. 사회적 환경의 압박 속에서도 너 자신으로 살아가라고 일깨워주는 사람, 자기 자신도 모르게 본연의 모습을 잃을 때 그 사실을 넌지시 지적해주는 사람은 보통 우리의 친구들이다.

아리스토텔레스는 위대한 영혼이 결코 "다른 사람을 따라 살지 않는다"고 말하면서 '그 사람이 친구가 아니라면'이라는 중요한 조건을 덧붙인다.[5] 그는 위대한 영혼을 설명하는 내내 은근히 우정을 언급하고, 우정을 직접 다루는 장에서 다시 그 내용을 전개해나간다. 예를 들면 위대한 영혼을 지닌 사람은 선행을 좋아하므로 그 선행의 수혜자가 필요하다. 아리스토텔레스는 뒷부분에서 선행의 진정한 수혜자가 바로 친구라고 말한다. 친구는 지혜의 혜택을 받고 다시 그 지혜를 발전시킨다.

심지어 고난이나 내적 혼란의 근원에 홀로 직면하는 순간에도 우리는 마치 친구에게 말하는 것처럼 대화를 통해 자신에게 조언한다. 생각이나 말로 스스로에게 질문하고 동기를 북돋으며 말이다. 심지어 아리스토텔레스는 사람이 자기 자신의 친구가 될 수 있다고 말하는데, 인간은 '둘 또는 그 이상'의 특징을 띠기 때문이다.[6] 다소 아리송한 이 말은 누구나 흔히 하는 경험을 가리킨다. 우리는 자기 자신과 하나가 되고 영혼의 조화를 이룰 수 있지만 내면이 분열되는 순간을 피할 순 없다. 때때로 우리는 자신이 옳다고 생각하는 행동과 다른 것에 대한 유혹 사이에서 갈등한다. 이때 스스로의 친구가 된다는 것은 곧 선한 행동을 할 힘을 찾아내는 것이다. 오랫동안 거울을 빤히 들여다보며 "넌 할 수 있어!"라고 말하거나, 책상 위에 붙여둔 의욕을 고취하는 그림을 바라보는 것이 한 방법일 수 있다.

이따금 우리는 상충하는 책임들로 괴로워하고, 그 사이에서 길을 찾으려고 고군분투한다. 다양한 대상에 어떻게 동시에 충실할 수 있을지를 고민하며 당면한 상황과 인생이라는 더 거대한 맥락에서 하나하나를 비교해볼 때, 우리는 자신의 친구처럼 행동한다.

이러한 내적 우정은 우정과 냉철함이 사실 하나의 미덕을 바라보는 두 가지 방식임을 보여준다. 자신을 향한 우정의 특징인 심사숙고는 냉철함의 본질이기도 하다. 친구의 지지가 있을 때 냉철함을 더 쉽게 습득하는 것만이 아니다. 냉철함 자체가 곧 한 사람 안에 있는 여러 다른 목소리 사이의 우호적 관계다. 그렇기에 소크라테스는 배움과 지혜를 향한 사랑이 명예와 이윤을 향한 사랑을 관장하면서 내면의 각기 다른 부분이 서로 '우호적'인 관계를 맺는 상태가 곧 조화로운 영혼이라고 말한다. 아리스토텔레스는 선한 사람은 무엇보다 자기 자신의 친구이며, 이러한 우정이 미덕의 가장 기본적인 형태라고 결론 내린다.[7]

우리가 평소에 우정이라고 칭하는 자신과 타인 사이의 친밀한 관계는 우리가 자기 자신에게 가져야 하는 우정의 연장선으로 이해할 수 있다. 우리가 자신의 문제를 정리하지 못한다면, 즉 여러 책임 사이에서 균형을 잡고, 상실을 객관적으로 바라보고, 자신을 옹호하는 방법을 어느 정도 알지 못한다면, 우리는 타인과 좋은 친구가 될 수 없다. 이때 우리에게는 격려와 조언을 건넬 기반이 없는데, 우정은 바로 이 격려와 조언에서 자라나기 때문이다. 억울함, 앙심, 분노, 집착과 같은 여러 형태의 악덕에 쉽게 휩쓸리는 사람은 우정의 구성 요소인 지지를 해줄 수 없을 것으로 보인다.

아리스토텔레스는 오직 덕 있는 사람들만이 서로에게 진정한 친구가 될 수 있다고 주장한다. 그리고 스스로에게 좋은 사람이 되어주는 성향을 언급하며 좋은 친구의 본보기를 묘사한다.

주변 사람들과의 관계에서 우정을 보여주는 표지, 우정을 정의하는 표지는 자신과 관계된 것에서 생겨나는 것으로 보인다. 왜냐하면 친구는 타인을 위해 좋은 것 또는 좋아 보이는 것을 바라고 행하는 사람, 친구가 친구 자신을 위해 존재하고 살아가기를 바라는 사람이라고들 하기 때문이다⋯ 그러나 그러한 표지들은 자신과의 관계에서 훌륭한 사람이 되는 것과 관련이 있다⋯ 왜냐하면 훌륭한 사람은 자기 자신과 마음이 일치하고, 자신의 영혼이 바라는 것과 똑같은 것을 바라기 때문이다. 실제로 그러한 사람은 스스로를 위해 좋은 것을 바라고⋯ 또 행한다. 그는 자기 자신을 위해 그렇게 한다. 자기 안의 사고하는 부분을 위해 행동한다. 그 부분이 실제로 그 사람 자체로 보이기 때문이다. 또한 그는 자기 자신, 특히 [자기 안의] 지혜로운 일부가 살아 있으며 보존되기를 바란다.8)

아리스토텔레스가 냉철함과 우정을 이렇게 밀접하게 연결하는 것이 과연 옳은지 의문이 들 수 있다. 자신에게는 지나치게 가혹하거나 무례하지만 여전히 좋은 친구인 사람들도 있지 않은가? 자기 자신을 비하하고 스스로에게 회의를 느낀다고 해서 반드시 타인을 제대로 지지하지 못하는가?

아리스토텔레스는 분명 다음과 같이 생각했을 것이다. 우리가 자신을 가혹하게 비난하고 있음을 스스로 깨닫고 그것이 잘못되었음을 안다는 바로 그 사실이, 최소한 자신에게 좋은 친구가 되어주고 싶어 한다는 것을 의미한다. 그러한 바람이 있다면 진정한 자기 존중이 무엇인지 이미 잘 아는 것이다. 우리는 진심으로 친구를 도울 때마다 자연스레 이러한 앎을 전달하고 강화한다. 우리가 스스로와 타인에게 잠시 이러한 미덕을 발휘하지 못한다고 해서 반드시 좋은 친구가 될 수 없는 것은 아니다.

완벽한 사람은 아무도 없다. 좋은 친구 역할을 할 때 우리는 우정에 의지하고, 어느 정도는 그 우정을 자기 자신에게도 적용한다. 우리는 매 순간 자신과 함께 존재하기 때문에 자기 안에 있는 우정을 망각하고 자신이 자기 혐오에 굴복하는 정도를 과장하는 경향이 있을 수 있다. 방향을 잃고 집착하고 절망하던 예외적 순간들만 선명히 기억하고 냉철함을 발휘한 순간들은 간과할지도 모른다. 그러나 우리가 친구를 위해 상황을 균형 있게 바라볼 수 있다는 사실은 우리 안에 그러한 힘이 있으며 우리가 온전히 인식하지 못하더라도 그 힘을 스스로에게 적용할 준비가 되었다는 뜻이다.

친구가 주는 큰 혜택 중 하나는 우리 안에 있음에도 곧잘 잊곤 하는 자신의 미덕을 친구가 지적하고 깨우쳐줌으로써 우리의 자긍심을 북돋는다는 것이다. 아리스토텔레스는 덕 있는 사람은 이미 미덕을 갖추었기에 더 필요한 것이 없을 텐데 왜 친구를 찾겠느냐는 질문에 답하면서 이러한 친구의 이점을 설명한다. 덕이 얼마나 있든 간에, 자신에게 덕망이 있음을 온전히 이해하기 위해서는 서로를 통해 자신을 돌아봐야 한다. 아리스토텔레스는 그 이유를 다음과 같이 설명한다.

만약 행복이 살며 행동하는 데 있고, 좋은 사람의 행동이 그 자체로 진중하고 즐겁다면… 그리고 우리가 자신보다 주변 사람을, 자신의 행동보다 그들의 행동을 더욱 잘 고찰할 수 있다면… 좋은 사람에게는 친구인 진중한 사람들의 행동이 즐거울 것이다… 그러므로 행복한 사람이 만약 진실로 자신의 훌륭한 행동을 고찰하기를 택한다면 이런 종류의 친구가 필요할 것이다… 그리고 이러한 상황은 함께 말하고 생각하는 공동체에 살 때 발생할 것이다.[9]

앞으로 살펴보겠지만 우리가 자기 자신보다 주변 사람을 더욱 잘 고찰하고 인식한다는 아리스토텔레스의 생각은, 우리가 다른 무엇보다 스스로를 제일 잘 알며 자신을 사랑하는 성향이 있기에 타인에게 좋은 사람이 되기 위해서는 이러한 성향을 누그러뜨려야 한다는 스토아학파의 주장과 놀라울 만큼 대조적이다. 우리가 타인 없이 얼마나 스스로를 알고 사랑할 수 있는지는 우정과 개인 정체성의 관계, 그리고 우정과 정의의 관계에 중요한 영향을 미친다.

아리스토텔레스는 우리 자신의 행동을 친구의 행동을 통해 목격할 때만 자신을 제대로 인식할 수 있다고 말한다. 우리가 자신을 희생하거나 위험을 감수하거나 대다수가 당황할 만한 상황에서 올바르게 처신하는 등의 행동을 통해 인상적으로 미덕을 드러낼 수도 있지만, 우리는 습관처럼 자기 안에 빠지기 때문에 자신의 미덕을 쉽게 망각한다. 심지어 삶의 방식을 통해 전 세계에 자신의 통일성을 뚜렷하게 드러내면서도 자기 회의에 빠질 수 있다. 바로 이 지점에서 친구가 우리를 도울 수 있고, 너무 가까워서 우리가 못 보던 것을 우리에게 일깨워줄 수 있다. 아리스토텔레스를 거의 언급하지 않았던 니체도 똑같이 생각했다. 니체는 친구를 은둔자가 자기 자신과 대화를 나누다 절망으로 가라앉지 않게 붙잡아주는 부표로 묘사한다.

"나와 나는 이미 대화에 너무 깊이 파묻혀 있다. 친구가 없다면 어떻게 버텨낼 수 있을까? 은둔자에게 친구는 늘 제3의 인물이다. 이 제3의 인물은 나와 나의 대화가 심연으로 가라앉지 않게 막아주는 코르크다. 아아, 모든 은둔자에게는 심연이 너무 많다. 그렇기에 이들은 친구와 그들의 높은 위치를 갈망한다."[10]

그 자체를 위한 우정

우정이 드러나는 자기 삶의 대표적 일화를 떠올려보자. 아마 친구들과 함께 크고 작은 고난을 경험했을 때일 것이다. 내게도 그런 순간이 있다. 결혼식에 참석하려고 지구를 반 바퀴 돌아 인도 벵갈루루에 갔을 때다. 나는 꽉 막힌 도로에 갇혀 결혼식에 두 시간 늦은 상태로 어떻게든 이 무력한 상황을 이겨내려고 운전사에게서 재미있는 면을 찾아내려고 노력했다(따로 고용했던 이 운전기사는 겉모습은 매우 멀끔하고 프로 같았지만 어디로 가야 하는지 조금도 알지 못했다). 또한 내게 우정은 다양한 종목으로 지구력을 겨루면서 일대일로 끝까지 싸우는 것이다. 이때 승자가 누구인지는 오로지 우리 둘만 알고, 진정한 목적은 서로를 최대한 높고 먼 곳으로 밀어붙이는 것이다. 겨루기가 끝나면 우리는 서로에게 스포츠 타월을 던지고 체육관 바깥의 잔디밭에 대자로 누워 아까의 결투를 되새긴다.

이러한 행위는 더 큰 목적을 위한 수단이 아니다. 그 행위를 하는 것 외에는 그 어떤 결과물도 발생하지 않는다. 아리스토텔레스의 용어에 따르면, 이런 행위는 어떠한 결과가 아닌 엔 에네르게이아en energeia, 즉

'행동 자체'에 의미가 있다. 이렇게 보면 우정의 행위가 신발 제작 같은 생산 행위와 다르다는 것을 쉽게 이해할 수 있다. 이러한 생산 행위의 가치는 신발 같은 완성품에 있기 때문이다. 불운한 교통 체증을 웃어넘기거나 능력을 겨룬 뒤 스포츠 타월을 서로에게 던지는 행위의 목적은 무언가를 만들거나 성취하는 것이 아니라 그저 자기 자신이 되고 서로의 사기를 북돋는 것이다. 대개 고난을 창의적으로 구원한 경험과 관련 있는 이런 지지의 순간들이 우정을 정의한다. 이런 순간들은 우정이 여정에서 자라난 것임을 보여준다. 친구는 나와 같은 이야기를 공유한 사람, 함께 인생의 우여곡절을 겪으며 내가 냉철함을 지닐 수 있게 도와주는 사람이다. 가까운 친구는 그 사람 없이는 내 인생 이야기를 말하기가 불가능하지는 않더라도 힘들어지는 사람이다.

게다가 우정의 행위는 아무런 외부적 목표가 없고 말하자면 '그 순간만으로' 충족되긴 하지만, 이러한 행위에는 신발 한 켤레 같은 상품에는 없는 영속성이 있다. 신발은 완성된 순간 가치의 최고점을 찍고, 신어서 닳을수록 가치가 낮아진다. 반면 우정의 행위는 계속 이어지며 자라나고, 미래를 열며 장차 발생할 상황에서 하나의 참조점이자 통찰의 근원이 되어준다. 예를 들어 또다시 교통 체증에 갇혔을 때 우리는 "그때 벵갈루루에서…" 하며 과거를 되새길 수 있고, 우정의 표시로서 잊지 못할 여정의 일부가 된 경험을 참조해 현재의 좌절스러운 상황을 구원할 수 있다.

우정과 개인적 여정의 관계를 진지하게 고려한다는 것은, 누군가와 친구가 되는 이유를 그 사람의 추상적인 장점만으로는 설명할 수 없음을 인정하는 것이다. 이 세상에는 이해심과 관용, 정의 등등의 면에서 훌륭한 사람이 수없이 많다. 그러나 그들이 전부 우리의 친구는 아니다. 우리 역시 그들 모두와 친구가 되길 바라지는 않는다. 어마어마한 용기와 화합의 정신을 지닌 넬슨 만델라 같은 인물을 존경할 수는 있지만, 그와 쉽게 친구가 될 수는 없다. 그들과 친구가 되려면 그들과 우리의 삶의 방식에 어떤 관련성이 있는지를 더 자세히 알아야 한다. 그러기 위해 가장 좋은 방법은 그 사람과 시간을 보내며 이야기를 공유하고 함께 깊은 대화를 나누는 것이다.

우정은 일반적으로 훌륭한 사람을 높이 평가하는 것보다 더 많은 것을 필요로 한다. 우정에는 상호 간의 신의와 공통의 경험이 필요하다. 우정의 목표라고 말할 수 있는 미덕은 일반적인 개념의 선이 아니라, 우리가 실제로 살아가는 삶의 통일성이다.

우정은 덕 있는 삶이 추상적인 선이 아닌 자신에게 맞는 선을 추구하는 삶임을 보여준다. 아리스토텔레스는 이따금 좋은 삶이 모두에게 똑같다고 말하는 듯 보이기도 하지만, 우정을 설명할 때는 조금 다른 의견을 제시한다. 좋은 친구를 정의하는 과정에서 아리스토텔레스는 일반적인 선과 자기 고유의 선의 관계를 고려한다.

"다른 사람이 되면서까지 모든 선을 다 소유하려 하는 사람은 없을 것이다."

심지어 "신이 선을 소유하는" 방식도, "그게 어떤 모습이든 자기 자신이 되는 것"이다.[11] 이 다소 모호한 발언은 미덕이 우리 모습에 따라 다르다는 아리스토텔레스의 의견에서 다시 한번 반복된다. 아리스토텔레스는 용기가 무모함과 소심함 사이의 중도이며 위대한 영혼이 허영과 복종 사이의 중도이듯 미덕은 두 극단 사이에 있는 중도라고 정의한 뒤, 이 중도가 "절대적인가 아니면 우리 모습에 따라 다른가"라는 질문에 후자가 옳다는 결론을 내린다.[12]

아리스토텔레스는 다음과 같은 내용을 말하고자 한 것 같다. 미덕은 항상 통일성을 이루려는 노력, 신중하게 생각하고 판단하는 능력, 불운을 균형 있게 바라보는 능력을 포함한 일반적인 구조를 따를 수도 있다. 그러나 숙고하고 판단하고 불운을 구원하는 모든 행위와 연관된 구체적 노력과 관계는 바로 '우리'와 관련이 있다. 예를 들어 우리가 가족이나 일, 취미에 부여하는 중요성은 우리가 처한 상황과 이 각각의 노력이 삶 전체에서 차지하는 위치에 따라 달라질 것이다. 그러나 미덕은 언제나 우리 노력의 총체를 고려하고 당면한 상황 속에서 균형을 잡으며 전체로서의 자신에게 진실한 방식으로 행동할 것을 요구한다. '전체' 또는 통일성이라는 원칙은 모두에게 같을지 몰라도, 그 전체를 어떻게 배열하느냐는 그렇지 않다. 우리가 처한 상황과 삶의 이야기가 전부 다르기에, 모두가 똑같이 미덕을 열심히 추구하더라도 우리는 각자 다른 친구를 사귀게 될 것이다.

즉 나의 친구가 다른 사람이 아닌 나의 친구인 이유가 보편적 기준으로 평가한 미덕에 있을 필요는 없다. 그저 내가 몰두하는 특정 분야에 대해 그 친구가 특히 지지와 조언을 잘 제공해주는 것일 수 있다. 아리스토텔레스는 진정한 우정이 오로지 덕 있는 사람들 사이에서만 가능하다고 주장하지만, 모든 덕 있는 사람이 똑같은 미덕을 지녔다거나, 모든 덕 있는 사람이 서로의 친구가 될 것이라고 주장하지는 않는다.

추상적인 좋음으로 좋은 친구의 좋은 점을 설명할 수 없는 또 다른 이유가 있다. 우리 모두가 통일성 있는 삶을 목표하지만 우리 중 그 누구도 완벽하지 않다. 만약 완벽했다면 자신을 이해하려고 고군분투할 필요도, 친구에게서 지지와 인정을 구할 필요도 없을 것이다. 좋은 삶을 위한 활동은 본질적으로 끝이 없는데, 더 많은 것을 성취하기 위해서가 아니라 더욱 냉철해지기 위해서다.

우리가 냉철함을 발휘하지 못하는 이유는 사람마다 다르다. 어떤 사람은 분노에 쉽게 휩쓸리고, 어떤 사람은 연민이나 집착, 불쾌한 기분에 쉽게 휩쓸린다. 어떤 사람은 온 힘을 다해 타인을 돕느라 정작 자신을 위한 시간을 마련하지 못한다. 어떤 사람은 자기 일에만 집중하느라 타인에게 관대하게 행동하는 법을 잊는다. 우리는 자기 계발에 힘쓰는 만큼 자연히 나에게 없는 장점을 가진 친구, 존재를 통해 우리가 배우고 성장할 수 있는 친구를 찾게 된다. 우리는 단순히 일반적으로 좋은 사람이 아니라, 우리에게 잘 맞는 좋은 사람에게 끌린다.

우정이 추상적인 미덕에 관한 것이 아닌 마지막 이유는 우정의 활동적이고 창의적인 차원과 관련이 있다. 우정은 처음부터 주어지는 것이 아니라 노력을 통해 만들어나가는 것이다. 열심히 각자의 미덕을 추구하며 상호보완적인 장점과 약점을 갖춘 완성된 두 사람이 만나 곧바로 친구가 되는 것이 아니다. 이러한 친근함이 우정의 시작일 수 있지만, 그것이 우정 자체인 것은 아니다. 우정은 오로지 삶을 함께 살아 나가며 딜레마를 겪고, 서로를 지지하고, 서로의 편이 되겠다고 결심하고, 약속을 하고 또 지킴으로써만 진가를 발휘한다. 아리스토텔레스의 말처럼, 진정한 우정에는 '시간의 흐름과 함께 살면서 형성되는 습관'이 필요하다. 아리스토텔레스는 적어도 밥 한 끼를 함께 먹지 않고서는 친구가 될 수 없다고 말한다. 오로지 경험을 공유하고 서로를 지지한 역사가 쌓여야만 "서로가 서로에게 사랑스럽고 믿음직스럽게 보일 수 있다."[13]

아리스토텔레스는 가장 깊은 사랑은 그저 발견하는 것이 아니라 쌓아나가는 것이라고 말한다. 그는 첫눈에 반한 사랑 개념에 이의를 제기한다. 단지 누군가를 친구로 받아들이기 전에 먼저 그 사람을 알아야 하기 때문이 아니라, 관계에 고유의 특별함을 부여하는 것이 바로 관계를 대하는 우리의 적극적 태도와 헌신적 기여이기 때문이다. 이런 면에서 본다면 우리가 가장 사랑하는 것은 우리가 만든 것이다. 아리스토텔레스는 자기 작품을 사랑하는 장인, 자기 시를 사랑하는 시인을 비유로 든다.

"우리는 행동으로 존재한다… 그리고 이러한 행동에서, 무언가를 만드는 사람은 곧 그 작품과 같다. 그 사람은 자신의 존재에 애정을 느끼기 때문에 자기 작품에 애정을 느끼는 것이다."[14]

아리스토텔레스는 이러한 이유로 어머니가 자기 자식을 그토록 사랑하는 것이라고 설명한다. 어머니가 자식의 존재에 기여하며 출산의 고통을 겪었기 때문이다. 물론 우리는 자신의 친구를 직접 만들지도, 출산하지도 않는다. 우리는 삶의 과정에서 우연히 친구를 만난다. 그러나 우리는 지지와 깊은 대화, 조언을 통해 친구를 점점 알아가면서 친구가 현재의 모습이 되는 데 이바지한다. 친구들이 서로를 자신의 연장선으로 여기며 사랑하게 되는 것은 바로 이러한 상호 기여 때문이다.

우정과 정의의 갈등: 영화 「제3의 사나이」 속 홀리 마틴스와 해리 라임

행동과 노력이 필요하다는 우정의 특성은 힘겨운 도덕적 결정을 내려야 할 가능성이 있음을 시사한다. 우리는 다른 곳에 갈 수 있을 때도 누군가의 곁을 지킴으로써 자신이 친구임을 증명한다. 좋은 친구가 된다는 건 도움이 필요한 친구를 돕느라 다른 책임을 미루거나 위험을 감수하는 것일지도 모른다. 심지어 좋은 친구가 된다는 건 타인을 돕는 행위를 방해하거나 사회의 규칙을 어기는 것을 의미할지도 모른다.

만약 우리가 누군가를 고용해야 할 때 일자리가 필요한 친구에게 우선권을 조금이라도 더 주지 않는다면 그것은 분명 나쁜 행동일 것이다. 객관적인 정의의 관점에서 보면 이러한 특혜는 부정행위의 한 형태다. 그러나 우정의 관점에서 보면 옳은 선택일지도 모른다. 자신은 접근할 수 있지만 일반 대중에게는 공개되지 않는 장소로 친구를 몰래 데려가는 것도 마찬가지다. 심지어 우정은 친구의 범죄를 어느 정도 덮어주는 것을 의미할 수도 있다.

이러한 우정의 특수한 명령은 바로 우정이 정의와 충돌할 때 전면에 등장한다. 이 시점에 누군가는 적어도 미덕을 추구하는 우정이라면 우정과 정의가 대립해서는 안 된다고 말할지도 모른다. 아리스토텔레스 역시 진정한 친구의 자격이 있는 덕 있는 사람, 즉 위대한 영혼을 지닌 사람은 불의를 저지르지 않을 것이라고 주장한다. 위대한 영혼은 많은 이가 경쟁하고 서로 배신하며 추구하는 것들에 별로 관심이 없기 때문이다. 자신과 하나 된 위대한 영혼은 상처 입고 모욕당할 때도 분노나 앙심에 쉽게 휩쓸리지 않는다. 그러나 위대한 영혼이나 냉철함이 불의를 예방하며 진정으로 훌륭한 친구들은 언제나 정의로울 것이라는 말은 너무 태평하다.

먼저, 우리는 완벽하지 않다. 대체로는 덕 있는 삶을 살아간다 해도 두려움과 억울함, 분노와 절망에 빠져들 수 있다. 그리고 그런 순간에 타인에게 불의를 가할 수 있다. 또한 우리의 의도가 아무리 선할지라도 이 세상이 완벽하지 않기에 냉철한 사람도 신의를 지키기 위해 어쩔 수 없이 불의를 저지를 수 있다. 우리가 부정한 친구에게 얼마만큼 신의를 지키는지, 심지어 그 친구의 정의롭지 못한 행동을 얼마만큼 도울 수 있는지는 가장 어려운 질문 중 하나다. 그러나 이러한 질문은 우리가 우정을 그 자체로 중요한 미덕으로 여길 때만 가능하다.

우정이 얼마나 많은 것을 요구할 수 있는지 보여주며 여러 생각을 불러일으키는 사례가 바로 캐럴 리드Carol Reed 감독의 영화 「제3의 사나이」The Third Man다. 영화의 주인공은 고군분투하는 젊은 작가 홀리 마틴스로, 마틴스는 어린 시절 친구인 해리 라임이 제안한 일자리를 수락하며 미국을 떠나 전후 빈으로 향한다. 빈에 도착한 마틴스는 라임이 사라졌음을 알고 큰 충격을 받고, 얼마 지나지 않아 라임이 의문의 교통사고로 사망했다는 소식을 듣게 된다. 마틴스는 라임이 살해당한 것이라 의심하며 끈질기게 조사에 나서고, 곧 과묵한 영국 경찰로부터 개인적인 조사를 그만두라는 경고를 듣는다. 그 경찰은 라임이 사기꾼에 냉혹한 협잡꾼이었고, 이 세상은 라임이 없는 편이 더 낫다고 말한다. 마틴스는 라임이 타이어나 담배를 밀수하는 비교적 무해한 계획에 휘말렸을 것이라 믿으며 친구 편에서 끝까지 친구의 죽음을 파헤치기로 마음먹는다.

그러나 충격적인 우여곡절을 겪은 끝에 마틴스는 해리 라임이 아직 살아 있다는 무서운 진실을 알게 된다. 라임은 경찰이 처음 알려준 것보다 훨씬 냉혹하고 잔인한 사기를 저지른 뒤 체포되지 않으려고 자신의 죽음을 꾸민 것이었다. 라임과 그의 동료는 지역 병원들에서 대량으로 페니실린을 훔쳐 효과가 사라질 만큼 희석한 뒤, 죽어가는 절박한 환자들(전쟁에서 입은 부상으로 다리가 썩어들어가는 남자들, 출산 이후 감염된 여자들, 수막염을 앓는 아이들)에게 암시장을 통해 페니실린을 판매해오고 있었다.

전쟁으로 파괴된 빈의 한 불길한 관람차 꼭대기에서 라임과 대면한 마틴스는 친구가 얼마나 무자비한 사람으로 변했는지 깨닫는다. 라임은 꼭대기에 다다른 삐걱거리는 객차에서 아래를 내려다보며 점처럼 보이는 땅 위의 사람들을 가리킨다. 그리고 마틴스에게 만약 저 점 중 하나가 영원히 멈춘다 해도 네가 신경이나 쓸 것 같으냐고 묻는다.

"저 점들이 하나 멈출 때마다 내가 너한테 2만 파운드를 준다면, 넌 정말로 됐다고 말할 수 있어? 아니면 점을 몇 개나 챙길 수 있는지 계산해볼 거야?"

라임은 이렇게 음침하게 자기 행동을 정당화하며 마틴스에게 너도 사기 행각을 도울 게 아니면 물러나 있으라고 말한다.

정의로운 사람이었던 마틴스는 역겨워하며 라임의 제안을 거절한다. 그리고 자신의 친구가 무자비하고 냉소적인 사람이 되었다는 사실에 가슴 아파한다. 그러나 경찰을 도와 라임을 체포할 생각은 아직 없다.

우리는 마틴스를 통해 그와 라임이 고향에서 함께 자랐음을 알게 된다. 어린 시절 두 사람은 온갖 모험에 나서며 나쁜 장난을 쳤다. 그럴 때마다 라임은 늘 빠져나갈 방법을 찾아냈다(과거를 회상하던 마틴스는 그때도 라임이 본인만 생각했음을 깨닫는다). 지금도 라임은 잘못된 방식으로 마틴스를 지지하고 있었다. 라임은 마틴스에게 빈으로 오는 비행기표를 사주었고, 마틴스가 범죄 행각에 동참하리라 생각했다. 두 사람의 인생이 이렇게 뒤얽혀 있기에, 마틴스는 라임을 배신할 생각이 없다. 마틴스는 해리 라임이 목매달아 죽어 마땅하다는 경찰의 생각에 동의하지만, 경찰에게 "내가 도와줄 거라고 기대하진 말아요"라고 말한다.

라임의 애인인 안나 슈미트도 비슷한 태도를 취한다. 라임이 사기를 치느라 자취를 감추면서 자신을 배신했는데도 말이다. 마음이 서서히 바뀌어 라임을 체포하도록 경찰을 돕기 직전인 마틴스 앞에서, 안나는 자신이 신의를 지킬 것이라 단언한다.

"이제 난 그이를 원하지 않아요. 보고 싶지도, 소식을 듣고 싶지도 않아요. 하지만 그이는 여전히 내 안에 있어요. 그게 사실이에요. 그이에게 해가 되는 일은 절대로 할 수 없어요."

경찰은 안나가 라임이 위조해준 불법 여권을 가지고 빈에 살고 있음을 알아낸 뒤 체포를 돕지 않으면 빈에서 추방할 것이라고 안나를 협박한다. 그러나 안나는 라임을 위해 동유럽으로 강제 추방될 결심까지 한다.

결국 마틴스와 안나는 각자 다른 길을 간다. 경찰은 라임을 잡을 수 있게 도와달라고 끝까지 마틴스를 설득하며 그를 병원으로 데려간다. 병원에는 라임이 판매한 불량 페니실린 때문에 영구적인 뇌 손상을 입은 아이들로 가득하다. 마침내 정의 쪽으로 마음이 기운 마틴스는 경찰이 숨어 있는 라임을 꾀어낼 수 있도록 돕는다. 극적인 추격 장면 끝에 마틴스는 경찰의 총에 맞아 부상당한 라임을 붙잡는다. 도망칠 희망이 사라진 라임은 "이제 다 끝났으니 방아쇠 당겨"라는 뜻의 의미심장한 표정을 짓는다. 카메라가 두 사람에게서 멀어지고 한 발의 총성이 울리며 마틴스가 라임의 뜻에 따라 엇나간 친구에게 최후의 일격을 가했음을 암시한다.

한편 안나는 끝까지 라임에게 신의를 지킨다. 심지어 마지막 함정 수사 정보를 라임에게 귀띔해주려고까지 한다. 영화는 안나와 마틴스가 라임의 장례식(이번에는 진짜 장례식)에 참석하며 끝난다. 마지막 장면에서 마틴스는 안나의 관심을 끌며 관계를 다시 쌓아보려 하지만, 안나는 알은척도 하지 않고 차갑게 마틴스의 옆을 지나간다.

영화의 결말을 본 우리 관객은 마틴스와 안나 중 누가 옳았는지를 두고 토론을 벌이게 된다. 결국 정의를 택한 마틴스의 결정이 우정을 택한 안나의 결정보다 더 고결하다고 확신할 수는 없다. 분명한 것은, 두 인물 모두 상충하는 두 미덕의 요구를 비참하게 인식하며 괴로워한다는 것이다. 이러한 인식은 우정이 정의 못지않게 그 자체로 중요한 미덕이라고 생각할 때만 가능하다.

우정과 정의 사이에서 어떻게 균형을 잡을지 결정하는 한 가지 방법은, 친구의 부정이나 사기가 우정 자체에 얼마만큼 영향을 끼치는지 보는 것이다. 늘 남을 이기려고 하는 사람이 자기 친구만은 이기려 들지 않는 모습은 상상하기 어렵다. 마틴스가 경찰에 협조하기로 마음먹은 이유 중 하나는 라임이 부정한 사람일 뿐만 아니라 의리 없는 친구라는 사실이 드러났기 때문이다. 관람차에서의 불길한 만남에서 라임은 마틴스를 협박하는 한편, 라임이 진심으로 자신을 사랑한다고 믿는 안나까지도 순전히 도구로 여기는 태도를 보인다. 마틴스는 고향에서 우정을 쌓던 어린 시절에도 라임이 늘 본인의 이익을 먼저 생각했음을 깨닫는다.

그러나 친구의 부정한 행동이 '체제'나 '공정성' 같은 특정 대상에 한정되어서 우정을 위험에 빠트리지 않는 상황도 충분히 상상할 수 있다. 영화 「오션스 일레븐」Ocean's Eleven에 등장하는 도둑들 사이의 우정이나, 중서부 도처에서 은행을 털던 보니와 클라이드의 서로를 향한 변치 않는 신의를 떠올려보라. 이들이 저지르는 불의는 우정을 망치지 않는 듯 보인다. 이들의 우정이 특히 고결한 우정은 아닐지 몰라도, 어느 정도 인격적 미덕에 기반한 것은 사실이다. 이 우정을 그저 실용적인 것이라고 깔볼 수는 없다. 심지어 이들이 저지르는 불의는 역설적으로 우정을 더욱 강화하는 듯 보이는데, 이러한 행위가 함께 음모를 짜고, 깊은 대화를 나누고, 서로를 뒷받침하고, 삶의 방식을 공유하는 기회가 되기 때문이다.

심각한 불의를 저지르고 법의 그물망을 빠져나간 사람과 우정을 쌓을 가능성은 표도르 도스토옙스키의 『죄와 벌』에서 라스콜니코프를 향한 소냐의 사랑을 통해 탁월하게 묘사된다. 나이 든 전당포 주인과 주인의 이복 여동생 리자베타를 죽인 사람이 바로 라스콜니코프라는 사실을 라스콜니코프 본인의 고백으로 알게 된 소냐는 그를 용서한다. 라스콜니코프가 저지른 짓을 듣고 충격과 공포에 빠지지만, 그의 말이 사실이라고 상상하기조차 힘들지만, 소냐는 그가 보여준 신의를 믿고 그의 곁을 지킨다. 라스콜니코프는 방향을 잃고 타락해 힘과 독립성에 대한 일종의 비뚤어진 시험으로서 두 사람을 끔찍하게 살해했다. 하지만, 범죄 이후 스스로를 다잡으면서 소냐에게 변함없이 헌신하는 모습을 보인다.

상트페테르부르크의 존경받는 사람들은 가난한 가족과 어린 동생들을 부양하기 위해 몸을 팔기 시작한 소냐를 깔보는 반면, 라스콜니코프는 소냐의 순수한 마음을 꿰뚫어보고는 사랑에 빠진다. 라스콜니코프는 곤궁한 상황에 처해 얼마 남지 않은 가족의 재산을 술 마시는 데 다 써버리는 전 관료인 소냐의 아버지 마르멜라도프에게도 연민을 느낀다. 마르멜라도프가 마차에 치이는 끔찍한 사고를 당하자 라스콜니코프는 즉시 달려가서 그의 목숨을 구하려 한다. 그리고 마르멜라도프가 사망한 뒤에는 소녀의 가족에게 자신이 가진 얼마 없는 재산을 준다. 또한 라스콜니코프는 소녀가 도둑질을 했다고 거짓 주장을 하며 소녀의 평판을 해치려 하는 한 남자에 맞서 소녀를 옹호한다. 라스콜니코프가 소녀에게 보여준 지지와 사랑, 결국 라스콜니코프 본인을 구원한 이 사랑을 보고, 소녀는 그가 자신의 친구 리자베타를 죽였음을 알게 된 후에도 변함없이 신의를 지킨다.

라스콜니코프가 소녀에게서 선함을 보았듯이 소녀도 그에게서 선함을 본다. 지독한 자기 회의에 빠진 라스콜니코프가 자기 내면을 자각할 수 있는 것보다 훨씬 명확하게, 소녀는 그가 길을 잃었을 뿐 좋은 사람이라는 사실을 이해한다. 소녀는 라스콜니코프에게 회개하고 당신이 더럽힌 '대지에 입 맞추'라고 조언한다. 그가 그러기를 거절하는데도, 소냐는 자신의 사랑을 충실히 지킨다.

결국 라스콜니코프는 자수하고 징역 8년을 선고받는다. (살인자가 받기에는 비교적 관대한 형벌인데, 라스콜니코프의 진짜 동기를 이해하지 못한 판사는 그가 미쳤다고 생각했기 때문이다.) 소냐는 라스콜니코프를 따라 시베리아로 가서 매일 면회한다. 이러한 소냐의 사랑을 통해 라스콜니코프는 결국 구원받는다. 이야기는 라스콜니코프가 소녀의 품 속에서 회개하며 소녀의 열망과 목적을 함께 나누겠다고 결심하는 장면으로 끝을 맺는다.

소냐가 정의를 추구했다면 라스콜니코프의 범죄 사실을 알자마자 경찰에 고발하거나, 적어도 그가 마땅한 처벌을 받지 않는 동안은 그와의 관계를 끊었을 것이다. 그러나 결국은 라스콜니코프를 향한 우정과 사랑이 승리한다. 우리가 소녀가 보여준 신의에 감탄한다면, 정의가 반드시 우정에 앞서야 한다는 말을 그리 쉽게 수긍할 수는 없다.

우정보다 정의를 중시하는 현대적 경향

우리 대부분은 마음속 깊은 곳에서 우정이 그 자체로 중요한 하나의 미덕이라고 생각한다. 그러나 커리어의 압박 때문에 우정을 위한 시간을 내지 못할 때 또는 우정을 바라는 마음이 친구의 배신으로 부서질 때, 더 큰 차원에서 보면 우정은 그리 중요하지 않다고 스스로를 설득하기 쉽다. 대체로 우정보다는 이른바 모두에게 통용되는 관심사를 우선시하는 현대의 철학 전통 덕분에, 이제 우리는 우정을 깎아내리는 독선적이고 겉으로는 깨우친 듯 보이는 이런저런 근거들을 어느 때고 내놓을 수 있다.

현대의 한 스토아학파 자기계발서에서, 우정은 '선호되는 무관한 것', 즉 있으면 좋지만 좋은 삶에 꼭 필요하지는 않은 것이라는 내용을 보았다. 저자는 유일하게 '선호되는 무관한 것'이 아닌 것이 바로 덕성이라고 설명한다. 이 저자는 우정과 덕성을 완전히 다른 것으로, 우정을 이기주의와 크게 다르지 않은 것으로 이해하고 있었다. 인상적인 문단에서 그는 이렇게 말한다.

"범죄자 사이의 (스토아적) 우정이란 것은 존재할 수 없다. 예를 들어 범죄자가 법망을 빠져나갈 수 있도록 다른 범죄자 친구를 도울 때마다 그 사람은 도덕적 통일성보다 우정을 우선시하는 것이며, 이는 스토아학파의 우선순위에 정확히 반하는 것이기 때문이다."[15]

이 스토아학파의 설명이 간과하는 지점은 도덕적 통일성이 정의보다 훨씬 폭넓은 개념이라는 것이다. 아리스토텔레스가 우리에게 상기시키듯이, 정의는 문제를 교정하는 미덕이라고도 볼 수 있다. 우리는 더 깊은 유대가 약화되었을 때만 정의 규범을 들먹인다. 정의보다 고결한 것이 바로 위대한 영혼과 우정이며, 아리스토텔레스가 그 자체로 하나의 미덕이라고 본 용기와 관대함도 마찬가지다. 누군가가 범죄자라고 해서 그 사람이 나쁜 사람이거나 나쁜 친구인 것은 아니다. 보니와 클라이드가 범죄를 저질렀으므로 두 사람이 진정한 친구가 아니었다는 주장은, 그들이 저지른 불의가 상호 간의 신의를 해치기 시작했음을 증명할 수 없는 한 타당하다고 볼 수 없다.

정의 추구가 '진정한' 우정의 기준이라고 주장하면 서로 상충하는 미덕들의 복잡성을 놓치게 된다. 마틴스와 라임의 사례가 잘 보여주듯이, 법을 빠져나가도록 친구를 돕는 행위는 그 자체로 일종의 도덕적 통일성을 나타낼 수 있다. 친구를 경찰에게 신고하는 것이 이득인 경우에는 더욱더 그렇다. 우리가 「대부」The Godfather 같은 영화에 나오는 범죄자들을 응원하는 데는 이유가 있다. 그들이 저지른 범죄는 마음속으로 비난할지라도, 가족과 친구들을 향한 그들의 변함없는 충성심에는 감탄하게 되기 때문이다. 그러한 충성심을 실용적이거나 이기적인 것으로 치부할 수는 없다. 그들의 충성심은 일종의 인격적 미덕과 그 자체를 위한 우정을 보여준다.

범죄자들이 진정한 우정을 나눌 수 없다는 가정은 서로를 도와야 한다는 도덕적 주장 앞에 힘을 잃는다. 소크라테스가 플라톤의 『국가』에서 말하듯이, 도둑들이 범죄를 성공시키고자 단결한 때 그들의 관계에는 어떤 미덕이 있을지도 모른다. 범죄 자체는 개탄할 수 있어도, 범죄를 실행하는 과정에서 유지되고 구축된 충성심을 쉽게 일축할 수는 없다.

이 스토아학파 저자에게서 드러나는 우정 폄하는 현대 도덕철학에서 그리 드문 예외가 아니다. 우정이 내집단에 속한 사람들에게 느끼는 일종의 편협하고 감정적인 친근함이라는 생각은 오늘날의 철학자 사이에서 놀라울 만큼 흔하다. 많은 이가 우정을 누구와 함께 자라느냐 또는 일상에서 누구와 마주치느냐 같은 우연에서 비롯된 습관적 충성심으로 여긴다. 그리고 이성의 노력이 필요한, 정말 중요한 것은 사심 없는 정의라고 말한다. 우리 안에는 가까운 사람을 선호하는 성향이 있으므로 좋은 친구가 되기는 매우 쉽지만, 좋은 **사람**이 되어 모든 이를 친절하게 대하는 데는 노력이 필요하다는 것이다. 이러한 관점에 따르면 도덕의식을 확장한다는 것은 곧 (우정을 비롯한) 이기적인 성향의 인력에 저항하는 것이다.

우정에 대한 이러한 편견은 스코틀랜드의 계몽주의 철학자 애덤 스미스까지 거슬러 올라간다. 그는 우정을 자주 만나는 사람들(가장 먼저 자기 가족, 그다음에는 자기 지역, 그다음에는 자기 국가에 속한 사람들)에게 느끼는 과도한 동일시에서 비롯된 '강요된 공감'으로 묘사한다.[16] 자기애의 원칙에서 시작해, 스미스는 스토아학파의 뒤를 이어 점점 넓어지는 관심의 범위를 규명한다. 범위가 넓어질수록 '습관적 공감'은 점점 약해지고, 결국 우리는 습관의 영향력을 완전히 떨쳐내고 낯선 사람을 향한 보편적 공감에 다다른다. 스미스는 이러한 보편적 공감이 가장 고결한 도덕적 감정이라고 본다.

"지혜롭고 덕 있는 사람은… 자신과 자신의 친구, 사회, 국가에게 닥칠 수 있는 모든 불운을 우주의 번영에 꼭 필요한 것으로 이해한다."[17]

프랑스의 계몽주의 사상가인 몽테스키외에게서도 거의 똑같은 정서를 발견할 수 있는데, 그는 "덕이 완벽한 사람에게는 친구가 없을 것"이라고 주장한다.[18]

그러나 우정을 이성 및 성찰과 상충하는 한낱 편협하고 감정적인 성향으로 여기는 것은 실수다. 우리가 (「제3의 사나이」의 안나 슈미트처럼) 정의를 중시하면서도 우정의 편을 들 수 있다는 바로 그 사실이 우정에 깊은 고민과 고통스러운 선택이 따른다는 것을 보여준다. 친구가 된다는 것은 맹목적 지지가 아니라 여러 책임 사이에서 균형을 잡는 것이다.

정의와 부딪치며 깊은 고민을 일으키지 않는 자연스러운 일상의 우정도 창의적이고 해석적인 능력을 요구한다. 우정을 표현하고 구축하는 일상적인 행동, 예를 들면 함께 꽉 막힌 도로에 갇혀 농담을 던지는 상황을 떠올려보자. 이런 식으로 우정을 쌓으려면 두 사람의 성향을 고려하는 것은 물론 친구의 유머 감각에 잘 맞는 방식으로 공통 관심사인 눈앞의 상황에 주의를 기울여야 한다. 깔끔하게 다린 제복을 입고 자신감을 내뿜지만 어디로 가야 하는지는 전혀 모르는 운전사의 우스꽝스러움을 파악할 수 있어야 하고, 지금 이 순간 친구가 그 우스꽝스러움을 이해하리라는 것을 알아야 한다. 이것은 단순히 가까운 거리에서 비롯된 감정적 친근함이 아닌 실천적 지혜다. 벵갈루루에서 세 시간 동안 길에 갇히는 시련을 함께 겪은 뒤 서로를 더욱 싫어하게 될 사람들도 수없이 많다.

우리가 (같은 동네에 살거나 같은 달리기 동호회라는 이유로) 친구가 될 사람들을 우연히 만났다 해도, 친구로서 쌓은 관계를 그저 우연으로 치부할 수는 없다. 넓고 커다란 세상에서 서로의 길이 교차했더라면 친구가 되었을지도 모를 사람들을 상상하며 우정을 근접성이 만들어낸 유대 관계로 일축할 때, 우리는 사실 우리가 매일 만나는 가장 가까운 사람 대부분과 거리를 유지한다는 사실을 간과한다. 게다가 몇몇 경우에는 여기에 타당한 이유가 있다. 만나면 만날수록 점점 싫어지는 골치 아픈 이웃을 떠올려보라. 우리가 친하게 지내기로 마음먹는 이들은 신의를 지키고 우리가 냉철함을 발휘할 수 있게 도와주는, 근처에 있는 일부 사람들이다.

우정을 감정적인 것으로 바라보는 스미스의 관점은 서로를 통해 배우고 상대를 알아보는 우정의 측면을 간과한다. 아리스토텔레스는 우리가 오로지 타인과의 대화를 통해서만 자기 인식을 개발한다는 생각과 공동의 활동에서 논의를 시작하는 반면, 스미스는 이런저런 관계를 맺거나 맺지 않을 수 있는 개인의 자아에서부터 논의를 시작한다. 아리스토텔레스는 오로지 우정을 통해서만 자기 이해와 자기애를 얻을 수 있으며 친구가 없다면 온전한 자신이 될 수도 없고 타인을 제대로 인식할 수도 없다고 주장하는 반면, 스미스는 가족을 향한 사랑보다도 앞서 존재할 수 있는 자기애의 원칙을 먼저 주장한다. 스미스는 우리가 오로지 습관과 관습이라는 우연 때문에 가족과 친구들을 사랑하는 것이라고 말한다. 그는 그러한 사랑을 일종의 약화된 자기애로 해석한다.

스미스가 말하는 '덕 있는 친구'는 인류 전체를 향한 사랑으로 함께 맺어진 이들을 뜻한다. 스미스는 서로 영향을 주며 실천적 지혜와 판단, 냉철함을 기르는 미덕을 전혀 알아보지 못한다.

우정과 보편적 관심의 요구

인류 전체를 향한 보편적 공감이 우정보다 우선해야 한다는 생각은 애초에 우정이 인간됨의 의미를 정의할 수 있다는 가능성을 간과한다. 우정에 대한 범세계주의적 비판은 우정을 우연한 것, 우리가 살아가면서 얻을 수도 있고 얻지 못할 수도 있는 것으로 간주한다. 이와 달리 인간으로서의 우리의 모습은 꼭 필요하고 자연스러운 것, 우정 없이도 확인하고 이해할 수 있는 것이다. 친구가 있든 없든 우리는 인간이며, 합리성과 언어, 지각력 같은 기본 특성이나 이런 특성들의 조합을 통해 다른 인간을 식별할 수 있다. 애덤 스미스는 '모두가 분별력과 지성을 갖춘 사회'를 이야기하면서 인간적이고 존중할 만한지를 규정하는 것이 분별력과 지성이라고 암시한다.[19] 그의 관점에 따르면 이러한 인간의 본질이 우정에 앞선다.

그러나 아리스토텔레스에 따르면 무엇이 인간적인지는 냉철함을 향상시키는 공동 활동과 분리할 수 없다. 앞에서 살펴봤듯이 냉철함은 우정을 내포하는데, 냉철함은 어떤 다른 기준에 의해 이미 인간으로 규정된 존재의 속성이 아니다. 인간이라는 것은 곧 냉철함을 얻고자 분투한다는 뜻이며, 이때 냉철해진다는 것은 한편으로는 자기 자신이나 타인의 친구가 된다는 것을 의미한다. 아리스토텔레스의 말처럼 인간은 인간 특유의 행동인 에르곤ergon, 즉 미덕을 추구하는 영혼의 활동을 언급하지 않고서는 정의될 수 없다.

아리스토텔레스는 인간이 인간적 속성을 통해 관찰될 수 있거나 객관적으로 파악될 수 있는 무엇이 아니라, 참여와 헌신이라는 관점에서만 이해할 수 있는 활동적 힘이라는 사실을 암시한다.『니코마코스 윤리학』의 첫 부분에서 아리스토텔레스는 이미 윤리적 삶을 헌신적으로 추구하는 독자만이 '미덕'과 '실천적 지혜', '판단'을 자세히 설명하는 이 책의 내용을 이해할 수 있을 것이라고 말한다. 우리는 오로지 친구와의 관계 속에서 인간성을 기르려는 노력을 통해서만 인간됨의 의미를 이해할 수 있다.

그러므로 우정이 인류를 향한 보편적 사랑과 그저 대립된다는 설명은 전부 잘못된 것이다. 우리가 멀리 떨어진 타인을 제대로 인식할 유일한 방법은, (우리의 활동적인 삶을 정의하는) 여러 요구들 사이에서 균형을 잡는 행위 안에 그들이 어떻게 들어올 수 있을지를 상상하는 것뿐이다. 우리는 낯선 사람이 어떻게 우리의 친구가 될 수 있는지를 상상함으로써만 그들을 또 다른 인간으로 존중할 수 있다. 낯선 사람의 말을 듣고 어떻게 반응할지 고민하면서 이미 가까운 관계를 맺기 시작함으로써만 그들을 수용할 수 있다. 인간성과 타인을 향한 존중은 애초에 이런 우정을 통해서 드러난다.

우정이 인간 사이의 우연한 관계가 아니라 인간됨의 의미를 구성하는 한 차원임을 이해하면 전반적인 인간성이 우정보다 우선해야 하느냐는 질문이 터무니없음을 인식하게 된다. 냉철함을 추구하며 우정을 중시하지 않는다면 아예 인간성에 접근할 수 없다.

애덤 스미스가 '모두가 분별력과 지성을 갖춘 사회'를 이야기하며 은연중에 가정하는 인간 개념은 공동 활동의 중요성을 간과한다. 이 개념에 따르면 인간은 지각력이나 지성처럼 인간 종種이라면 누구나 갖춘 속성을 통해 인식될 수 있다. 형식적이고 추상적인 의미에서는 스미스의 관점이 옳을지도 모르지만, 그가 언급하는 기준은 이론적으로 관찰이나 확인이 불가능하다. 예를 들어 이성은 관심 주제에 관해 서로 의견을 교환하며 생각을 더욱 명료히 가다듬으려는 행위와 분리할 수 없다. 언어는 대화를 통해 드러나는 생각과 분리할 수 없다.

어떤 동물 종이 언어나 이성을 갖고 있는가, 그러므로 인간과 유사한가? 오늘날 생물학자와 인류학자, 심지어 철학자 사이에서도 너무나 익숙한 이와 같은 질문을 제기하는 순간, 우리는 애초에 언어와 이성 같은 것에 접근할 수 있게 하는 참여와 헌신의 태도를 놓치고 만다. 이론과 관찰의 관점에서 볼 때 우리가 동물에게서 찾아낼 수 있는 언어나 이성은 기껏해야 결과를 예측하는 방식, 즉 어떤 행동이 어떤 결과로 이어지는지에 대한 감각일 뿐이다. 침팬지가 막대기를 사용해 개미집에서 흰개미를 꺼내거나, 원숭이의 날카로운 울음소리에 다른 원숭이들이 뱀을 피해 사방으로 흩어지는 것처럼 말이다. 그러나 우리가 인간성을 그 자체로 존중하는 것은 이런 종류의 이성과 언어 때문이 아니다. 언어와 이성으로 표현되는 인간 공동체는 말한 내용을 공동으로 추구하는 데서 생겨난다. 영감과 조언의 말(선악이란 무엇인가, 정의와 불의란 무엇인가에 대한 토론)을 통해 우리가 냉철함을 추구하지 않는다면 인간의 유대는 있을 수 없다.

언어와 이성 또는 그밖의 '인간'의 기준을 객관적으로 분석할 수도 없고 직접 확인할 수도 없다는 사실은 20세기 철학자인 한스게오르크 가다머Hans-Georg Gadamer에게서 잘 드러난다. 그는 우리가 언어를 자연스럽게 접하거나 사용할 때마다 이미 언어가 논리 파악의 맥락에서 질문하고 이해해야 할 의미를 내놓으며 우리에게 행동을 요구한다고 말한다. 우리를 사로잡아 삶에 질문을 던지게 하지 않는다면 언어는 아무것도 아니다. 언어가 있다는 것 또는 언어를 말할 수 있다는 것은 곧 언어의 부름에 이미 응하고 있다는 뜻이다.[20]

우리가 언어와 참여적 관계를 맺을 수밖에 없다는 사실은 언어가 결코 하나의 대상으로 존재하거나, 한낱 서술적인 용어로 정의되거나, 우리가 제어하는 하나의 기호 체계로 축소될 수 없음을 의미한다. 언어는 우리에게 말을 걸고, 우리는 그 언어에 반응한다. 그러나 이러한 주고받기는 오로지 친구들 사이에서만, 자기 이해라는 공동 활동에 참여하는 사람들 사이에서만 가능하다.

언어를 이런 식으로 분석하면 우리가 보편적 관심사를 이야기할 때 말하는 인간성은 결코 멀리서 인식하는 대상이 될 수 없다. 우리가 인간의 본질이라고 여기는 모든 특성이 우정을 전제한다. 즉, 우정은 인류를 향한 사랑의 유일한 토대다.

섭리적 사고의 우정 비하

범세계주의적 관점의 우정 비판이 특히 학계에서 영향력을 떨치긴 하지만, 이러한 비판은 우리가 우정을 경시하는 실제 이유라기보다는 지적인 입장에 더 가깝다. 추상적인 보편적 사랑의 이상보다 더욱 강력하게 우정과 대립하는 것이 바로 범세계주의적 윤리와 함께 계몽주의 사상에서 발전한 목표 지향적 경향이다. 여기에는 이 세상이 정의와 자유, 행복, 기술 발전의 이상향을 향해 나아가고 있으며, 가장 고결한 인간 소명은 그러한 이상향을 실현하는 것이라는 믿음이 내포되어 있다. 이러한 경향은 엄연히 목표 지향적인 관점이며, 신이나 역사의 섭리적 관점이다. 이러한 관점은 '세상을 더 나은 곳으로 만들고 싶다'거나 '역사에서 옳은 편에 서고 싶다'는 염원에서 일상적으로 드러난다.

이러한 섭리적 관점은 우정을 동맹보다 덜 중요한 것으로 간주한다. 우정은 기껏해야 이상적인 세계로 향하는 길에서 격려의 원천일 뿐이며, 결국에는 '인류애'로 대체될 애착의 한 형태일 뿐이다. 역사의 섭리를 주장한 가장 위대한 철학자인 카를 마르크스는 노동계급의 연대와 인간의 '유적 존재'species being에 관해서는 여러 권의 책을 썼으나 우정에 관해서는 책을 한 권도 남기지 않았는데, 이 사실은 우연이 아니다. 세계 진보라는 그의 틀 안에서 우정은 착취 없는 세상을 만들기 위한 동맹을 의미할 뿐이다.

이렇게 우정보다 동맹을 중시하는 태도는 고대 사상 중에서도 특히 그리스 비극에서 묘사되는 사상이 선뜻 인정하는 가능성을 보지 못한다. 이 사상에 따르면 재난과 위기, 억울한 고통 같은 고난은 개선할 수 있는 사회적 문제가 아니라 인간 존재의 필수적인 요소다.

오이디푸스의 몰락과 구원이 전형적인 사례다. 오이디푸스는 흉포한 스핑크스의 수수께끼를 풀고 테베를 구한 가장 현명한 사람이며 이 영웅적 행위에 대한 보답으로 테베의 왕위에 오른다. 그러나 그는 운명에 의해 부지불식간에 살인과 근친상간의 구렁텅이에 빠진다. 오이디푸스가 이렇게 비극적으로 추락한 이유는 바로 그의 탁월한 지혜와 선함 때문이다. 오이디푸스의 이야기를 비롯한 전반적인 그리스 비극의 핵심은, 사람은 마땅한 보상을 받지 못한다는 것이다. 오이디푸스는 도덕 질서를 완전히 파괴하는 끔찍한 실수를 연달아 저질렀다. 자신이 저지른 짓을 알게 된 그는 자신의 두 눈을 찌르고 스스로 유배를 택한다. 그럼에도 오이디푸스는 이 저주받은 운명을 알고도 기꺼이 자신을 받아준 도시 아테네에서, 자신이 아테네에 내린 축복을 통해 결국 구원받는다.

섭리가 아닌 비극의 세상, 우리의 가장 큰 목표가 실패로 끝나고 우리의 가장 선한 의도가 예상을 뛰어넘어 역효과를 내는 세상, 갑작스럽고 이해할 수 없는 격변이 삶의 본질이며 그 어떤 궁극적 목표도 제대로 입증되지 않는 세상에서는 우정이 정의를 뛰어넘는다. 고통으로 가득한 우주에 가장 필요한 미덕은, 이야기 속에서 힘든 사건들을 구원하며 우리를 계속 살아가게 하는 미덕이다. 우리를 지지해주는 사람, 우리가 겪은 실패에도 불구하고 우리를 받아주는 사람이 없다면, 그런 구원 능력을 유지하는 것은 물론 이해하기조차 어렵다.

비극에서 드러나는 이런 반^反섭리적 인생관은 (예상과 계획이 아닌 창조적 측면의) 행위 주체성을 강조하는 방식으로 설명할 수도 있다. 진정한 창조성(새로운 것의 탄생, 변화된 삶의 시작)은 삶의 목표가 시야에 보이지 않는 세계에서만 가능하다. 이런 의미의 창조성은 찢어진 조각을 처음부터 맞추는 것이 아니다. 조각 맞추기는 은연중에나마 형태를 갖추기 이전에 이미 지향하는 형태가 있다. 반면 진정한 창조성은 고통과 뜻밖의 상황에 창조적으로 반응하는 것을 뜻한다. 비극은 우리가 분투하며 살아가면서 하는 일이 단순히 눈에 보이는 목표를 달성하고자 노력하는 것이 아니라, 모든 잠재적 목표의 의미를 알아내는 것임을 보여준다. 그리고 우리가 자신의 창조성을 수용하고 해석하며 창조 행위를 도와줄 친구를 찾게 하는 것이 바로 이 목표로 규정되지 않는 삶의 풍성한 즐거움이다.

비극의 이 풍성하고 즐거운 차원을 그 누구보다 잘 알았던 철학자는 니체였다. 첫 저서인 『비극의 탄생』에서 니체는 당시 학자들이 '그리스적 명랑함'이라 칭한 것, 즉 그리스의 아름다운 신전과 대리석 신상에서 드러나는 고대 그리스의 삶의 기쁨과 뚜렷한 낙관주의가 인간 존재의 핵심에 자리한 '원초적 고통'을 구원해야 할 필요성과 심오한 비극의 감각에서 나왔다고 주장한다. 니체가 이러한 관점에 도달한 것은 신들을 조각하고 묘사하면서 질서와 비례, 균형을 그토록 중시했던 사람들이 어떻게 오이디푸스 이야기처럼 안정성과 조화의 개념을 전부 깨부수는 섬뜩한 신화를 만들어낼 수 있었는지를 고민한 뒤였다.

니체는 이 두 가지 성향이 서로 연결되어 있다는 결론을 내린다. 건축 양식에서 전형적으로 드러나며 니체가 아폴론 신의 이름을 따라 '아폴로니안'이라고 이름 붙인 그리스의 '구체화하는 힘'은, 존재의 핵심에 있는 혼란스럽고 영원히 격변하는 '디오니시안'적 힘에 형태를 부여해야 할 필요성에서 생겨났다. 니체는 그리스인이 디오니시안에 형태를 부여하는 궁극적 방식이 바로 비극의 이미지를 통해 디오니시안을 직접 묘사하는 것이었다고 주장한다. 코러스의 노래에서 드러나는 무질서한 디오니소스적 힘을 아폴론적 이야기의 통일성과 결합함으로써, 그리스인은 혼돈과 질서를 통합해 고통을 구원하고 더 많은 창조 행위에 영감을 주는 예술 형식을 만들어냈다.

니체는 그리스 비극을 통해 더 폭넓은 통찰을 끌어낸다. 삶에 살아갈 가치를 부여하는 창조적 활기와 고통을 분리할 수 없다는 것이다. 단순히 고통이 우리를 안일함에서 흔들어 깨우고 창조를 유도하는 것만이 아니다. 창조적 충동 자체가 우리를 움직이게 할 때마다 내적 긴장과 불협화음이 일어나는 것이다. 이런 형태의 고통은 동시에 삶에 대한 긍정이다. 니체의 말처럼, "우리는 자기 안에 혼돈을 지녀야만 춤추는 별을 탄생시킬 수 있다."[21] 우리가 탄생시키는 춤추는 별은 본질적으로 미래의 친구에게 주는 선물이며, 이 친구는 별빛에 영감을 받아 다시 또 다른 별을 '탄생'시킨다. 니체는 떠오르는 태양에 대해 이렇게 말한다.

"그대 위대한 별이여, 그대가 빛을 비출 존재가 없다면 그대의 행복은 무엇이겠는가?"[22]

5장에서 시간을 탐구하면서 알아보겠지만, 존재의 창조적이고 비극적인 측면을 잘 알았던 니체가 선물을 베푸는 것을 가장 고결한 미덕으로 여긴다는 사실은 우연이 아니다. 이로써 니체는 우정을 높이 평가했던 아리스토텔레스의 의견에 동의하는 셈이다.

우정을 통한 구원: 「이중 배상」 이야기

상황이 심각하게 틀어질 때, 우리의 목적에 대참사가 발생할 때, 우리가 절망하고 타락할 때, 우정이 삶을 구원하고 살아갈 가치를 부여한다. 이것이 바로 빌리 와일더^{Billy Wilder} 감독의 고전 누아르 영화 「이중 배상」^{Double Indemnity}의 교훈이다. 우정의 가치를 긍정하는 관점에서 볼 때, 이 영화는 우리의 목표 지향적인 선 개념에 대한 기분 좋은 해독제다.

「이중 배상」은 30대 중반의 말쑥한 영업사원인 월터 네프의 이야기다. 네프는 로스앤젤레스에 있는 비인간적인 대기업인 퍼시픽 보험회사에서 일한다. 회사 규칙에 순응하고 늘 똑같은 영업 멘트를 내뱉는 삶이 지겨워진 네프는 나이 많은 고객의 집을 방문했다가 고객의 매력적인 젊은 아내 필리스 디트릭슨을 만나 사랑에 빠진다.

필리스는 전형적인 팜므파탈로 밝혀진다. 능숙하게 사람을 유혹해서 조종하는 능력을 활용해, 필리스는 사악한 계략에 네프를 끌어들인다. 사고사일 경우 보험금을 두 배로 지급하는 조항이 있는 생명보험을 남편에게 판매한 다음, 남편을 죽이고 기차에서 추락사한 것처럼 위장하자는 것이다. 필리스에게 푹 빠진 데다 퍼시픽 보험회사를 '속여먹고' 싶은 마음이 간절했던 네프는 필리스가 정교한 음모를 실행할 수 있게 돕는다.

결국 필리스는 네프를 배신한다. 그는 돈을 챙겨 네프를 떠날 계획을 세우고, 그를 조종해 남편을 죽인다. 그리고 네프와 마지막으로 대면했을 때 의자 쿠션 아래 숨긴 권총으로 네프를 쏴서 결국 네프를 죽음으로 내몰 상처를 입힌다. 그러나 네프에게는 태연하게 필리스에게 다가가 그를 압도할 힘("다시 쏴보는 게 어때요")이 아직 남아 있다. 결국 필리스는 다시 총을 쏘지 못하고, 네프는 그의 손에서 총을 빼앗아 방향을 돌린 뒤 그를 쏴 죽인다("안녕, 필리스!"). 지독하게 암울해 보이는 이 이야기는 이렇게 끝을 맺는다.

그러나 이 영화에서 진짜 눈여겨보아야 할 부분은 네프와 필리스의 천박하고 상호파괴적인 관계가 아니라, 네프와 회사 동료인 바턴 키즈 사이의 어울리지 않는 우정에 있다. 키즈는 백과사전급 재해 통계 지식을 갖춘 유능한 허위 청구 조사관이다.

영화는 이렇게 시작된다. 네프는 늦은 밤 키즈의 사무실에 홀로 앉아 녹음기에 대고 필리스와 자신의 복잡한 관계를 처음부터 설명하고 있다. 키즈에게 자신이 저지른 짓을 상세히 고백하는 것이다.

"누가 디트릭슨을 죽였는지 알고 싶어요? 놀라서 그 싸구려 시가를 떨어뜨리지 말아요… 내가 디트릭슨을 죽였어요."

이렇게 네프는 간교한 살인과 기만의 이야기를 펼쳐놓기 시작한다.

영화 초반에 키즈와 네프는 사무실에서 농담을 주고받으며 믿기 힘든 우정을 나눈다. 키즈는 네프에게 없는 모든 것을 가졌으며, 그 반대도 마찬가지다. 네프는 즉석에서 매력적인 말을 술술 내뱉는 키 크고 잘생긴 청년이다. 반면 키즈는 명석한 두뇌로 허위 청구 사례를 해결하는 작고 땅딸막한 중년 남성이다. 키즈는 쉴 새 없이 논리의 사슬을 풀어내며 사기꾼을 간파한다. 두 사람의 우정을 구성하는 것은 바로 이 차이다. 가벼운 모욕과 재치 있는 거드름으로 가득한 솔직한 농담을 통해 두 사람은 서로를 이해한다. 이들의 관계를 단지 동료 간의 예의나 전략적 동맹으로 오해할 수는 없다. 키즈는 영업사원인 네프 때문에 머리가 아프다며 빈정대기까지 한다.

"방울뱀 네 마리랑 한 침대에서 자는 작자한테 생명보험을 팔아오는 말만 번지르르하고 멍청한 영업사원들 뒤치다꺼리하는 건 지긋지긋해."

한편 네프는 사건 해결에 병적으로 집착하는 키즈를 놀린다.

"그러는 거 좋아하잖아요, 걱정이 너무 많아서 그렇지… 너무 꼼꼼해서 미쳐가는 거예요. 달력을 확인하지 않으면 오늘이 화요일이라고도 말하지 않을 성격이니까요. 그다음에는 그 달력이 올해 건지 작년 건지 확인하겠죠. 그다음에는 어디서 그 달력을 인쇄했는지 확인할 테고요."

그럼에도 두 사람은 상대방의 존재 방식을 높이 평가한다. 두 사람의 독특한 의례에서 이 사실이 잘 드러난다. 키즈는 사건을 깊이 고민할 때 싸구려 시가를 꺼내서 입에 무는데, 그러면 네프가 불을 붙여준다. 순수한 우정이 드러나는 순간이다. 이때 둘은 다른 동기 없이 자기 자신이 될 수 있다. 네프는 아무것도 팔지 않으면서 흔들림 없이 자신 있게 손을 내밀 수 있고, 키즈는 자신의 연역적 추론 능력을 사건 해결 수단을 넘어선 고유의 능력으로 드러낼 수 있다. 두 사람은 각자의 존재 방식을 높이 평가하는 것이지, 서로의 성취를 높이 평가하는 것이 아니다.

네프가 없다면 키즈는 자신의 명석한 추론 과정을 보여주지 못하고 그저 사기꾼 색출이라는 결과만 내는 삶에 갇혔을 것이다. 반대로 키즈가 없다면 네프는 자신의 매력을 알아주는 사람 하나 없이 그저 실적만을 위해 고객에게 아양을 떨었을 것이다.

네프와 키즈는 영화 말미에 상황이 전부 틀어진 후에야 서로의 의미를 온전히 이해하게 된다. 그전까지 키즈는 불가사의한 디트릭슨 사망 사건을 쫓고 있었고, 네프는 그런 그를 속일 생각뿐이었다. 키즈는 디트릭슨의 죽음이 사고가 아님을 이미 알고 있었다. 심지어 디트릭슨이 열차에 타기 전에 살해당했으며 범인이 한 명이 아니라 두 명이라는 것도 추론해냈다. 그러나 키즈는 오랜 친구인 네프가 범인일 것이라는 생각은 추호도 하지 않는다. 디트릭슨에게 보험을 판 사람이 네프인데도 말이다.

필리스 디트릭슨에게 배신당한 네프는 모든 계획을 무시하고 본인이 붙잡힐 수밖에 없는 행동을 한다. 총상으로 피를 흘리는 와중에 남은 힘을 그러모아 차를 타고 사무실로 간 것이다. 늦은 밤, 그는 그곳에서 키즈에게 남기는 고백을 녹음한다. 이 고백으로 네프는 불행 앞에서 냉철함을 되찾는다. 또한 그는 이 고백을 통해 필리스에게 푹 빠진 동안 잊고 있었으나 내내 자신에게 중요했던 것, 즉 키즈와의 우정을 확인한다.

네프는 마이크에 대고 자초지종을 설명하며 놀라운 역할 반전을 통해 키즈에게 경의를 표한다. 키즈가 늘 네프에게 그랬듯이, 이번에는 네프가 키즈에게 사건의 진상을 밝히는 것이다.

네프가 이야기의 결말을 향해갈 즈음 사무실 문 앞에 키즈가 등장한다. 키즈는 들은 내용을 바탕으로 순식간에 진실을 파악한다. 잡히지 않던 범인, 그가 끈질기게 추적해온 살인범이 그의 앞에 서 있다. 충격적인 반전은, 그 살인범이 자신의 친한 친구라는 것이다. 키즈는 처음으로 자기 능력을 발휘해 사기꾼을 잡는 데 실패했지만, 이 실패를 통해 그 또한 깊은 깨달음에 도달한다. 그 깨달음은, 세상의 그 어떤 보험계리학과 법의학적 지식도 우정 앞에서는 한계가 있다는 것이다. 키즈가 사건을 해결하지 못한 것은 범인이 자신이 신뢰하는 사람이었기 때문이다. 키즈는 네프가 자신에게 범죄를 고백하는 이유를 안다. 자신들의 우정을 되찾기 위해, 키즈가 뛰어난 통찰력으로 사건을 해결했음을 인정하기 위해서다.

네프는 힘겨운 호흡으로 마지막 말을 남기며 자기 의도를 분명히 밝힌다.

"당신이 왜 이 사건을 못 해결했는지 알아요? 난 알아요. 당신이 찾던 사람이 너무 가까이 있었던 거예요. 겨우 책상 하나를 사이에 두고요."

그러자 키즈가 대답한다.

"월터, 우린 그보다 더 가까웠어."

두 사람의 눈이 마주치고, 네프는 자신이 속여온 친구와 다시 화해한다.

"나도 당신이 좋아요, 키즈."

네프 특유의 간결한 대답에 담긴 진실함과 깊이를 알았던 키즈는 말 없는 행동으로 역할의 반전을 완성한다. 네프가 과다 출혈로 쓰러진 뒤 힘겹게 담배를 꺼내 물자, 이번에는 키즈가 그를 위해 불을 붙여준다. 이러한 반전은 서로를 향한 진실한 존중을 분명하게 보여준다.

결국은 네프와 키즈 모두 이 사건에서 만족감을 얻지 못한다. 네프는 고백을 시작하며 이렇게 말한다.

"내가 디트릭슨을 죽였어요. 돈 때문에, 여자 때문에 그랬어요. 결국 돈은 못 얻었어요… 여자도 못 얻었고요."

키즈 역시 사건 해결에 실패한다. 그는 네프의 충격적인 고백을 들은 후에야 비밀에 싸인 살인범의 정체를 알게 된다. 목표 지향적인 관점에서 보면 「이중 배상」은 누아르 영화의 완벽한 사례다. 그러나 이 영화가 전달하는 더 심오한 메시지는, 인생에서 정말 중요한 것은 성공이나 실패가 아니라는 것이다. 중요한 것은 아무것도 얻지 못하더라도 행동으로 냉철함과 우정을 드러내는 것이다.

「이중 배상」은 집착과 탐닉에 대한 하나의 경고라 할 수 있다. 그러한 악덕이 실제로 살인과 기만, 불의로 이어지는지는 다른 문제다. 어떤 면에서 우리는 모두 월터 네프처럼 될 위험이 있으며 그가 처한 곤경에서 결코 완전히 자유롭지 않다. 디트릭슨 부인과 사랑에 빠지지는 않을 수 있다. 그러나 우리가 살아가며 분투하는 한, '이성이나 돈' 같은 매혹적인 목표에 마음을 빼앗기는 일이 발생한다. 그 목표가 수수께끼 같은 사건을 해결하는 것이든, 꿈에 그리던 일자리를 얻는 것이든, 인생의 중요한 단계를 넘는 것이든 말이다. 월터 네프와 키즈가 맞이한 운명은 이러한 탐닉의 근원을 피해야 한다는 것, 너무 가깝고 중요해서 오히려 알아차리지 못하는 것들에 주의를 기울여야 한다는 것을 절절하게 보여준다.

우정과 경쟁의 관계

네프와 키즈의 우정에서 배울 수 있는 또 다른 교훈은, 진정한 친구 사이의 평등이 단순한 동일성을 의미하지 않는다는 것이다. 오히려 이러한 평등은 서로를 북돋는 차이, 심지어는 대립의 형태로 나타나기도 한다. 네프와 키즈는 가벼운 조롱을 주고받으며 서로를 인정하고 스스로를 인식하는데, 이 농담에서 각자의 뚜렷한 스타일과 성향이 잘 드러난다. 나는 스포츠에서 정중한 경쟁자들의 관계를 고민하다가 우정의 이러한 대립적 양상을 이해하게 되었다.

언뜻 보면 우정과 경쟁은 180도 다르게 보일 수 있다. 우리는 경쟁의 목표가 승리와 정복이라고 생각하고, 우정의 목표는 서로 간의 지지라고 생각한다. 우리는 경쟁이 기껏해야 비非우정의 건강한 버전이라고 여긴다. 경쟁은 폭력과 전쟁에서 궁극적으로 표현되는 공격 본능을 절제해서 표출하는 수단이다. 지크문트 프로이트라면 스포츠가 인간 정신에 내재된 파괴적인 '죽음 본능'을 승화하는 수단이라고 말했을지 모른다. 이러한 관점에 따르면 인간이 정말 원하는 것은 다른 사람을 정복하는 것이다. 스포츠는 이러한 충동을 지나치지 않게 표출해준다.

권투나 미식축구 같은 접촉 스포츠를 떠올리거나 야구장에서 난투극을 목격할 때면 이러한 설명이 타당해 보일 수 있지만, 이것은 경쟁에 대한 제대로 된 설명이 아니다. 가장 고결한 형태의 경쟁은 서로를 파괴하지 않고 함께 성장한다.

모든 스포츠에는 우승하고 싶은 열망과(상대를 무너뜨리거나 격퇴하고 싶은 이 열망은 전쟁의 명령이기도 하다) 최상의 경기를 끌어내고 싶은 열망 사이의 긴장이 있다. 이러한 긴장은 무하마드 알리의 그 유명한 포효에서 인상적으로 드러난다.

"나비처럼 날아서 벌처럼 쏴. 싸워, 친구. 싸우라고. 와아아아아아!"

'싸움'과 우렁찬 외침은 강력한 타격과 녹아웃 승리를 암시하는 반면, '나비처럼 날아서'는 우아함과 경쾌함, 아름다움, 각 선수가 예술적 기교로 상대를 능가하려 애쓰는 공동의 춤을 암시한다. '벌처럼 쏘다'는 그 사이의 어디쯤에 있는 듯 보인다. 이 표현은 알리가 뒤로 물러나면서 기적처럼 성공시키는 빠르고 정확한 잽을 떠올리게 한다.

알리는 많은 사람에게 공격 본능이라고 이해되는 특징으로 유명했다. 알리가 헤비급 타이틀 2차전 1라운드에서 소니 리스턴을 녹아웃시킨 뒤 그의 앞에 우뚝 서 있는 상징적인 이미지는 이 특징을 생생히 담고 있다. 그러나 알리는 상대를 무너뜨리는 것은 자신의 가장 큰 목표가 아니라고 말했다. 그가 정말로 원한 것은 한 편의 쇼를 하는 것이었다. 새로운 예술적 형태의 싸움을 통해 자신에게서 빠른 반사와 기술적 정확성, 끈기를 이끌어낼 선수와 맞붙는 것이었다.

내가 처음 권투를 시작했을 때⋯ 선수들은 인간적이거나 지적일 수 없었어요. 관중을 즐겁게 하고 그들의 피를 향한 갈증을 채우는 짐승일 뿐이었죠. 서로의 피부를 찢고, 코를 부수는 두 동물이요⋯ 전 이 세상이 생각하는 권투선수의 이미지를 바꿀 겁니다⋯ 서로 부둥켜안고 정면으로 싸우는 두 프랑켄슈타인 괴물처럼 터덜터덜 걸으면서 서로를 쫓아다니는 거대하고 굼뜬 헤비급 선수는 텔레비전에서 보고 싶지 않아요. 난 내가 더 잘할 수 있다는 걸 압니다. 난 라이트급 선수처럼 빠르게 빙빙 돌고, 춤추고, 날쌔게 움직이고, 치고 빠지고, 슉-슉-퍽-퍽, 때리고 빠지고, 다시 춤추면서 예술의 경지를 끌어낼 겁니다.[23]

알리의 태도는 가장 잔인하고 호전적인 스포츠에서도 진정한 선수는 상대를 무너뜨리는 (녹아웃) 승리만 염원하는 것이 아님을 보여준다. 진정한 선수는 두 상대가 서로를 한계까지 밀어붙이며 공동 활동의 아름다움을 드러내는 싸움을 원한다. 가장 훌륭한 형태의 경기 스포츠는 서로를 무너뜨리는 것이 아니라 서로를 북돋는다. 이런 의미에서 스포츠는 우정의 장이다. 중요한 것은 누가 쓰러지느냐가 아니라 누가 가장 높은 수준의 기량을 펼치며 예상 못한 새로운 묘미와 우아함을 드러내는가다.

214

진지한 선수에게 또 경기를 진심으로 사랑하는 사람에게는, 완패나 몰수패를 제외하면 완승만큼 불만족스러운 것이 없다. 가장 성취감이 큰 승리는 양측이 연장전까지 팽팽하게 싸우며 상대보다 더 우수한 실력을 펼치려고 애쓴 경기에서 나온다.

이러한 승리는 역설적이게도 결과가 아니라 행위가 펼쳐지는 과정에서 달성된다. 경기가 한창일 때 선수들은 경기를 계속하고 싶어 한다. 승패와 상관없이 경기가 끝나면 안도감과 만족감만큼 갈망도 들끓는다. 테니스 슈퍼스타인 로저 페더러는 자신의 최대 라이벌인 라파엘 나달과 격전을 벌인 끝에 승리한 뒤, 경기가 끝나지 않기를 바랐다고 인터뷰했다. 진정한 선수들은 서로가 더 높고 멀리 나아가기를, 그래서 서로가 가장 좋은 경기를 펼칠 수 있기를 바란다. 나달은 특유의 톱스핀으로, 페더러는 특유의 정확성으로, 저마다 상대보다 더 강력하고 날카롭게 샷을 때리며 맹렬한 포핸드를 주고받을 때, 두 사람은 고유의 스타일과 상호보완적 기술을 지니고 동등한 전투를 벌이고 있는 것이다. 이때 둘은 상대의 도전에 응하며 제 역량을 마음껏 발휘한다.

니체도 이러한 우정의 대립적 특성에 관심이 있었다. 그는 고대 그리스 건축물에 대해 이렇게 말한다.

"둥근 천장과 아치가 서로 맞붙어 싸우며 얼마나 거룩하게 서로를 뚫고 나아가는지, 이 거룩한 존재들이 빛과 그림자로서 서로 얼마나 대립하며 투쟁하는지, 이러한 확신과 아름다움이 있다면, 우리도 적이 되자, 친구여."[24]

이렇게 니체는 모든 아름다움과 우정에 '전쟁'이 있다고 결론을 내린다. 그는 전쟁의 핵심이 제로섬 대립이 아닌 상호의 역량 강화에 있음을 분명히 이해했다.

니체가 '전쟁'이라는 말을 아무렇게나 과장해서 사용한 것은 아닌지 궁금할 수 있다. 어쨌거나, 전쟁터에서 나타나는 적대적이고 자멸적인 대립(우리가 '진짜' 전쟁이라고 부르는 것)은, 우정의 경쟁적 요소를 고려해도, 우정의 극단에 있는 것처럼 보인다. 그러나 우정과 경쟁의 관계를 염두에 두면 '진짜' 전쟁을 새로운 시각으로 바라볼 수 있다. 어쩌면 니체는, 자세히 들여다보면 '진짜' 전쟁이 레슬링 경기장이나 테니스 코트에서 서로에게 보내는 것과 같은 인정을 얻으려는 조악하고 부적절한 노력이라고 말하고 싶은지도 모른다. 어쩌면 스포츠가 전쟁처럼 전면적인 공격성을 지향한다는 흔한 관점은 사실과 정반대일지도 모른다. 전쟁에서 나타나는 공격 본능은 은연중에 스포츠의 우호적인 경쟁을 갈망하고 있을지도 모른다.

니체의 철학적 선조인 헤겔이 고대 노예제의 기원을 분석하며 드러냈듯이, 그저 상대를 무너뜨리고 부정하려는 삶은 어딘가 공허하고 불만족스러울 수밖에 없다. 헤겔은 가장 무자비한 정복자라도 타인에게 자신의 우월함을 드러낼 수 있는 상황을 유지하고자 결국 피정복자를 살려둘 수밖에 없다는 점을 지적한다. 노예제는 이렇게 등장한다. 살아남아 자신을 공경할 사람 앞에서 본인의 용맹함을 표명함으로써 파괴와 공허함의 악순환에서 벗어나려는 정복자의 한 방식인 것이다.

"내가 너를 무찔렀다! 이제 나의 우월함을 인정하고, 네 목숨을 구하는 대가로 나를 섬겨라!"

피정복자를 죽이는 대신 정복자는 그를 노예로 만든다. 그러나 문제는, 우리가 열등하다고 여기는 사람에게서 강제로 얻어낸 인정은 결코 진정한 인정이 아니라는 것이다. 누군가를 종속시켜서 내 욕구를 돌보게 함으로써(그들을 마음대로 부릴 수 있는 물건이나 도구로 격하하고 우리의 관점에서 그들의 인간성을 박탈함으로써) 우리는 그들이 표하는 존경의 가치를 깎아내린다. 게다가 주인의 시각에서 볼 때 노예가 표하는 존경은 늘 의심스러운데, 그 존경이 살아남기 위해 꾸며낸 것이 아니라고 확신할 수 없기 때문이다. 그렇게 주인은 타인을 지배함으로써 스스로를 긍정하려는 과정에서 본인의 인간성과 자기 확신을 잃고 만다.

헤겔은 오로지 동등한 사람들이 상호보완적으로 분투하는 삶 속에서만 진정으로 인정받을 수 있다고 말한다. 이러한 삶의 방식에서 사람들은 저마다 독특한 능력을 발휘하고, 이를 통해 타인을 북돋고 격려한다. 헤겔은 상호의존적인 체제 안에서 모든 사회 구성원이 똑같이 존엄하게 개별 직업군에 종사하는 경제생활을 통해 이러한 종류의 인정이 널리 퍼질 수 있다고 주장한다.

가장 적대적인 대립에도 우정을 향한 갈망이 내포되어 있음을 보여주는 놀라운 사례가, 동명 영화를 원작으로 한 코엔Coen 형제의 텔레비전 시리즈 「파고」Fargo에 등장한다. 악역인 론 말보는 '친구가 없는' 청부 살인업자로, 중산층이 모여 사는 미네소타 교외의 쇠락하는 공동체에서 혼란을 일으키면서 즐거움을 얻는 사람이다. 그는 자신을 죽이려던 라이벌 킬러 콤비를 막 물리친 참이다. 한 명은 말보가 한창 총격전을 벌이던 중 숨어 있다가 칼로 찔러 죽였고, 다른 한 명은 경찰의 총에 맞아 체포된 뒤 법 집행 기관의 감시하에 있는 병원으로 이송된다. 일을 마저 끝내려는 것처럼, 말보는 병원으로 몰래 숨어들어 라이벌이 회복 중인 병실을 지키는 경찰관을 목 졸라 죽인다. 그리고 위협적인 태도로 침대로 다가가 완패한 상대 옆에 앉는다. 우리는 말보가 그에게 최후의 일격을 가하리라 생각한다. 그런데 말보는 경찰관에게서 훔친 열쇠 두 개(라이벌을 병원 침대에 묶어놓은 수갑 열쇠)를 꺼낸다. 그리고 퉁명스럽게 인정의 말을 건네며 그 열쇠를 라이벌에게 던진다.

"[날 죽이려 한] 다른 누구보다도 날 궁지로 몰아넣었어. 네가 한 건지 네 파트너가 한 건진 모르겠지만. 어쨌든 다 낫고 나서도 기분이 별로면 날 찾아와."

그런 다음 말보는 병실을 나간다.

인간성을 경멸하고 사람을 조종하고 살인하는 데서 즐거움을 느끼는 말보조차 단순히 타인을 파괴하기만 하는 삶을 견디지 못한다. 그는 인정을 바라고, 그렇기에 범죄의 파트너를 원한다. 그 역시 우정의 매력을 완전히 떨쳐내지 못한다. 그의 삶의 불행은, 인정받고 싶은 욕망을 채우지 못하는 데 있다. 그의 이 욕망은 타인을 꺾으려는 시도 때문에 영원히 좌절되고 만다.

「파고」에는 말보와 대조되는 뜻밖의 영웅이 등장한다. 냉철함을 체현한 듯 보이는 이 영웅은 젊은 여성 수사관 솔버슨이다. 이 냉철함은 말보가 얻고 싶어 하지만 결국 실패하는 진정한 우정에서 나온다. 솔버슨은 극이 이어지는 내내 말보를 끈질기게 추적한다. 솔버슨과 말보, 이 영웅과 악당은 겉으로는 매우 달라 보이지만 그저 정반대인 것만은 아니다. 두 사람 다 모범 시민의 얄팍한 일상적 예의와 윤리를 꿰뚫어 그 뒤에 도사린 억눌린 잔인함을 간파한다. (이 드라마는 미국 중서부의 건전한 삶이라는 허울을 뚫고 나타나는 옹졸함과 적대감, 무관심을 계속해서 미묘하게 드러낸다.) 솔버슨과 말보는 자신을 소외하는 듯한 세상 앞에서 자기 자신으로 존재하고자 애쓴다. 그러나 양처럼 순응하는 삶의 대안은 포식자처럼 사회를 제압하는 것뿐이라고 여기는 말보와 달리, 솔버슨은 진정한 공동체를 만들 수 있다고 믿는다.

이러한 믿음은 굳건한 신의의 오아시스에서 비롯되는데, 한때 베테랑 경찰이었으나 현재는 동네 식당에서 직접 요리하고 서빙하는 아버지의 사랑과 조언이 무엇보다 중요한 역할을 한다. 아버지와 덜루스에서 온 소중한 동료 그리고 그의 용감한 10대 딸 덕분에, 솔버슨은 자신과 어울리지도 않고 자신을 인정하지도 않는 공동체를 보호하겠다는 의지를 끌어모은다. 솔버슨은 친밀한 사람들의 관점을 통해 이런 신의와 우정이 다른 사람들의 삶에서도 표현될지 모른다는 희망을 품고 바깥을 바라볼 수 있다.

가까운 사람에게서 나온 이런 희망 덕분에 솔버슨은 말보보다 더 큰 힘을 얻는다. 사람을 조종하고 살인하는 행동에서 드러나듯이 말보가 단호한 '노!'no로 세상과 대립함으로써 자신이 경멸하는 세상에서 자주권을 찾으려 하고 파괴와 공허함의 자멸적 악순환에서 빠져나오지 못하는 것과 달리, 솔버슨은 주변에서 자신이 지지하는 삶의 방식을 어렴풋이 발견함으로써 냉철함을 얻는다.

극과 극이 끌릴까, 아니면 유유상종일까?

최상의 경기를 치르려고 애쓰는 두 경쟁자가 공을 주고받는 모습은 우정 안에서 연대감과 대립이 어우러진다는 사실을 보여준다. 테니스의 아름다움을 끌어내고자 최선을 다한다는 점에서 페더러와 나달은 비슷하다. 그러나 경기를 운영하는 방식, 코트 위의 움직임에서 드러나는 고유의 우아함과 전략적 지능의 측면에서 두 사람은 다르다. 경쟁이 눈에 띄든 그렇지 않든 간에, 모든 우정에는 이러한 통합과 대립, 유사성과 차이가 존재하는 듯 보인다.

아리스토텔레스와 플라톤 모두 친구는 반드시 서로 비슷하다는 점을 강조한다. 소크라테스는 "신은 늘 우리를 비슷한 사람에게 인도한다"는 호메로스의 『오디세이아』를 인용하며 선한 사람이 선한 사람에게 이끌린다는 뜻으로 해석한다.[25] 아리스토텔레스는 극과 극이 서로 끌린다는 의견에 반대하며 효용을 위한 우정과 쾌락을 위한 우정, 미덕을 위한 우정을 구분한다. 만약 우리가 추구하는 것이 효용이나 쾌락이라면, "상극이 끌린다"는 주장이 매우 타당하다. 동맹이나 사업 파트너의 경우 우리는 나와 다른 것을 기여하는 사람, 내게 부족한 부분을 메꾸는 사람을 원한다.

쾌락을 위한 우정에서 만약 우리가 수줍고 차분한 사람이라면 장난을 잘 치는 사람과 함께할 때 즐거움을 느낄지도 모른다. 그러나 미덕을 위한 우정의 경우 "상극이 끌린다"는 주장은 힘을 잃는다. 친구가 우리 안의 위대한 영혼을 지지해주길 바란다면, 우리는 소심하고 겁 많고 잘 억울해하고 쉽게 분노하는 위대한 영혼의 상극에게 끌리지 않을 것이다. 그런 사람이 우리의 가르침 아래 있다면 도와주려고 노력할 수는 있다. 하지만 일부러 그런 사람을 찾아 나설 일은 없다. 우리는 자신처럼 미덕을 추구하고 믿음직한 성격을 가진 사람을 주변에 두고 싶어 할 것이다.

그러나 미덕을 위한 우정 안에도 페더러와 나달의 관계 같은 대립이나 차이가 들어 있다. 우리가 이러한 우정을 얻고자 하는 이유는 그저 칭찬 속에서("아름다운 행동이었어" "잘 행동했어") 우리의 미덕이 울려 퍼지기를 바라서가 아니라, 우리가 드러내는 미덕의 의미와 중요성을 스스로에게 강조하기 위해서다. 친구는 우리의 미덕을 이해하고 인정할 단어를 우리보다 잘 찾아낼 수 있는 사람이다. 그러므로 친구는 나약함과 혼란, 근시안적 사고, 집착에 사로잡힐 것 같은 순간에 너 자신을 잃지 말라고 우리를 격려할 수 있는 사람이다. 무엇보다 친구는 우리가 드러내는 개성을 높이 평가하며 우리가 길을 잃었을 때 우리를 이끌어 원래 모습으로 회복시키는 사람이다.

그렇다면 아리스토텔레스가 고려해보자고 제안하는 헤라클레이토스의 말, "서로 다른 것에서 가장 아름다운 화음이 생겨난다"에서 드러나듯 "극과 극이 끌린다"는 생각에도 어느 정도 진실이 있다.[26] 함께 선을 추구하지만 각자 장점이 다른 친구들은 더욱 강해지고자 서로를 격려하고 가르치면서 서로 다른 것 사이에서 조화를 끌어낸다.

4장

자연과의 교감

대학원 생활이 끝날 무렵, 나는 두 가지 이유로 경쟁적인 파워리프팅의 세계에 작별을 고하기로 했다. 우선 수년간 스쿼트와 벤치프레스를 하느라 엉덩이와 가슴 근육에 무리가 왔고, 두 번째로 실외 스포츠가 그리웠다. 자연이 내게 경고장과 초대장을 보냈다고 말할 수 있다. 만성적인 통증이 내 몸에 더 잘 맞는 새로운 신체 활동을 찾으라고 나를 닦달했다. 그리고 파란 하늘과 여름의 산들바람, 갓 깎은 운동장 잔디가 체육관에서 나오라고 내게 손짓했다.

물론 자연의 이런 설득에 저항할 수도 있었다. 삶을 살아가는 방식의 문제에서, 자연은 절대로 결정권을 쥐지 않는다. 닦달하고 애원할수는 있지만, 강요하지는 않는다. 나는 파워리프팅 동아리의 한 친구가 경기 도중 발생한 운 나쁜 사고에 저항하는 모습을 보고 이 사실을 떠올렸다. 데드리프트(바닥에 있는 매우 무거운 바벨을 직립 자세가 될 때까지 들어 올리는 운동)의 첫 번째 시도 중에 언더핸드 그립에서 사용하는 상완이두근이 갑자기 파열되었다. 상완이두근이 뼈에서 분리되어 어깨 아래쪽에 작은 공 모양으로 말려 올라간 충격적인 광경과 벨

크로가 찢어지는 듯한 그 끔찍한 소리는, 그 자리에 있었던 그 누구도 쉽게 잊을 수 없을 것이다. 그게 모든 도전을 그만두고 병원에 가라는 자연의 메시지가 아니었다면 무엇이었을까? 그러나 내 동료는 이 경기를 준비하면서 온 힘을 쏟았고, 파워리프팅에 온전히 집중하려고 학업을 잠시 중단하기까지 했다. 동료는 대단한 결단력을 발휘해 붕대로 부상당한 팔을 최대한 단단히 싸매고 그립을 바꿔 데드리프트 두 번째 시도를 마쳤다. 그리고 결국 경기에서 우승했다.

동료의 행동이 바람직하다거나, 자연과 교감하는 좋은 사례라고 제안하는 게 아니다. 이 이야기를 하는 이유는 우리가 해를 입으면서까지 자연에 저항할 수 있다는 사실을 드러내기 위함이다. 자연이 절대로 결정권을 쥐지 않는다는 말은 바로 이런 뜻이다. (5장에서 살펴보겠지만, 우리가 자신의 노력을 가로막는 자연의 궁극적 방해물이라고 여기는 죽음조차도 우리를 그저 무력하게 만드는 현상이 아니다. 우리가 죽음을 해석하는 방식이 죽음의 의미를 구성하는 데 일조한다.)

결국 좋은 삶을 살고 우리의 진정한 열정이 어디에 있는지 알아내려면, 자연에 귀 기울이고 자연과 협상해야만 한다. 반항적이었던 나의 동료조차 부상당한 상완이두근에 붕대를 감고 데드리프트의 그립을 바꿈으로써 자연에 어느 정도 순응할 수밖에 없었다. 그에 비하면 비교적 경미했지만 끊임없이 나를 괴롭히던 부상 앞에서 나는 자연을 완전히 무시할 수도 있었다. 파워리프팅 루틴에 더욱 전념하고 기세등등하게 스쿼트 184kg과 벤치프레스 143kg에 도전할 수도 있었다. 그랬다면 트레이닝 전후로 가동성 운동과 스트레칭을 더 늘려야 했겠지만, 어쨌든 불가능한 일은 아니었다. 그러나 나는 그러지 않기로 했다. 자연이 나를 더 바람직한 방향으로, 힘과 지구력, 자연과의 경쟁이 결합된 새로운 도전으로 이끌고 있다고 생각했다.

그래서 나는 운동의 여정에서 새로운 실험을 해보기로 했다. 파워리프팅 훈련은 계속하겠지만 무게를 줄이고 횟수를 늘릴 것이었다. 그리고 바깥으로 나가서 뛸 작정이었다. 내 새로운 도전은 1.6km 달리기 기록을 5분 내로 줄이는 동시에, 스쿼트와 벤치프레스, 파워클린*을 20회 반복할 힘을 기르는 것이었다. 그리고 그 과정에서 비가 오나 맑으나 달리면서 더욱 강인해질 예정이었다.

얼마 지나지 않아 나는 트랙에서 힘들게 훈련한 뒤 찾아오는 극도의 피로를 견디고 꽤 무거운 무게를 더 긴 시간 버티는 법을 배우고 있었다. 처음에는 깨닫지 못했지만, 당시 나는 머지않아 나를 삶의 새로운 영역으로, 즉 턱걸이와 맨몸운동의 세계로 데려갈 능력을 기르는 중이었다.

무엇보다 나는 실외 환경을 새롭게 인식하고 있었다. 1.6km를 채우기 위해 마지막 두 바퀴를 도느라 녹초가 될 때, 나는 바람과 싸우는 법, 자세를 흐트러트리지 않고 바람을 버팀목으로 삼는 법을 배우고 있었다. 출근길에서 그냥 무시하거나 골칫거리 취급했던 자연 세계의 특징들이 눈에 보이기 시작했다. 뜨거운 여름날 갑자기 쏟아지는 비에 이만큼 감사했던 적은 없었다. 과거에는 그저 오후의 불청객으로

---

* 바닥에 놓인 역기를 단숨에 어깨까지 들어 올리는 운동—옮긴이.

여겼던 것을, 16km 장거리 달리기를 하면서는 축복과도 같은 시원함의 원천으로 여기게 되었다.

나는 수년간 파워리프팅을 훈련한 뒤 내 몸의 한계를 받아들이면서 인간의 노력과 자연의 힘에 관한 중요한 교훈을 얻었다. 우리는 이 두 가지가 우위를 차지하려고 끝없이 다툰다고 생각하지만, 오히려 이 둘을 공동 활동의 파트너로 여겨야 한다. 자연을 단순한 적이 아닌 대화를 나누는 친구로, 최소한 우리가 협상하며 설득해볼 상대로 이해해야 한다. 파워리프팅에서 체력과 지구력의 영역으로 넘어가면서 나는 자연과 일종의 대화를 나누게 되었다. 나를 끊임없이 괴롭히던 부상은 자연이 내 앞에 던진 모욕이나 장애물이 아니었다. 플라톤의 대화편에 등장하는 골치 아픈 인물의 거슬리는 견해처럼, 부상은 나의 능력과 목표를 돌아보게 하는 시작점이자 자기를 탐구하고 이해할 기회였다.

'자연'이라는 개념

자연과의 교감을 탐구하기에 앞서, 잠시 어려운 문제 하나를 고민해보자. 우리가 말하는 '자연'은 정확히 무슨 뜻일까? 파워리프팅에서 다른 운동으로 넘어간 경험을 이야기할 때 나는 몸의 한계, 개개인의 강점과 약점, 태양과 바람과 비 같은 야외 현상 등 다양한 의미로 다소 막연하게 '자연'이라는 단어를 사용했다. 이러한 익숙한 의미에 또 다른 의미를 추가할 수도 있다. 예를 들어 '자연 과학'이라는 단어에서 말하는 자연은 단순히 실외나 땅과 하늘의 물체를 의미하지 않는다.

이때 자연은 이 세상에 '존재'하며 파악 가능한 것을 뜻한다.

물리학자들은 나무와 바위만큼이나 라디오나 비행기를 다룬다. 이러한 넓은 의미의 자연은 '물리학'physics이라는 단어의 어원인 고대 그리스어 퓌시스phusis를 떠올리게 한다. 플라톤과 아리스토텔레스의 저서에서 찾을 수 있는 일반적 용례에 따르면, 퓌시스는 그야말로 '존재하는 모든 것'을 의미한다. 이런 점에서 '존재'라는 뜻의 그리스어 토온to on과 거의 같은 뜻이라고도 할 수 있다.

물리학의 대상인 자연 외에도 우리는 정의의 본질, 법의 본질, 연구 분야로서 물리학의 본질처럼 이런저런 주제의 '본질'nature을 이야기한다. 이때 '본질'은 '특징'이나 '핵심'을 의미하며, 물질뿐만 아니라 개념에도 적용할 수 있다.

이렇게 '자연'이라는 단어 하나에 놀랍도록 다양한 의미가 있기에 일반적으로 말하는 자연을 파악하려는 노력은 무용해 보인다. 그러나 이 수많은 용례에 공통점이 하나 있다. 우리가 살펴본 모든 사례에서 자연은 우리가 원하든 원치 않든 우리에게 닥치거나 우리 앞에 나타나는 것을 가리킨다. 자연은 우리에게 주어진 것을 의미한다.

이 점은 우리가 태양의 경로와 날씨의 변화를 자연으로 여긴다는 사실에서 가장 명백하게 드러난다. 이러한 현상을 예측하고 여러 방식으로 적응하려고 애쓸 수는 있지만, 우리가 이 현상을 만들어내지는 않는다. 이 현상이 우리의 뜻을 따르는 것도 아니다. 정의나 법처럼 우리가 자연과는 다른 인간의 가공물이라고 여기는 비물질적인 것조차, 그것이 무엇인지를 이해하려고 시도하는 순간에("정의란 무엇인가?", "법이란 무엇인가?") 우리는 우리 앞에 닥쳐오는 혼란스러운 것, 우리의 탐구를 유발하는 것을 상대한다. 그러므로 우리는 그런 것들의 본질nature을 탐구한다고 말할 수 있다.

이 모든 의미에서 '자연'은 전능하다기보다는 제한적이고 유한한 상태를 말한다. '자연'은 우리가 늘 주어진 상황의 한복판에서 나아갈 길을 찾을 수밖에 없다는 의미를 나타낸다. 자연의 반대는 가공물, 즉 의도적인 행위를 통해 세상에 나온 것이다. 철저하게 예술적이거나 창조적인 존재가 된다는 것은 곧 자신의 주변 환경을 맨 처음부터 직접 만들어나감으로써 아예 자연과 만나지 않는다는 뜻이다.

이번 장에서 내가 탐구하고 싶은 내용을 다음 질문으로 정리할 수 있다. 우리는 주어진 것을 어떻게 이해하고 그것과 어떻게 관계 맺을까? 주어진 것은 완전히 우리의 외부에 있을까? 우리의 삶과 상관없는 외부의 '현실'로서 우리에게 영향을 미치는 힘일 뿐일까? 아니면 주어진 것은 역설적으로 우리가 자기 자신에게 제공한 것이며, 우리 해석 능력의 원천인 동시에 결과물일까?

다르게 표현하면, 우리가 자연을 이해하고 해석하는 방식과 동떨어진 자연이라는 것이 존재할 수 있을까? 반대 방향의 질문 또한 가능하다. 자연의 자극에 반응해 자신과 마주하고 자기 자신이 되어가는 방식과 동떨어진 나 자신을 상상할 수 있을까?

자연이 우리의 외부에 있으며, 우리의 행동이나 생각과 관계없이 알아서 흘러간다는 생각은 우리에게 매우 익숙하다. 뜨고 지는 태양과 별의 경로, 계절의 흐름에 관해 우리는 습관처럼 이것들이 우리가 원하든 원치 않든 저절로 발생하는 불변의 현상이며, 우리가 관심을 보이든 말든 달라지는 것은 전혀 없다고 생각한다. 스토아학파가 정확히 이렇게 자연을 이해했다. 그들에게 자연은 우리가 이해하거나 적응할 수는 있지만 결코 우리의 뜻에 따라 달라지지는 않는 질서를 의미한다. 자연은 우리가 자연을 이해하려는 방식과 완전히 별개로 '존재한다'. '자연을 따르는 삶'은 스토아학파의 유명한 신조였는데, 우리가 반드시 자연의 명령을 따라야 한다는 뜻을 암시한다. 우리는 만물의 필연적 순서(성장과 퇴락, 탄생과 죽음)에 쓸데없이 고집스레 저항하지 말고, 모든 것이 흩어졌다가 다시 모인다는 사실에 유의하며 자연을 만물과 함께 우리를 쓸어버리는 무한한 순환으로 이해해야 한다.

그러나 자연이 우리와 관계없이 홀로 존재한다고 보는 명백히 상식적인 관점과 동시에, 우리 인간이 자연 질서를 형성하는 데 일조한다는 생각도 존재한다. 우리의 산업에서 배출되는 탄소가 지구 온난화와 계절의 변화를 불러온다는 인식은 자율적으로 보이는 자연의 힘이 우리 행동에 영향받는다는 사실을 시사한다. 더 깊은 의미에서, 만물이 우리를 위해 주어졌다고 여기고 가능한 모든 적절한 방식으로 활용하려 하는 우리의 기술적 성향은 자연이 무한히 변한다는 개념을 내포한다.

이러한 기술적 관점에서 보면 우리는 계절의 흐름까지도 바꿀 수 있는데, 대기를 데우고 식히는 일련의 방법만 찾으면 된다. 이렇게 이해하면 자연은 고정되거나 극복 불가능한 질서가 아니다. 우리는 어떤 목적으로든 자연을 분해해서 재조합할 수 있다. 자연은 오로지 일시적이고 잠정적으로, 우리가 무지하고 천진난만한 만큼만 우리의 외부에 존재한다. 우리의 의식이 '계몽'된다면 우리의 외부에 존재하는 것은 결국 우리가 원하는 그 어떤 형태로든 바꿀 수 있다. 우리의 통제 바깥에 있는 듯 보이는 것도, 원칙상으로는 우리가 지배할 수 있다.

기술적 관점에 따르면 자연은 우리의 의지의 대상이 된다. 스토아학파의 자연관이 가장 수동적인 인간 태도를 시사한다면, 기술적 자연관은 자연을 조작하려는 목표 지향적 성향을 나타낸다. 자연은 이해가 아니라 정복해야 할 대상이다.

기술적 자연관과 스토아학파의 자연관은 180도 다른 것으로 보인다. 그러나 이 둘은 미묘하게 연결되어 있다. 스토아학파처럼 자연을 우리의 지배자로 보는 관점은 할 수만 있다면 자연에서 해방되고 싶은 욕망을 내재하고 있다. 스토아학파의 격언 "자연을 따라 살라"는 자연에 맞서고 싶은 유혹, 예를 들면 질병과 죽음을 피하고 싶은 유혹이 배경에 깔려 있을 때만 의미를 지닌다. 그게 아니라면 "자연을 따라 살라"는 말은 불필요하다. 이미 우리가 가진 성향에 따라 살라는 말이기 때문이다. 우리가 주변 환경을 지배하려는 프로메테우스적 열망에 빠져들고 어느 정도 성공을 거둘 때, 스토아학파의 수동성이 내포한 초기 행동주의가 수면 위로 떠오른다.

우리가 자연을 정복할 가능성에 마음을 빼앗길 때, 온 세상은 우리 눈에 이질적이고 비인간적으로 보인다. 무언가가 '되기' 위해 우리가 의지를 행사하기를 기다리는 물질의 영역이 되는 것이다. 그리고 우리가 자연을 마음대로 바꾸자마자 그것은 또다시 개조할 수 있는 대상이 된다. 우리는 숲을 밀어서 농지로 만들고, 다시 농지를 밀어서 공항을 짓는다. 모든 창조 행위의 결과물은 그 자체로 또 다른 프로젝트의 재료가 된다. 우리는 그 어느 순간에도 눈앞에 있는 자연을 삶에 의미와 연속성을 부여하는 원천으로서 존중하고 보존하고 일궈야 할 것으로 여기지 않는다. 우리는 이러한 기술적 태도 때문에 힘의 행사와 소외라는 악순환에 갇힌다. 우리는 생존하고 계속 힘을 행사하기 위해 본질적으로 아무 가치가 없다고 여기는 외부적 현실에 의존한다. 그러나 이런 의존적 삶에서는 우리가 행사하고자 하는 바로 그 행위 주체성이 사라지고 만다. 스토아학파식 복종에서 우리를 해방시키는 듯 보이는 태도가 오히려 우리를 새로운 형태의 노예 상태로 몰아넣는 것이다. 우리 의지의 대상으로 나타나는 자연은, 노예가 계속해서 주인의 외부에 존재하듯 우리의 외부에 존재한다.

여기서, 우리가 우정을 탐구할 때 살펴보았던 헤겔의 지배와 복종 비판을 다시 떠올릴 수 있다. 남 위에 군림함으로써 자신을 긍정하려고 시도하면 자신이 경멸하는 현실에 의존하게 되고, 결국 스스로 노예가 되는 결과를 낳는다. 진정한 행위 주체성은 서로를 인정하고 서로에 대해 배우며 '타자'와 교감할 때 나타난다.

기술적 태도의 특징인 힘의 행사와 소외의 악순환에서 빠져나올 유일한 방법은, 냉철함을 얻고자 노력하는 과정에서 자연을 고유한 대화 상대로 인정하는 것이다. 나는 바로 이러한 자연과의 교감을 자세히 설명하고자 한다.

내가 제안하는 자연 개념은 '주어진 것'이 우리 외부에 있지 않고 우리가 스스로에게 제공한 것이라는 감각을 회복하게 한다. 자연은 해석하고 형성하는 우리의 능력 밖에 있지도 않고, 완전히 우리의 통제 하에 있지도 않다. 자연은 우리 앞에 닥쳐오는 순간 삶이라는 여정의 맥락에서 해석하고 적용할 수많은 의미를 내놓는다. 때때로 자연이 우리의 열망과 상충하고 우리의 운명에 아무 관심이 없는 이질적인 힘처럼 보일지라도, 자세히 들여다보면 자연은 우리가 냉철함을 얻고자 노력하는 과정에서 우리의 대화 상대가 될 수 있다. 또한 우리가 자연을 우리 의지의 대상으로, 우리가 부과하는 목적에 따라 이용될 것으로 여길 때 자연을 대상화하는 이러한 관점은 그 자체를 위한 활동을 망각한 목표 지향적 노력을 입증한다.

앞으로 살펴보겠지만, 기술적인 자연관은 세상을 바라보는 하나의 제한적인 관점일 뿐이다. 우주를 이해하는 다른 무수한 방식보다 결코 더 유효하거나 진실하지 않다. 예측과 통제를 지향하는 우리의 기술적 태도는 자연의 수수께끼를 풀기는커녕 오히려 더 어렵게 만든다.

자연을 대하는 현대의 대립적 태도에 대한 비판

오늘날의 기술 시대에 우리는 대체로 자연과 대립한다. 우리가 보기에 자연은 우리의 목적에 맞게 정복하고 굴복시키거나 기술이 발전할 때까지 체념하고 수용해야 할 이질적 힘이다. 우리의 몸이 부상으로 비명을 지를 때, 우리는 최신 의약품과 치료법을 퍼부으며 최대한 빨리 이전의 생활방식으로 되돌아가려 하지만, 보통 그 생활방식은 애초에 우리 몸에 해를 끼친 원인이다. 일기예보 앱의 정보와 달리 날씨가 험악해지면 우리는 우리 예측 능력의 한계를 저주하며 우산을 향해 손을 뻗고 지붕 밑으로 달려갈 뿐, 잠시 시간을 내서 구름의 아름다움과 곧 쏟아질 폭우의 드라마에 감탄하는 일은 별로 없다. 자신의 키가 '너무 크다'거나 '너무 작다'고 느낄 때, 우리는 이 조건을 깨부숴야 할 장애물로 여기고 이런 '유감스러운' 운명을 바꿔줄지 모를 유전자 조작 기술을 찾아 나서는 한편, 이런 운명이 뜻밖의 축복일지도 모른다는 사실은 무시한다.

이렇게 우리는 자연을 우리의 확고한 생활방식과 목표를 방해하는 장애물로 여긴다. 그리고 자연이 우리가 추구하는 목표를 비판한다고는 생각지 않는다. 부상과 질병, 험악한 날씨, 신체의 한계가 우리 삶의 방식을 바꾸라는 조언이라거나 우리가 냉철함을 추구하는 과정에서 자연과 깊은 대화를 나눌 수 있다는 생각은 하지 못한다.

우리와 자연의 이런 대립적 관계는 근대 철학에 깊이 뿌리내리고 있다. 그 뿌리는 17세기 철학자인 존 로크에게까지 거슬러 올라간다. 로크는 인간이 노동을 통해 자연을 유용한 것으로 바꾸기 전까지는 자연에 그 어떤 가치도 없다고 보았다. 로크에 따르면 농지로 개간해 생산물을 내놓는 땅과 비교했을 때 광활한 황무지는 아무런 쓸모가 없다. 로크는 노동이 모든 것에 가치를 부여한다고 가르친다. 그리고 이 기본 전제 위에서 정부 기관이 등장하기 이전에, '나의 것과 너의 것'을 구분하는 법이 통과되기 이전에, 자연권인 사유 재산권이 존재한다고 말한다. 우리는 '자신의 노동을 섞은' 것을 '당연히' 정당하게 소유한다. 우리의 노동이, 오로지 우리의 노동만이 사물에 가치를 부여하기 때문이다. 자연 그 자체에는 아무런 가치도 없다.[1]

로크가 소개한 기술적 자연관은 인간의 모든 역사를 자연의 점진적인 '정복'으로 이해한 마르크스에 이르러 정점에 달한다. 마르크스가 상상하는 역사의 마지막 단계에서 우리는 우리의 노동력으로 자연을 너무 성공적으로 점유해서 모두에게 손쉽게 생계 수단을 제공한다. 마르크스가 보기에 진정한 인간 성취이자 근대성의 특징은 하나의 형이상학적 통찰, 즉 땅과 하늘의 모든 것은 그 자체로는 미완성된 물질일 뿐이며, 인간의 손으로 그 물질의 모양을 빚고 인류의 재생산에 동원해야 한다는 자각이다. 마르크스에 따르면 자연이 그 자체로 유의미하고 우리의 존중을 요구한다는 생각은 뒤떨어진 전과학적 자연관에 예속된 것이다.

자연을 정복하려는 열망의 문제는 그저 자연재해나 불가사의한 질병, 죽음처럼 우리가 통제할 수 없는 듯한 사건에서 우리의 기술이 한계에 부딪힌다는 것만이 아니다. 진짜 문제는, 자연을 철저히 우리가 설계할 수 있는 것으로 여길 때 자연이 우리에게 주는 자극과 제안을 간과하게 된다는 것이다. 목표 지향적 노력에 자연을 동원할 때, 우리는 자연의 아름다움과 숭고함을 보지 못한다. 그러나 우리는 바로 이 아름다움과 숭고함 앞에서 애초에 특정 목표를 추구하게 된 삶의 방식을 재고해볼 수 있다.

내가 생각하는 자연의 자극은 명확하게 쓰인 텍스트처럼 자명한 진실이 아니다. 그보다는 우리가 냉철함을 추구하는 과정에서 고민하

236

고, 해석하고, 실험해야 할 제안에 가깝다. 우리는 자연의 여러 측면을 호기심 있게 파고들며 해석해야 한다. 이러한 태도를 대립과 대조되는 '소크라테스식' 태도라 부를 수 있다. 소크라테스가 아무리 편협하고 논쟁적인 의견일지라도 그 안에서 늘 통찰을 끌어내려 했듯이, 우리도 자연에 그렇게 접근할 수 있다.

고대 사람들은 일상에서 이런 태도를 취하며 자연을 삶의 여정을 위한 상징과 이정표가 담긴 무한한 창고로 이해했다. 예를 들어 호메로스의 『오디세이아』를 펼치면 자연이 고유한 힘이자 인간이 지구 위에서 벌이는 활동의 파트너로 묘사된 것을 발견하게 된다.

"태양이 눈부신 바다를 떠나 청동빛 하늘로 떠오르며 불멸의 존재들과 곡물을 내놓는 대지 위 필멸의 존재들에게 빛을 가져다주었다."[2]

나중에 칼립소는 오디세우스가 집으로 돌아갈 수 있도록 그를 풀어주기로 한다.

"그가 오디세우스를 섬 끝자락으로 데려갔다. 오리나무, 백양나무, 하늘까지 치솟은 전나무처럼 키 큰 나무들이 서 있었다. 이 오래되어 잘 마른 목재들은 바다 위에 가볍게 떠오를 것이었다."[3]

이 구절에서 호메로스는 나무가 항해를 위해 '잘 마른 목재'를 제공했다고 묘사하는데, 이 부분이 과거의 기술적 태도를 담은 구절처럼 보일지도 모른다. 그러나 자세히 들여다보면 호메로스는 매우 다른 감성에서 말하고 있다. '키 큰' 나무와 '하늘까지 치솟은' 전나무에서 드러나는 나무의 높이는 나무 자신이 도달하려는 목표이지, 오만한 인간이 부여한 목표가 아니다. 호메로스는 하늘까지 치솟은 전나무가, 자신의 파트너이자 자신이 속한 곳인 하늘을 갈망하며, 아무 목적이 아니라 항해를 도울 돛대가 되어 바람을 타고 오디세우스를 고향으로 데려갈 운명임을 암시한다. 이렇게 호메로스는 자연을 다양한 형태로, 연대감을 통해 인간 및 신의 노력과 긴밀하게 묶여 있는 것으로 묘사한다.

소크라테스가 대화 상대를 대하듯 자연과 교감했다는 사실은 전혀 놀랍지 않다. 그는 땅과 하늘에 기대 미덕과 선의 의미를 설명했다. 예를 들어 플라톤의 『국가』에 나오는 유명한 구절에서 소크라테스는 '선 개념'을 태양에 빗대어 설명한다. 그에 따르면 태양이 우리가 볼 수 있는 모든 것을 실제로 볼 수 있게 하듯이, 선도 우리가 생각할 수 있는 모든 것을 실제로 알 수 있게 해준다.[4] 이 비유를 통해 우리는 선 개념(우리가 진정으로 행복하게 살아가기 위해 따라야 할 기준)이 우리의 수많은 일상적 의견이나 우리가 '선'하거나 '악'하다고 부르는 행동과 무관하게 파악 가능한 단일하고 가장 고결한 개념이 아님을 고찰하게 된다. 태양은 오로지 이 세상에 빛을 비추어 세상이 그 무한한 다양성을 드러내게 할 때만 빛으로서 장엄함과 화려함을 획득하기 때문이다. 태양의 아름다움을 말할 때 우리는 밝게 빛나는 구체뿐만 아니라 태양이 밝게 비추는 광경 전체를 떠올린다. 선과의 관계 측면에서 생각해볼 때, 태양이라는 존재는 근대 물리학에서 말하는 질량보다 훨씬 거대하다. 태양은 우리 자신의 은유이며, 우리가 태양에 의지해 스스로를 이해하는 한, 우리 역시 태양의 은유다.

현대의 감성에서 볼 때, 자연을 삶의 방식을 해석할 원천으로 바라보는 이런 비유적 관점은 지나치게 순진하고 비현실적으로 보일지도 모른다. 우리는 자연을 중립적인 물질로 여기고, 자연의 의미는 인간의 정신이 만들어낸다고 생각한다. 현대적 관점에서 태양의 '진짜 모습'은 물리학이 답해야 할 실증적 사안이며, 우리가 태양을 어떻게 여기느냐는 태양 자체와는 아무런 관련이 없는 주관적 사안이다. 우리는 자연에서 발견되는 의미를 도덕적으로 무심한 세상에 인간의 주관적 가치를 투사한 것으로 치부한다.

그러나 그 어떤 첨단 과학도, 자연의 아름다움과 숭고함에 감명받아 그 의미를 숙고하는 경험을 무효화하지는 못한다. 이런 경험을 실제로는 아무 의미 없는 세상에 대한 주관적 반응으로 취급하는 것은 자연이 우리에게 안기는 혜택과 가능성을 간과하는 것이다. 근대 물리학에서 이론화하기 한참 전부터 자연은 우리가 선택하지 않은 여러 형태로 나타나 우리에게 자연을 해석할 과제를 안겨왔다. 또한 호기심과 경외심을 불러일으키는 광경을 해석하려고 노력하면서 우리는 새로운 가치를 배우거나 마주친다.

나의 개인적 경험은 이 사실을 잘 보여준다. 나는 브라질과 아르헨티나 국경에 있는 이과수 폭포에서 자연을 만났다. 다양한 각도로 떨어지며 부서지는 웅장한 폭포수에 깊이 감명받아 내가 본 것을 제대로 설명하고 싶어진 나는 생각에 잠겼다. 무엇이 폭포를 이토록 인상적으로 만드는가?

폭포 주변을 천천히 걸으며 내가 본 것을 이해하려고 애썼다. 절벽 꼭대기에서 평화롭게 흐르던 물이, 갑자기 굉음을 내며 아래의 거대한 유역으로 맹렬하게 낙하한다. 그리고 추락을 까맣게 잊은 것처럼 아무렇지도 않게 저 멀리 하류로 잔잔히 흘러간다.

우연히도 당시 나는 그리스 비극을 무척 많이 읽고 있었다. 폭포와 오이디푸스의 운명을 생각하다 보니, 이런 엄청난 형태의 자연에 지혜가 깃들어 있음을 깨달았다. 안정적이고 자명한 일상생활(위에서 잔잔하게 흐르는 강)의 밑에는 임박한 재난, 급작스러운 추락이 들끓고 있다. 다시 평정을 되찾고 차분하게 하류로 흘러가는 강물은 운명이 가한 타격을 받아들이고 언제든 불쑥 발생할 수 있는 운명의 변화를 덤덤하게 헤쳐나가라고 가르친다. 이렇게 이해하면, 폭포는 우리가 자신의 성취를 열거하며 훌륭한 커리어를 쌓고 있다고 확신할 때 느끼는 만족감에 의문을 제기한다. 우리는 절벽 끝의 잔잔한 물 위를 떠내려오고 있는 건 아닐까? 돌연 추락한 뒤, 우리는 물처럼 평정을 되찾을 수 있을까?

누군가는 내가 『오이디푸스』에 영향을 받아 그 자체로는 가치 중립적 현상일 뿐인 폭포에 나만의 의미를 투사하고 있는 것이라고 말할지 모른다. 그러나 이 말은 독특한 크기와 소리, 움직임을 가진 폭포가, 여러 가설적 판단을 배제하고 특정 범주의 해석만을 불러일으킨다는 사실을 놓친다. 폭포에 적용하기에는 부적절한 설명이 무수히 많고, 우리는 그 설명들을 고려하지조차 않는다. (예를 들어 폭포를 '소박한 평온'이라고 표현해보자. 이 표현은 명백히 폭포의 광포함을 담아내지 못한다.) 오이디푸스의 이야기가 폭포를 특정 방식으로 바라보게 하듯이, 폭포도 나름대로 오이디푸스 이야기의 측면에서 '해석'되기를 갈망한다. 이 말은, 우리가 『오이디푸스』에서 얻은 통찰이 폭포를 통해 새롭게 표현된다는 것이다. 소포클레스가 쓴 책 그 어디에서도 절벽에서 떨어진 뒤 기적적으로 평정을 되찾는 강물을 만난 사람은 등장하지 않는다. 그러므로 폭포 자체가 고유한 특성을 통해 오이디푸스 이야기를 더욱 풍성하게 만들고 그 반대도 마찬가지라고 말할 수 있다. 결국 자연에 대한 해석은 자기 자신에 대한 해석과 분리할 수 없다.

이렇게 자연에 몰입하는 개인적인 해석이 불합리하고 '한낱 비유적인' 세계관을 반영할 뿐, 과학이 제공하는 '엄밀'하고 '객관적'인 설명에는 미치지 못한다고 느낄 수도 있다. 우리는 '진짜' 폭포가 지질 작용과 중력의 산물이라고 생각한다. 그러나 '지질 작용'이나 '중력' 같은 개념 또는 세상을 이해하는 그밖의 소위 비인격적인 방식 뒤에, 우리가 탐구하지 않고 내버려둔 미심쩍은 자기 이해가 숨어 있다는 점을 고려해야 한다.

코페르니쿠스 혁명이 있고 수백 년이 지나도록 우리는 아무 생각 없이 태양이 뜨고 진다고 말한다. 이 순진한 개념은 현실에 대한 더 정확한 설명으로 대체되지 않고 있다. 이 사실 자체가 '그저 인간적일 뿐인' 관점과 관계없이 세상을 바라보려는 시도, 즉 처음 자연이 우리 눈에 보인 방식을 극복하려는 노력이 다소 헛되고 소용없음을 보여준다. 일출과 일몰이 잘 보낸 하루의 구조와 리듬에 의미를 갖는 한, 그리고 떠나고 되돌아온다는 의미에서 매 순간 일생에 관해 우리에게 가르쳐줄 점이 있는 한, 일출과 일몰은 그 어떤 '새로운' 과학의 반박에도 끄떡없는 진실을 드러낸다고 볼 수 있다.

우리가 사는 코페르니쿠스 혁명 이후의 세계에서는 너무나도 익숙한, 사실은 지구가 태양의 주위를 도는 것이지 그 반대가 아니라는 주장은, 코페르니쿠스적 관점으로 자연을 바라보지 않으려는 태도 못지않게 편협한 독단이다. 정말로 포용력 있는 관점에서는, 각 관점이 입증하는 자기 이해를 고려하고 비교해볼 수 있다.

근대 자연 과학의 도덕적 토대

우리가 '가치 중립적'이라고 여기는 설명 밑에 미심쩍은 자기 이해가 숨어 있다는 생각과 관련해, 지구를 도는 달의 경로에 관한 뉴턴의 설명을 살펴볼 수 있다. 지구보다 더 작은 물체인 달은 홀로 내버려두면 궤도에서 벗어나지만, 더 무거운 물질인 지구가 달을 끌어당겨 붙잡는다. 그러나 일직선으로 나아가려 하는 달의 속도 덕분에 달은 곧장 지구와 충돌하지 않는다. 이렇게 달은 선형 경로가 구부러져서 지구 주위를 돈다. 우리는 이러한 설명이 아리스토텔레스의 생각보다 더 이성적이고 과학적이라고 여긴다. 아리스토텔레스의 주장에 따르면, 원을 그리며 이동하는 물체들은 자신의 의지로 그러는 것인데, 이들은 스스로에게 만족하며 바깥의 것을 찾지 않기에 끊임없이 원점으로 돌아온다.

그러나 뉴턴과 아리스토텔레스의 설명을 각각 자세히 살펴보면 둘 다 의문의 여지가 있는 가정에서 비롯되었음을 알 수 있으며, 그 뿌리는 어떻게 살아야 하는지에 대한 서로 다른 개념으로 거슬러 올라간

다. 둘 중 하나가 다른 하나보다 '현 상태'를 더 객관적으로 진실하게 보여준다고 할 수는 없다.[5]

뉴턴의 설명은 관성의 법칙이라는 이름으로 모든 고등학교 물리학 교과서에 실리는 그 유명한 원리에 기반한다. 즉, 어떤 물체를 외부에서 작용하는 힘 없이 홀로 놔두면 쭉 그 자리에 멈춰 있거나 계속 일직선으로 이동한다. 뉴턴의 이 원리에는 두 가지 가정이 있다. 하나는 '홀로 내버려둔' 물체, 즉 다른 물체와 아무 관련이 없는 물체라는 개념이고, 다른 하나는 다른 모든 운동의 준거 기준이 되는 선형 운동이라는 개념이다. 이런 식의 물체는 관찰로 증명하거나 규명할 수 있는 것이 아니다. 이 원리는 그 자체로 물체를 어떻게 간주해야 하는지 규정하고 가능한 모든 관찰과 실험의 토대가 된다.[6] '원리'axiom라는 단어는 '규정하다' 또는 '제정하다'라는 의미의 고대 그리스어 악시오axio에서 나왔다. 뉴턴의 서술은 그 자체로 하나의 제정 행위라 볼 수 있다. 이 서술은 어떤 물체를 관찰할 것인지, 어떤 실험이 진행될 것인지를 결정한다.

예를 들면, 한 실험에서 명백히 서로 다른 물건인 당구공과 깃털을 가져다가 공기 없는 방 안에서 나란히 떨어뜨리고 두 물건이 같은 속도로 떨어지는지 관찰하는 것은, 오로지 '홀로 내버려둔' 물체라는 토대 위에서만 타당하다. 이런 실험은 오로지 이 물건들을 그 어디에도 속하지 않은 것, 특성이 완전히 똑같은 것으로 이해할 때만 개념적으로 가능해진다.

이런 식으로도 생각해볼 수 있다. 당구공과 깃털을 함께 떨어뜨리는 순간, 우리는 은연중에 두 물건을 이해하는 방식을 바꾼다. 우리가 인식하든 못 하든, 이제 우리는 두 물건을 '홀로 내버려둔 물체'로 이해한다. 이 홀로 내버려둔 물체라는 것은 오로지 추상을 통해서만 얻을 수 있는 것이므로, 우리는 두 물체를 들여다보는 만큼 두 물체에서 눈을 돌리게 된다. 이제 우리는 깃털과 당구공을 한때 깃펜에 달려 있을 때나 당구 경기의 구성 요소였을 때처럼 바라보고 이해하지 않는다. 우리는 두 물건이 맥락 위에 존재한다는 사실에서 눈을 돌리고, 이 물건들이 사용되는 방식과 관련이 있는 무게나 질감 같은 특성을 망각하며, 이것들을 텅 빈 3차원 공간에서 자리를 차지할 수 있는 아무 물건과 연관시킨다.

우리가 쉽게 중력의 법칙이라고 이해하는 것, 개개인과 무관한 세상 돌아가는 방식을 설명하는 법칙이라고 이해하는 것은 사실 그 물체를 어떻게 해석하느냐에 달려 있고, 이러한 해석의 책임은 우리에게 있다. 관찰자인 우리가 살아가는 삶의 특정 경향을 토대로 상상 속에서 사물을 구성한 것이라는 점에서, 우리는 이러한 해석을 '창조적'이라고 부를 수 있다.

뉴턴의 관점에 내재한 '창조적' 특성은 뉴턴의 개념을 다른 그럴듯한 개념과 비교해볼 때 더욱 명확하게 드러난다. 뉴턴 이전에도 사람들은 자연 세계를 신중하고 주의 깊게 관찰했다. 그러나 당시 사람들은 원리와 물체 개념의 다른 토대 위에서 운동을 매우 다르게 설명했다. 여기서 다시 아리스토텔레스의 이론을 예로 들 수 있다. 아리스토텔레스에 따르면, 물체는 고유의 알맞은 자리로 움직인다. 천체처럼 원을 그리는 물체는 자기 자신에게 속한다. 이런 물체는 다른 것을 찾아 다른 방향으로 날아가지 않고 끊임없이 자신에게 되돌아온다. 이들의 운동은 특정한 자족 개념을 보여준다. 원을 그리며 움직이는 물체들은 자기가 아닌 그 무엇에도 의존하지 않는다. 이 원운동은 스스로 다스리는 삶을 상징하고, 우리는 하늘을 올려다볼 때마다 그러한 삶의 모습을 떠올린다. 반면 원을 그리는 운동에서 벗어난 물체, 예를 들면 직선으로 나아가는 물체는 자신과 하나 되지 못하고 다른 곳을 향하려 한다. 불은 태양과 함께 있으려고 위로 올라간다. 돌은 지구와 다시 만나려고 아래로 떨어진다.

실증 연구로 아리스토텔레스의 운동 이론을 반증할 수 있다는 생각은 이미 근본적인 관점이 모든 관찰의 방향을 결정한다는 점을 간과한다. 뉴턴의 영향을 받은 관점에 따라, 우리는 달에서는 돌이 지구로 향하지 않는다는 사실을 지적하며 아리스토텔레스의 이론을 반박하고 싶을지 모른다. 그러나 아리스토텔레스는 그런 관찰 결과 때문에 위치와 관련된 운동 이론의 기본적 틀을 수정하려 하지 않았을 것이다. 어쩌면 그는 그저 돌의 알맞은 위치 개념만 바꿨을지도 모른다. 아니면 생각해보니 달에 있는 돌은 지구에 있는 돌과 다른(그러므로 운동 경로도 다른) 존재라는 결론을 내렸을지도 모른다. 달에 있는 돌의 사례는, 아리스토텔레스의 관점에서 볼 때 달에 가서 그곳의 사물들이 움직이는 방식을 관찰하는 프로젝트 자체가 말이 안 된다는 점에서 다소 부적절하다. 아리스토텔레스가 이해하기에 달은 우리가 가는 장소가 아니라, 이곳 지구에서 우리가 냉철함을 얻고자 분투할 때 해석할 수 있는 하나의 상징이다. 요점은, 아리스토텔레스의 틀 안에서도 무수한 증거를 축적할 수 있다는 것이다. 이 틀에 활력을 불어넣는 정신적 명령을 충실히 따르는 한, 틀에는 그 어떤 경험적 한계도 없다.

아리스토텔레스의 운동 원리가 고루하다고 무시할지라도, 이 원리역시 뉴턴의 원리 못지않게 '사실'에 충실하다는 점을 인정해야만 한다. 사물이 고유의 알맞은 위치를 찾기 위해 노력한다는 점과, 더 큰의미의 조화로운 질서 개념에 초점을 맞추면, 아리스토텔레스 역시사물이 움직이는 방식에 관해 뉴턴 못지않게 통일성 있는 설명을 제시할 수 있다. 심지어 우리가 교과서를 통해 이 세상을 추상적 개념 안에 집어넣는 법을 배우기 이전, 일상생활에서 우리 눈에 보이던 물체의 운동을 떠올리면 아리스토텔레스의 원리가 더 타당하다고 말할 수도 있다. 기차는 자기 목적지를 향해 넘실대는 언덕을 가뿐히 지나간다. 기차의 운동은 기차의 목적, 즉 승객을 한 도시에서 다른 도시로편안하게 나르는 것에 부합한다. 나무는 휘몰아치는 바람 앞에서 유연하게 몸을 구부린다. 이로써 나무는 자신을 쓰러뜨리려는 폭풍에맞서 온전함을 유지한다. 기차가 갑자기 멈추거나 선로에서 벗어난다면, 나무가 거센 바람에 쓰러져버린다면, 그러한 변화는 곧바로 목적또는 알맞은 위치에서 벗어난 충격적인 일탈로 보인다.

뉴턴의 운동 법칙이 가능하기 위해서는 우리가 스스로를 이해하는방식이 먼저 변해야 했다. 사물이 고유의 올바른 위치를 찾아가려 하고 원을 그리는 운동이 완벽함을 상징한다는 기존의 개념에 도전해야 했다. 즉, 과학적 변화와 함께 도덕적 변화가 발생해야 했다.

뉴턴의 원리를 다시 살펴보면 이러한 변화를 분간해볼 수 있다. 언제나 3차원 공간의 어디든 차지할 수 있는 저 홀로 남겨진 물체, 다른 물체와 특성이 같을 뿐 서로 관련성은 없는 물체는 물체에 대한 하나의 해석이다. 이 해석은 인간이 더 이상 다른 사람과의 명확한 관계 속에 있지 않고 태어날 때부터 자유롭고 평등하다는 계몽주의 시대의 관념을 따르고 더욱 강화한다. 선형 운동이 제일 앞선다는 사실은 진보의 근대적 이상을, 자연과 사회에 대한 끝없는 정복을 상징한다. 반면 이제 원을 그리는 운동은 안일함을 상징한다. 이제는 이러한 운동을 후퇴와 일탈로 설명해야 한다.

이렇게 원의 원형 궤도는 선형 운동이 구부러진 것으로 이해된다. 명백히 자명해 보이는 뉴턴의 이론적 틀은 아리스토텔레스의 틀 못지않게 의문의 여지가 있는 도덕적 관점을 더욱 강화하는 역할을 한다. 세계를 묘사하는 원리로서의 유효성은 그 토대에 있는 도덕적 전제와 떼어놓을 수 없다. 그 도덕적 전제가 의심스럽다면 그 전제에서 나오는 중력의 법칙도 의심스러울 수 있다.

즉, 뉴턴의 운동 법칙은 아리스토텔레스의 법칙 못지않게 창의적이고 인간의 열망으로 가득하다. 두 법칙 다 인간의 번영에 대한 비전에 의존하며, 두 비전 다 의문의 여지가 있다. 우주에 관한 모든 이론의 기본 개념을 파고 들어가면 이런저런 도덕적 관점을 발견할 수 있다. 즉, 세상을 바라보고 설명하는 모든 방식은 스스로를 이해하려는 포괄적 탐구에서 나온다는 뜻이다.

과학의 도덕적 토대를 인식하는 행위는 우리를 자유롭게 한다. 이러한 행위는 (자세히 뜯어보면 의심쩍은 자기 개념에서 나온) '현실'을 무조건적으로 따르지 않게 해주고, 땅과 하늘에서 인간적 의미를 발견하는 일에 다시 존엄을 부여한다. 또한 우리의 건강과 안전이 아닌 다른 이유로 우리가 지구를 책임지고 돌보도록 격려할지도 모른다. 우리는 냉철함을 얻고자 노력하는 과정에서 자연을 파트너로 이해하고 보호해야 한다.

중력과 인간의 분투

근대 물리학에 따르면 아래로 누르는 무게나 아래로 떨어지는 돌 같은 것은 존재하지 않는다. 중력은 계산할 수 있는 힘일 뿐이며, 이 힘에 따라 더 큰 질량이 더 작은 질량을 끌어당긴다. 질량은 무거움이 아니라 수치화한 중량이다. 그러나 더 익숙한 관점에서 볼 때 중력은 무겁고 냉혹한 모습으로, 모든 것을 아래로 추락하게 하는 법칙으로 우리 앞에 나타난다. 니체의 저서에 등장하는 철학자 주인공 차라투스트라는 '가장 높은 봉우리'에 오르며 이렇게 말한다.

"나를 조롱하듯 달그락거리는 자갈 위로 말없이 성큼성큼 걸으며, 미끄러운 바위를 짓밟으며 내 발은 힘겹게 위로 올라갔다. 위로—내 발을 심연으로 끌어내리는 **중력의 영**, 나의 악마이자 최대의 적인 중력의 영에 맞서서… 그는[나의 적은] 나를 조롱하듯 한 음절 한 음절 속삭였다. '그대 철학자의 돌이여! 그대는 스스로를 높이 내던지지만 던진 돌은 반드시 떨어질 수밖에 없다.'"[7]

한 음절 한 음절 조롱하듯 말하는 중력의 속삭임은 중력의 비인간 적이고 기계적인 특성을 시사한다. 이 속삭임은 처음에 차라투스트라 의 통제를 벗어난 힘으로서 그의 앞에 나타난다. 그러나 차라투스트라 는 단순한 중력이 아닌 **중력의 영**을 말하는데, 이는 바깥만큼이나 자 기 안에서 작용하는 무거움을 암시한다. 영적인 힘으로 이해되는 이 중력은 차라투스트라를 땅이 아닌 '심연으로' 끌어내린다. 중력의 영 이 작용하는 돌은 우리가 온 힘을 다해 던지지만 결국 땅으로 떨어지 고 마는 평범한 돌이 아니라 '철학자의 돌'인데, 전설에 따르면 가치 없는 쇠붙이를 금으로 만드는 힘이 있는 이 철학자의 돌은 평범하고 우연한 것에 광택과 의미를 되찾는 우리의 힘을 나타낸다.

니체는 때때로 우리가 종속될 수밖에 없는 생경한 필연성처럼 보이 는 자연의 중력이, 사실은 우리의 절망적 관점에서 자연을 해석한 것 임을 암시한다. 종말의 시점에서 또는 실패나 불행, 낡아버린 승리의 시점에서 자연을 바라보는 것이다.

니체는 몇 줄 뒤에서 이 점을 더욱 분명히 한다. 탈진하기 직전의 차 라투스트라는 중력의 영과 대면한다.

"우리 둘 중에서 더 강한 것은 나다. 그대는 내 심원한 사상을 모른 다. 당신은 내 **사상**을 견디지 못한다."[8]

차라투스트라가 나중에 설명하듯이, 이 심원한 사상은 정신의 쇠 약, 고통 앞에서의 체념, 허무주의와 관련이 있다. 차라투스트라는 이 '심원한 사상'을 휘두르며 봉우리를 오르려는 자신을 아래로 끌어당 기는 물리적이고 실재적인 중력에 맞서 싸운다. 차라투스트라는 '지구의 중력'이 하나의 상징이자, 심원한 사상의 물리적 발현임을 암시한다.

이렇게 이해하면 중력은 우리를 무력하게 만드는 자연의 힘으로서만 우리 앞에 나타나는 것이 아니다. 중력을 우리 밖에서 작용하는 힘으로만 해석하는 것은 분투하고 체념하는 우리 자신이다. 그러나 우리가 우리 내부에서 또는 우리가 고통에 반응하는 방식에서 중력을 발견하는 순간, 우리는 중력을 삶을 고취하는 저항력으로 재해석할 수 있다.

나는 니체가 중력을 이해하고 자연에서 정신적인 것을 찾아낸 방식에서 영감을 얻었고, 내 삶에서 가장 철학적이지 않은 것처럼 보이는 측면을 새롭게 인식하게 되었다. 그중에는 최근에 있었던 운동 테스트도 있었는데, 그 테스트의 이름은 마침 타바타 턱걸이 '중력 챌린지'다. 타바타는 20초간 정해진 동작을 하고 10초간 쉬는 것을 총 4분간 반복하는 운동이다. 나의 경우 정해진 시간 안에 턱걸이를 최대한 많이 하고자 했다.

목표하는 결과의 관점에서 보면 이 챌린지는 중력과의 혹독한 싸움처럼 보인다. 끝날 때쯤이면 어깨부터 손가락 끝까지 온 팔이 악을 쓴다. 등 근육은 턱걸이를 한 차례 더 반복하려고 겨우겨우 힘을 끌어모은다. 이때쯤 되면 중력이 우리 최대의 적 같다. 이때 중력은 결국 우리를 끌어내리는 가차 없는 힘이다. 그러나 다른 시점에서 보면, 챌린지 **도중** 턱걸이의 리듬 속으로 빠져들 때, 중력은 우리가 견고한 금속 표면을 손바닥으로 내리눌러 몸을 들어 올릴 때 철봉 위로 솟아오를 수 있게 해주는 힘, 턱걸이를 한 번 더 반복할 수 있도록 신속하고 손쉽게 아래로 내려올 수 있게 하는 힘이다.

이렇게 중력과 우리의 체력은 협력하며 서로가 힘으로서 작용할 수 있게 한다. 중력이 없으면 우리는 자기 몸을 위로 들어 올릴 수 없다. 우리의 당기는 힘이 없으면 중력은 대항력을 통해 스스로를 드러낼 수 없다. 챌린지가 끝을 향해가면서 몸이 너무나도 무거워질 때, 중력이 가장 가차 없이 자신을 주장할 때조차, 외부에서 가해지는 듯 보이는 이 힘이 작용하게 하는 것은 바로 우리의 대항력이다. 우리가 철봉을 놓고 중력에 굴복하는 순간 중력도 같이 사라져버린다.

스토아학파의 자연 개념에 대한 비판

내가 말하는 소크라테스식 자연 이해에 따르면, 우리 앞에 나타나는 외부적 힘으로 보이는 것은 우리가 냉철함을 추구할 때 함께 대화를 나누는 파트너가 될 수 있다. 이러한 이해는 오늘날 자연을 대하는 대립적 태도뿐만 아니라 최근 다시 부활하고 있는 더 오래된 경향, 즉 자연에 저항하기보다는 잠자코 순응하라고 가르치는 스토아학파의 자연 개념과도 대비될 수 있다.

스토아학파의 관점에 따르면 우리는 '자연에 따라 살아야' 하는데, 이 말은 자연이 우리에게 전하는 것을 우리의 희망이나 열망과 별개로 흘러가는 더 거대한 흐름의 일부로 받아들이라는 뜻이다. 계절의 오고 감이나 생물의 성장과 쇠퇴처럼 우리 주변 세계의 불변하는 자연을 관찰함으로써, 우리는 자연이 영원히 순환하며 그 안에서는 우리 자신을 비롯한 모든 것이 결국 그대로 보존되고, 우리 역시 다른 모든 것과 똑같은 요소로 구성된 존재임을 이해하게 된다.

스토아학파는 부상과 질병, 심지어는 죽음처럼 위협적으로 보이는 사건이 절대 사라지지 않는 필연적이고 명료한 질서의 작용임을 이해함으로써 그 앞에 선 스스로를 위로할 수 있다고 가르친다. 스토아학파 철학자인 세네카는 이렇게 말한다.

우주가 어떻게 스스로 순환하는지를 보라. 이 우주에서는 그 무엇도 소멸하지 않으며, 모든 것이 차례로 뜨고 짐을 알게 될 것이다. 여름이 가도 다음 해에 또 다른 여름이 찾아오고, 겨울이 지나도 몇 달 뒤 또 겨울이 돌아온다. 밤은 태양을 가리지만 곧 태양의 빛이 밤을 몰아낼 것이다. 모든 별자리의 움직임은 지나갔다가 되풀이되고, 늘 이쪽 하늘이 떠오르면 다른 쪽 하늘은 지평선 아래로 가라앉는다.[9)]

우리의 노력을 좌절시키는 자연의 모습이 두려워질 때마다 우리는 그러한 모습이 쇠락과 소생이라는 영원한 흐름의 필수적인 요소임을 상기해야 한다. 세네카는 얼마 전 아들을 잃은 친구 마르키아에게 보내는 편지에서 인간의 불행은, 심지어 지구 전체에 영향을 미치는 가장 격렬한 사건도, 그런 영원한 흐름에 꼭 필요하다는 점을 지적한다.

"때가 되어 이 세상이 소생하기에 앞서 스스로를 파괴할 때, 이런 것들은 스스로의 힘으로 자신을 쓰러뜨릴 것이고, 별들은 다른 별과 충돌할 것이며, 지금 질서 있게 반짝이는 모든 것이 하나의 불덩이로

타오를 것이고, 모든 것이 불길에 휩싸일 것이네… 모든 것이 서서히 파멸할 때, 우리는 먼 옛날의 요소로 다시 변하게 될 거야."10)

로마의 황제 마르쿠스 아우렐리우스 같은 일부 스토아학파 학자는 자연의 흐름을 신의 섭리로 해석했다.

이 세상이 모든 몸으로 구성된 하나의 몸이듯이, 운명도 모든 목적으로 구성된 하나의 목적이다… 그런 식으로 자연의 계획이 이룬 성취를 바라보라… 그리고 쉽지 않더라도 일어나는 일을 받아들여라. 그 일이 불러올 이 세상의 건강과 제우스 신의 안녕과 번영을 생각하며 받아들여라. 그 일이 세상 전체에 이익을 가져다주지 않았다면 제우스 신은 그 누구에게도 이런 일을 내리지 않았을 것이다.11)

마르쿠스의 섭리적 자연관과 세네카의 더욱 물질주의적인 개념에는 자연이 우리의 행동이나 생각과 관계없이 홀로 흘러간다는 생각이 공통으로 들어 있다. 자연을 통제하거나 바꾸거나 자연에 영향을 미치려는 시도는 전부 무용하다. 그 대신 우리는 자연을 이해하고 자연의 작동 방식을 안다는 데 만족해야 한다. 스토아학파의 다양한 자연관을 하나로 묶는 것은 바로 운명 개념이다. 마르쿠스는 운명을 다음과 같이 말한다.

"당신에게 무슨 일이 벌어졌다. 좋다. 그 일은 자연이 당신을 위해 의도한 것, 처음부터 거대한 패턴 안에 짜여 있던 것이다."12)

이런 운명론적 개념이 목표 지향적 노력의 허무함에 맞서는 대립항으로서 매력적이라는 사실은 부정할 수 없다. 이 개념은 목표 지향적 노력이 도달할 수밖에 없는 실패와 상실을 더 거대한 계획의 일부로 묘사한다. 격렬하고 매우 가시적인 속세의 사건에 깊이 연루된 수많은 인물이 스토아 철학에 그토록 끌린 것도 당연하다. 이들에게 스토아 철학은 소란스러운 정치 생활의 한가운데에 떠 있는 고요한 섬 같았을 것이다. 마르쿠스 아우렐리우스에게 스토아학파는 로마 제국을 다스리면서 필요할 때 참고할 수 있는 자기 계발 철학이었다. 주위의 아첨과 기만에 대처하고 자신이 통제할 수 없는 이유로 실패하는 계획들을 처리하는 분명 고단했을 과제 앞에서, 마르쿠스는 야망이 가득하고 경쟁적인 인간의 삶에서 자신을 자유롭게 할 철학을 갈구했다. 출간할 의도는 명백히 없었지만 오늘날 『명상록』이라는 제목으로 알려진, 스스로에게 동기를 부여하는 짧은 메모로 이루어진 마르쿠스의 글들은 허영과 집착, 성취욕을 비판하는 내용으로 가득하며, 이러한 비판은 그때만큼이나 오늘날에도 유의미하다.

예를 들어 마르쿠스는 편지에 답장하거나 친구를 만나지 못할 정도로 늘 '바쁜' 것이 좋지 않음을 알았다. 자신에게 쓴 한 메모에서 그는 "진짜 바쁠 때가 아니면 사람들에게 끊임없이 바쁘다고 말하지(또는 쓰지) 말 것. 마찬가지로, '시급한 용무'가 있다는 이유로 주변 사람에 대한 책임을 늘 회피하지 말 것"이라고 경고했다.13)

또한 마르쿠스는 명성에 대한 관심이 쉽게 자기 파괴적인 허영으로 빠질 수 있음을 잘 알았고, 외모와 인기를 초연하게 바라보고자 했다.

"널 괴롭히는 것이 네 명성인가? 하지만 우리 모두가 얼마나 금세 잊히는지를 보라. 끝없는 시간의 심연이 우리 모두를 집어삼킨다. 박수를 보내는 저 손들은 전부 공허하고… 이 모든 것은 작디작은 공간에서 벌어질 뿐이다."[14]

그러나 스토아 철학이 목표 지향적 노력의 결함을 강력하게 드러낸다 해도, 목표 지향적 관점에서 완전히 벗어나는 것은 결코 아니다. 스토아학파는 '제우스의 번영'과 같은 명백한 섭리주의나 이 세상의 '건강'과 '소생'이라는 명목으로 목표 지향적 관점을 그대로 자연에 옮겨놓는다. 스토아 철학은 행위 주체성을 향한 우리의 갈망을 충족하지 못하고, 삶의 의미를 이해하게 하는 노력과 계획을 제대로 포함하는 대안적 활동도 상상하지 못한다. 성취나 특정 상태의 덧없음을 수용하고 더욱 지속적인 행복을 누릴 수 있는 관점을 찾으려는 노력에서, 스토아 철학은 인간의 행위 주체성을 완전히 포기한다. 그리고 우리의 주체성을 그대로 자연에게 양도한다. 스토아학파는 그 과정에서 미래를 기다리지 않아도 그 자체로 정당한 활동, 그러므로 '시간 속에서' 절대 부패하지 않는 활동의 가능성을 보지 못한다. 우리가 앞에서 탐구한 냉철함과 우정의 방식에 따라 그 자체를 위한 활동에 주의를 기울이고 이러한 미덕의 관점에서 자연을 바라보려 하는 대신, 스토아 철학은 자연을 인간 행위 주체성의 대립항으로 그려낸다. 이때 자연은 우리의 행동이나 생각에 전혀 관심이 없거나, 자기 목적에 따라 우리를 이용하는 영원하고 전능한 힘이다.

이러한 질서를 순전히 이론적으로 사색하는 것만이 우리가 지향할 수 있는 유일한 영원이다. 그러므로 스토아학파는 목표 지향적 관점에 여전히 갇혀 있다. 스토아학파는 그저 우리를 행위자에서 거대한 계획의 도구로 바꿔놓을 뿐이다. 우리는 자기 앞에 어떤 운명이 닥치든 신이 그 운명을 통해 이 세계를 더욱 좋은 곳으로 만든다는 사실을 아는 데서 위안을 얻어야 한다.

스토아 철학이 대중 앞에서 연설하고, 전투 전략을 짜고, 자신의 명성 때문에 초조해하고, 아들을 그리워하는 몹시 다양한 활동을 전부 '인간사'라는 표현으로 지칭한다는 점이 매우 인상적이다. 이 모든 활동은 은연중에 무언가를 성취하거나 유지하려는 노력의 측면에서 이해되고, 그러므로 덧없고 불안정한 존재 방식처럼 보인다. 세네카는 "모든 인간사는 짧고 일시적이다"라고 말한다. 시간은 "인간의 화합과 친목을 무너뜨릴 것"이다.[15] 이렇게 인간사를 막연하게 이해하면서, 세네카는 만들고 생산하고 유지하기 위한 인간사와 아리스토텔레스의 용어에 따르면 그 자체가 목적인 인간사를 구분하지 못한다. 또한 그는 동맹으로서의 친목과 우정으로서의 친목을 구분하는 데도 실패한다. 스토아 철학은 이런 중요한 차이를 간과하면서 다양한 활동 방식이 시간과 어떻게 관계 맺는지를 고려하지 못한다. 냉철함이나 우정을 추구하는 삶을 시간 속에서 존재하거나 펼쳐지는 것으로 이야기하는 게 옳은지, 아니면 그러한 삶이 완전히 다른 의미의 시간성을 가진 건지도 묻지 않는다.

스토아 철학은 실천적 지혜와 통일성 추구의 측면에서 인간 행동을 이해하지 못하기 때문에 자연에서 이런 행동의 힌트를 발견하지도 못한다. 자연이 어떤 의미를 표현하든, 그 의미는 결코 우리가 해석자로서 책임질 것이 아니다. '신의 계획'이나 '자연의 순환'은 그저 일별하고 수용해야 하는 것이다. 마르쿠스는 자연을 분석하기에 앞서 "보라, 그러면 알게 될 것이다"라고 말한다. 그가 자기 생각을 정리하는 내내 '보라'와 '알게 된다'라는 표현을 반복한다는 사실은 스토아 철학이 끝내 옹호하는 수동적 태도를 보여준다. 우리와 자연의 관계는 대화보다는 수용에 가깝다. 별을 바라볼 때 우리는 이미 주어진 광대한 우주, 그 안에서 지구는 먼지 한 알에 불과한 우주를 보아야 한다. 세네카의 말에 따르면, "우리는 이 지구와 그 안의 도시, 사람들, 강, 그 주위를 둘러싼 바다를 작은 점으로 여긴다."[16] 별, 무한히 먼 곳에 있는 광원은 지구에서의 삶이 너무나도 하찮다는 사실을 우리에게 상기시킴으로써 우리의 열정을 가라앉혀야 한다.

결국 스토아 철학은 자연과 우리 모두에게 공정한 관계를 찾아 나서게 한다. 별들을 우리 세상을 지배하고 축소하는 광대한 우주의 증거로 이해할 때, 우리는 별에 어떤 경의를 표할 수 있는가? 별을 야간 여행의 지침으로 또는 먼 땅으로 탐험을 떠나며 보다 높은 수준의 냉철함과 우정을 쌓으라고 우리를 격려하는 반짝이는 영감의 원천으로 이해하려 하면 왜 안 되는가? 스토아 철학을 맹렬히 비판한 니체는 하늘을 바라보는 세네카의 관점과 놀랍도록 다른 관점을 제시한다. 니체에게 하늘은 자기 자신을 극복하려고 부단히 노력할 때의 파트너이자, 자긍심을 고취하는 친구다.

오, 내 머리 위의 하늘이여, 순수하고 심오한 그대여! 그대는 빛의 심연이다. 나는 그대를 바라보며 신성한 욕망으로 몸을 떤다… 우리는 함께 자신보다 더 높은 자신을 향해 올라가는 법을, 우리 밑에서 제약과 모략과 죄책감이 증발할 때 머나먼 곳에서 밝은 눈으로 아래를 향해 맑게 미소 짓는 법을 배웠다… 내가 산을 올랐을 때, 그대가 아니라면 내가 산에서 누구를 찾았겠는가?… 내가 온 마음으로 바라는 것은 날아가는 것, 그대를 향해 날아가는 것이다… 그대가 내 곁에만 있다면, 나는 축복하며 '그렇다'라고 말할 수 있는 사람이다… 나는 언젠가 자유로운 두 손으로 축복을 내리고자, 모든 것 위에서 하늘로서, 둥근 지붕으로서, 하늘색 종과 영원한 보증으로서 서 있기 위해 오랫동안 힘겹게 싸운 투사였다.[17)]

니체가 여기서 차라투스트라의 말로 드러낸 것은 자연과 교감하는 한 방식이다. 그는 다른 곳에서 이 방식을 '자연의 자기 인식'을 위한 해석으로 표현한다.

자연의 모든 실험은 결국 예술가가 자연의 더듬거리는 부분을 찾아내고, 자연과 타협하고, 자연이 이 실험들로 애초에 의도한 바를 표현하는 한에서만 가치가 있다… 그러므로 자연에도 성자가 필요하다. 이 성자의 자아는 완전히 녹아 사라졌고, 이 성자의 고통스러운 삶은 더 이상(또는 거의) 개인적인 것으로 느껴지지 않으며, 모든 살아 있는 것들과의 평등과 교감, 하나됨으로서만 강렬하게 느껴질 뿐이다. 이 성자 안에서 기적과도 같은 변화가 발생한다… 모든 자연은 자신의 구원을

위해 이런 궁극적인 최상의 인간됨을 향해 앞으로 밀치며 나아간다.[18]

말하자면 여기서 니체는 스토아학파의 "자연에 따라 살라"를 뒤집으면서도 "우리가 결정하는 목적에 따라 자연을 아무렇게나 사용하라"는 정반대의 주장에 굴복하지 않는다. 자연은 더듬거리는 자신의 실험에서 자신의 의도를 표현해줄 예술가와 성인이 필요하다. 그러나 앞으로 밀치며 나아가는 것, 자신의 약속을 이행할 자와 타협해야 하는 것은 자연이다. 결국 자연의 의미와 우리 삶의 의미는 분리할 수 없다. 자연은 오로지 '인간됨'을 통해서만 가장 존엄해질 수 있으며, 인간은 오로지 자아의 소멸과 '모든 살아 있는 것들과의' 변혁적 교감을 통해서만 제 역량을 발휘할 수 있다.

청소년 야구 리그와 험악한 날씨

내가 살면서 겁에 질렸던 몇 없는 순간 중 하나는 청소년 야구 리그에서 한창 연습할 때 찾아왔다. 그때 나는 우리 도시 야구팀 중 하나에서 코치를 맡고 있었다. 나를 공포에 몰아넣은 것은 불만을 품은 부모와의 대립이 아니었다(그것도 타당한 추측이기는 하다). 문제는 날씨였다. 구름 한 점 없이 맑던 7월의 오후, 서쪽 하늘에서 갑자기 뇌우가 불어닥쳤다.

몇 년 전부터 나는 점점 날씨광이 되어가고 있다. 도플러 레이더에서 평범한 뇌우와 심각한 뇌우를 꽤 훌륭하게 구분할 줄 알고, 기상학자들이 예보에 사용하는 기본적인 컴퓨터 모델을 해석하는 법을 배웠다. 그러나 가장 자랑스러운 부분은 내가 하늘을 읽을 줄 안다는 것이다. 보통 나는 뇌우를 1.6km 밖에서도 알아볼 수 있다. 더 정확히 말하면, 50km 밖에서도 알아볼 수 있다. 소용돌이치는 적란운의 꼭대기부터 장엄하게 펼쳐지는 새털구름이 새파란 여름 하늘을 날카롭게 가를 때는 더더욱 못 알아볼 수가 없다.

그러나 그날 오후 나는 야구 연습을 진행하는 데 집중하고 있었다. 야구장을 에워싼 나무들이 지평선을 가렸다. 게다가 이 뇌우는 드물게 빠른 속도로 달려왔다. 내가 점점 어두워지는 하늘을 바라보자마자 처음에는 거의 20초에 한 번, 그러다 10초에 한 번씩 천둥이 치기 시작했고, 아직 새파란 하늘 아래서도 그 소리를 선명히 들을 수 있었다.

나는 허겁지겁 장비를 모으고 아이들을 차 안에 태웠다. 나도 내 차에 탔어야 했다. 그러나 나는 공이 비를 맞지 않도록 최대한 많이 모으기로 했다. 어느새 머리 바로 위에 있는 구름에서 내리꽂히는 번개가 나를 둘러쌌다. 그중 두 번은 귀청이 터질 듯한 천둥이 거의 동시에 울렸다.

그 순간 나는 공포와 경외감에 휩싸였다. 갑자기 물에 잠긴 야구공과 젖은 가방들이 완전히 무의미해 보였고, 전날 밤에 열심히 계획한 연습 자체도 사소해 보였다. 우리 팀이 좋은 성적을 내고 있었고 그 성적을 유지하고 싶었음에도, 경기의 승패조차 하찮아 보였다. 사방에서 번개가 치는 가운데 이런 생각이 들었다.

'꼭 필요한 건 없다… 오늘 꼭 야구 연습을 할 필요도 없고, 심지어

내가 살아남아 내일 연습을 진행할 필요도 없다.'

적어도 아주 짧은 순간 동안 내 모든 목표가 전혀 중요치 않았다. 무서우면서도 힘이 생기는 듯한 기분이었다. 나는 속으로 생각했다. 더 큰 힘은 경이로운 뇌우에만 있는 것이 아니라, 나에게도 있다. 이 순간 지금 여기, 우리 삶의 충만함이 곧 힘이다.

갑자기 직감적으로 먼 과거의 지식이 밀려들었다. 철망으로 완전히 둘러싸인 타격 연습장이 몇 걸음 떨어진 거리에 있었는데, 그 철망이 뇌우에서 나를 가장 안전하게 보호해줄 것 같았다. 이 사실을 배운 것은 어린 시절 부모님이 종종 나를 데려갔던 과학 박물관에서였다. 전기는 철제로 둘러싸인 물체의 가장 바깥쪽 표면을 따라 흐르다가 무해하게 땅으로 흘러든다. 심지어 전류가 흐를 때 안에 있는 사람이 금속을 만져도 기적처럼 아무 피해를 입지 않을 수 있다. 철망 안으로 달려 들어가는데 과학 박물관에서 밴더그래프 발전기(정전기로 번개를 발생시키는 거대한 장치)를 작동시키던 사람의 모습이 머릿속에 떠올랐다. 철창 안에 있던 그 사람은 밖에서 사납게 번개가 치는 가운데 자기 손으로 철창을 만졌다. 돌연 이 모든 기억을 떠올린 나는 철망 안으로 뛰어들어갔고, 등 뒤로 황급히 문을 닫았다.

안전한 곳에 피신한 뒤 나는 뇌우를 보고 떠올린 것, 즉 더 큰 힘에 대해 다시 생각하기 시작했다. 뇌우가 아니라, 공포에 휩싸인 순간 눈앞에 주마등처럼 스쳐 지나가는 삶에 대해 생각했다. 어떤 삶이었지? 그 삶은 나의 성공과 실패를 열거한 목록도 아니었고, 나의 목표도 아니었다. 죽음에 대한 생각 속에서 그런 것들은 아무 의미가 없었다. 중요한 것은 성취가 아니라 나 자신이었다. 지금 여기에서의 삶의 충만함을 불현듯 깨달은 것이다. 희망차지만 불확실한 '언젠가 나는…'이 '지금의 나!'로 대체되는 드문 경험이었다. 두 시간을 꽉 채워서 연습하고, 승리하고, 성취하는 것. 이것들에서 내가 바라는 게 뭐지? 뭘 기대하는 거지? 이런 것을 성취하면 내가 더 행복해지고 완전해질 거라고 생각하나? 아니다. 성취가 내게 줄 수 있는 가장 좋은 것은 고군분투할 기회, 나 자신을, 이미 나인 것을 더 많이 얻을 수 있는 여정이다.

공포에 사로잡힌 그 짧은 순간 내가 깨달은 것을 돌이켜보니 니체의 한 구절이 떠오른다.

"내게 단순한 우연이 일어날 수 있었던 시절은 지나갔다. 내게 돌아오는 것, 마침내 내가 절실하게 느끼는 것은 나 자신이며, 오래전부터 나 자신은 낯선 땅에서 만물과 우연 사이에 흩어져 있었다."19)

그날의 경험(갑자기 끝난 연습, 하나의 '우연')은 내게 나 자신을 되돌려놓았다. 뇌우는 나를 다시 과거로, 과학 박물관에서 겁에 질려 어머니의 손을 꽉 잡고 철창 안의 남자를 바라보던 때로 데려갔다. 평소에 철창 안에 있던 그 남자는 오로지 기억으로만 존재했다. 그 경험은 지금이 아닌 과거에 일어난 일이었다. 그러나 번개의 한가운데에서 그 기억은 내 행동으로 되살아났다. 갑자기 내가 철창 안에 있던 그 남자가 되었다. 이번에는 진짜 뇌우를 피하기 위해서였다. 유일하게 다른 것은 급하게 마련한 내 철창에 번개가 치지 않았다는 것뿐이었다.

그날의 사건을 돌아보면서 자연과 실외, 삶의 여정에 관한 더 일반적인 교훈을 또 하나 얻었다. 자주 되뇌지만 한심할 만큼 제대로 깨달지 못하던 것이었다. 우리의 창문 바로 바깥에서, 땅과 하늘에서 벌어지는 사건들은 모험을 즐길 기회로 가득하고, 일할 때 만나거나 신문에서 보는 사건 못지않게 유의미한 이야기로 가득하다. 우리가 조금만 더 관심을 기울인다면 말이다!

실내와 실외의 차이가 과장될 수 있긴 하지만, 실외에는 확실히 이런 장점이 있다. 적어도 우리 시대에는 대체로 실외가 실내보다 더 거칠고 혼란스럽고 예측 불가능하므로 모험에 더 적합하다. 사면이 막힌 사무실 건물이나 주택에서는 버튼 하나로 온도를 정하고 스위치 하나로 불을 켜는 등 많은 것이 통제하에 있다. 실내에서는 거의 모든 것을 예측하고 우리 마음대로 할 수 있다. 실내에서 모험을 하려면 무언가가 부서져서 우리의 일상을 방해하기를 기다려야 한다. 부서진 것을 고치려고 노력하는 행위는 분명 인격을 길러주며, 좋은 이야깃거리가 되기도 한다. 그러나 손재주가 좋지 않거나 실내에 문제가 생겼을 때 전문가를 고용하는 사람들은 시선을 야외로 돌려 밖으로 나가서 자연과 대면하는 것이 좋다.

야구와 육상 같은 실외 스포츠를 즐기다보면 자연과 교감할 수밖에 없다. 그러나 그저 저녁에 문을 열고 나가서 평화로운 일몰을 바라보더라도 마찬가지다. 이러한 행위는 우리가 성취나 목표보다 더 큰 의미를 인식하도록 돕는다. 금빛 하늘이 고요히 우리 쪽으로 다가오며 진홍색의 동그란 빛이 지평선 아래로 서서히 가라앉을 때, 우리는 마지막으로 쏟아지는 그 삶의 광채를 우리가 받아서 이어나가야 한다고 생각할지도 모른다. 또는 오늘이라는 여정의 끝을 맞이하며 구름을 타고 서서히 우리 쪽으로 흘러오는 마지막 한줄기 빛을 보고 속으로 '내일은 새로운 하늘이 열린다!'고 생각할지도 모른다.

그러한 순간들을 떠올리며 이렇게 되뇐다. 모험과 새로운 삶의 가능성은 바로 우리 앞에 있다. 문밖에 있는 것을 인식하고 무언가를 해보라. 달리고, 걷고, 마을에서 가장 높은 언덕을 올라 지평선을 바라보라. 그걸로 충분하지 않다면 최선을 다해 빠르게 달려보라. 팔이 비명을 지를 때까지 팔굽혀펴기를 하거나, 바다에서 수영하거나, 겁이 나서 더 못 갈 때까지 최대한 멀리 가보거나, 아니면 그냥 풀밭 위에 누워 별들을 올려다보라. 그 누구도 당신을 막지 않을 것이다.

"지금껏 아무도 밟지 않은 길이 수없이 많다―수많은… 삶의 숨은 섬. 심지어 지금도 인간과 인간의 땅은 다 소진되거나 발견되지 않았다."[20]

풍성한 삶은 매일 우리의 손이 닿는 곳에 있다. 우리가 기꺼이 일상에서 빠져나와 세상이 우리 앞에 모습을 드러내게 한다면 말이다. 이런 의지의 부족이 우리의 진짜 적이다. 그 원인은 거의 언제나 우리의 야심에 있다. 그 야심이 아무리 작더라도 말이다. 우리가 아침 6시에 일어나고도 바깥의 일출에 눈길도 주지 않는 이유는 일의 명령에 굴복하기 때문이다.

이렇게 자연과 만나는 데는 많은 것이 필요치 않다. 10분만 짬을 내서 밖으로 나가 정원을 가꾸거나, 아침에 커피 한 잔을 마시며 구름을 바라보라. 저녁에 만날 친구에게 전달하듯이 눈앞의 풍경을 스스로에게 설명해보라. 우리를 따분한 일상에서 꺼내고 그날 일어날 일에 의미를 부여해줄 무언가를 만나게 될 확률이 높다. 어쩌면 몇 시간 며칠을 숙고해도 발견하지 못한 통찰을 불현듯 만나게 될지도 모른다. 깨달음은 눈 깜짝할 사이에 찾아온다.

고둥 껍데기를 찾아서: 과정과 목적지는 어떻게 하나일 수 있는가?

자연에 주노니아junonia라는 이름의 고둥 껍데기보다 더 아름다운 것은 많지 않다. 주노니아는 멕시코만과 카리브해의 심해에 사는 고둥으로, 수집가들에게 인기가 많다. 보통 격렬한 폭풍우가 지나간 뒤 아주 드물게 플로리다 남부 해안에 쓸려온다. 나와 형은 우리가 여섯 살과 여덟 살일 때부터 주노니아를 비롯한 여러 고둥 껍데기를 수집하고 있다. 우리는 내가 고등학생 때 처음 주노니아를 발견한 이후, 다섯 개를 더 찾아냈다. 20년간 여섯 개를 발견한 것인데, 무척 자랑스러운 성적이다.

나는 지난겨울 우리의 수집품을 살펴보다가 주노니아를 발견할 때마다 내게 떠오른 질문을 깊이 고민하기 시작했다. 주노니아의 아름다움은 어디에 있을까? 익숙하지만 피상적인 대답은 관습을 가리킨다. 우리가 주노니아를 아름답게 여기는 이유는 그저 다른 사람들이 그것을 아름답게 여기기 때문이다. 주노니아가 인기 수집품임을 알게 되면 우리는 그것에 매력을 느낄 수밖에 없다. 그러나 그 자체만 보면 주노니아는 인기가 덜한 다른 고둥보다 더 아름답지도, 덜 아름답지도 않다. 처음 이 설명을 내놓은 사람은 애덤 스미스인데, 그는 특정 스타일의 옷차림을 사례로 들었다. 애덤 스미스는 우리가 바지와 벨트 같은 특정 조합에 매력을 느끼는 이유가, 그저 그 두 가지를 같이 보는 데 익숙하기 때문이라고 말한다. 우리가 벨트가 없으면 단정하지 않고 보기 나쁘다고 여기는 이유는 그저 습관과 관습이 그렇게 믿도록 우리를 길들였기 때문이다.

이렇게 관습의 측면에서 아름다움을 설명하는 데는 어느 정도 호소력이 있다. 일반적인 의견의 속박에서 벗어나 스스로 자신의 취향을 선택할 가능성을 드러내기 때문이다. 그러나 이런 관습주의와 이것이 가리키는 주관적 아름다움의 개념은 우리가 스스로 또는 '자신의 취향에 따라' 좋아한다고 주장하는 것에 본질적 아름다움이 있고, 그 아름다움이 우리에게 관심을 요구하며 해석되기를 갈망할 수 있다는 가능성을 간과한다. 오로지 주관적 취향의 측면에서만 아름다움을 설명하면 자기 파괴적인 무기력을 키우게 된다. 이런 설명은 우리가 아름답다고 느끼는 것의 의미를 분명하게 표현해보려는 활동을 배제함으로써 아름다운 것을 해석하며 얻을 수 있는 통찰과 자기 이해의 기회를 박탈한다.

명백히 관습적인 아름다움이 실제로 자연의 특정 측면이 가진 고유의 의미를 보여줄지도 모른다. 니체의 황금에 대한 설명이 이러한 관점을 잘 드러낸다.

"말해보라, 황금은 어떻게 지고의 가치를 얻었는가? 황금은 진귀하고 아무 쓸모가 없으며 반짝거리고 광채가 은은하기 때문이다. 황금은 언제나 자신을 내어준다. 황금은 지고의 미덕의 은유로서만 지고의 가치를 얻는다. 내어주는 사람의 눈은 황금처럼 반짝인다. 황금의 광채는 달과 해를 중재한다. 지고의 미덕은 진귀하고 쓸모가 없으며, 반짝거리고 광채가 은은하다. 선물을 베푸는 미덕이 지고의 미덕이다."[21]

니체의 설명을 통해 우리는 황금과 미덕에 대해 동시에 배우게 된다. 황금의 '가치'는 황금이 '자신을 내어준다'는 점에 있다. 해가 달에게 자신의 빛을 내어주듯이 말이다. 이러한 내어줌은 주는 사람이 고갈되지 않고 보존되는 형태의 나눔이다. 태양은 달이 밤하늘의 지배자가 될 수 있도록 빛을 빌려주었기에 일몰 후에 자신도 빛날 수 있다. 이렇게 니체는 황금에서 우리 삶이 갈망하는 종류의 내어줌, 주는 사람과 받는 사람이 똑같이 힘을 얻는 내어줌의 은유를 발견한다. 황금이 자신의 광채를 통해 우리의 자기 이해를 일깨우고 강화하는 한, 우리는 황금의 가치를 그저 관습적인 것으로 여길 수 없다. 황금에는 선물을 내어주는 미덕을 은유하는 고유의 광채가 있다.

주노니아의 경우, 나는 주노니아의 아름다움이 빼어난 모양 및 패턴과 관련 있음을 안다. 길이가 7~12센티미터 정도인 주노니아는 길이가 너비의 약 세 배 정도로 우아한 나선 모양이며, 깨끗한 미색 바탕에 진한 흙빛의 동그란 무늬가 줄줄이 박혀 있다. 주노니아와 비슷하게 생겼지만 좀더 흔한 인기 있는 고둥 알파벳콘alphabet cone의 패턴을 살펴보면 주노니아의 이 무늬가 가진 특별함을 이해할 수 있다. 알파벳콘은 맨 밑에 뾰족하게 튀어나온 부분, 즉 고둥의 '코'를 제외한 밑에서부터 점점 솟아오르는 원뿔 모양으로, 상형문자처럼 생긴 주갈색 반점이 빽빽하게 들어찼기 때문에 이런 이름을 얻었다.

내가 그동안 만난 모든 무생물 중 해석 앞에 자신을 가장 뚜렷하게 내놓는 것이 바로 알파벳콘의 껍데기다. 알파벳콘의 무늬는 해석을 요구한다. 마치 신비로운 부호로 쓰인, 먼 땅에서 온 편지 같다. 누군 가는 알파벳콘이 일종의 '메타 의미'를 나타낸다고 말할지 모른다. 알 파벳콘은 자연이 스스로 해석되기를 바란다는 메시지를 전한다. 의미 가 이만큼 명백하지 않을지라도 우리가 충분히 주의 깊게 들여다보기 만 하면 자연을 해석함으로써 통찰을 얻을 수 있다. 이것이 바로 알파 벳콘이 우리에게 제시하는 교훈 중 하나다.

주노니아는 알파벳콘보다 더 절묘하게 교훈을 전한다. 주노니아의 나선 모양은 더 부드럽고 가늘며, 몸 전체와 더 자연스럽게 이어져서 가운데가 가장 통통하고 끝으로 갈수록 가늘어지는 매끈한 마름모의 형태를 띤다. 대칭을 이루는 주노니아의 형태(알파벳콘과 달리 가운데 를 가로로 자르면 거의 대칭을 이룬다)는 종합적인 통찰, 말하자면 모든 방향으로 고르게 개발된 통찰을 암시한다. 주노니아의 무늬는 알파벳 콘의 무늬보다 더 또렷하고 분명해서 더 많은 해석을 요구한다. 마치 자연이 알파벳콘 고유의 의미를 밝히는 데 한 걸음 더 다가가 주노니 아를 탄생시킨 것 같다. 나는 바로 이 점이 주노니아의 매력에 크게 기 여한다고 생각한다.

지금 우리 집 거실 복도의 진열장에 넣어둔 이 작은 보물 중 하나를 바라보고 있자니, 무언가를 암시하는 이 동그란 문자들이 해석해달라 고 부추기는 의미를 이야기하지 않을 수 없다. 그러기 위해서는 내가 이 고둥을 처음 만났을 때로 돌아가야만 한다. 그때는 새벽 다섯 시쯤 이었는데, 주노니아는 수심이 30센티미터 정도 되는 조수 웅덩이* 가장자리의 모래에 박혀 있었다.

모래톱 때문에 힘이 약해진 은은한 파도가 웅덩이의 수면에 물결치다가 해변 가장자리에서 부드럽게 부서지는 동안, 내 LED 손전등의 불빛 속에서 그 숨길 수 없는 갈색 무늬가 눈부시게 스쳤다. 거센 북서풍이 바닷물을 채찍질하며 마구 잔물결을 일으키자 내 고성능 손전등의 불빛은 더 이상 깊은 곳을 밝히지 못했고, 그 감질나는 이미지가 돌연 흐릿하게 사라졌다. 보였다, 안 보였다, 보였다, 안 보였다. 미색 배경 위의 그 갈색 패턴은 바람에 따라 나타났다 사라지기를 반복하며 전날 온종일 불었던 돌풍을 떠올리게 했다. 돌풍 때문에 흰색 파도가 가차 없이 들이닥쳤고, 그때 해변에 쓸려온 껍데기들이 새벽에 물이 빠지면서 나타난 것이었다.

바람이 잦아들고 주노니아의 무늬가 다시 나타나기를 기다리는 동안 심장박동이 점점 빨라졌다. 마치 기네스 기록에 도전하려고 철봉을 붙들기 직전 같았다. 발목 깊이의 물을 1.6km쯤 걸으며 몸을 굽혀 여러 고둥을 살펴보느라 생긴 다리와 허리의 뭉근한 통증이 갑자기 싹 사라졌다. 이것이 바로 진실의 순간이었다. 유일한 문제는 조개가 온전한지, 아니면 수년간 파도를 타고 구르느라 부서졌는지였다. 나는 숨을 깊이 들이쉬고 훅 내쉰 뒤 허리를 굽혀 가뿐히 고둥을 파냈다.

다른 인기 있는 고둥 껍데기들과 달리 주노니아는 닦아내야 할 더께나 해조류, 따개비 없이 바닷속에서 깔끔한 상태로 나온다. 그래서

---

* 만조 때 들어찬 물이 간조 때 고여서 생긴 웅덩이 —옮긴이.

물속에서 가볍게 흔들어서 모래를 씻어내기만 하면 된다. 이제 나는 손전등이 필요하지 않았다. 수정처럼 투명한 하늘에서 환히 빛나는 보름달만으로도 주노니아의 흠 하나 없는 매끄러운 표면을 알아채기에 충분했다. 그러나 나는 참지 못하고 확인차 손전등 불빛을 비춰 주노니아를 한 번 더 살펴보았다. 그리고 만족하며 이 보물을 주머니 깊숙이 찔러넣은 다음, 수색을 마저 끝내기 위해 광활한 해변을 바라보며 머리를 비우고 마음을 가다듬었다. (주노니아를 발견한 뒤에 "박수칠 때 떠나라"는 말은 아무 의미가 없다. 주노니아는 만족감만큼이나 영감을 준다. 우리는 또 다른 주노니아를 찾아 나설 수밖에 없고, 모든 주노니아는 늘 고유의 광택과 이야기를 품고 우리를 찾아온다.) 그때 나는 육지를 바라보고서야 야자나무와 호주소나무가 내가 서 있는 바다 쪽으로 긴 그림자를 을씨년스럽게 드리우고 있음을 깨달았다. 나뭇가지들이 바람에 흔들리며 스산한 소리를 냈다. 나무 바로 뒤에 있는 키 작은 공동주택에서 조명이 은은하게 흘러나오지 않았더라면 분위기가 다소 으스스했을 것이다.

　형과 나는 수평선 위로 새벽의 어둑한 빛이 밝아올 때까지 계속 해변을 걸으며 이따금 눈앞에 보이는 밴디드튤립banded tulip이나 번개물레고둥lightning whelk 껍데기를 주웠다. 곧 해변 바로 위에 있는 나직한 호텔에서 우리를 부르듯 스크램블드에그와 커피 냄새가 풍겨왔다. 그리고 호텔 직원이 자리를 비운 온수 욕조는 뜨거운 수증기를 내뿜으며 몰래 들어와 차가워진 발을 데우고 일출을 바라보라고 우리를 유혹했다. 동트기 전의 숭고한 모험은 이른 아침 해수욕하러 나온 사람들이 해변을 거닐고 반짝이는 야자나무 잎이 바람에 살랑거리는 편안하고 지극히 안락한 풍경으로 바뀌었다.

지금 다른 수집품 옆에 평화롭게 놓인 너무나도 온전하고 견고한 그 주노니아를 내려다보며, 마음을 울리는 이 무늬의 의미는 내가 처음 주노니아를 만났을 때 모인 힘들의 작용에서 나온다는 것을 깨닫는다. 이 고둥 껍데기는 웅덩이 안에서 희미하게 빛나며 물결치는 파도와 몰아치는 바람, 전날의 폭풍, 이 난관을 극복한 형과 나의 의지를 한데 모았다. 내 손바닥 위에 너무나도 고요하게 앉아 신비로운 광채를 내뿜는 이 고둥은 탐색의 영속적 체현이자, 모험을 떠날 수 있는 생활방식 전체를 상징하는 징표다.

트로피와 순위, 다른 모든 종류의 성취도 마찬가지라고 할 수 있다. 그것들의 의미는 그것을 얻기까지의 여정에서 나온다. 이런 성취는 오로지 삶 전체가 표현된 분투를 떠올리게 함으로써만 계속해서 은은하게 빛나고 우리에게 영감을 준다. 그렇지 않으면 그것들은 먼지가 쌓이거나, 낡고 지루해지거나, 사람들이 곧 싫증 낼 자랑거리가 될 뿐이다.

우리가 목표를 추구하는 과정에서 이 점을 명심하면 좋겠다. 우리가 구하는 것은 곧 그것을 얻기까지의 여정이다. 승리와 찬사를 간절히 바라다 보면 조급해져서 여정 속에서의 즐거움을 놓치기 쉽다. 그런 순간에 나는 잠시 멈추고 좀처럼 발견하기 힘든 주노니아를 찾는 여정을 떠올린다. 그 과정 안에서는 매일, 매시간, 허리를 굽히는 매 동작이 똑같이 약동한다. 피곤한 눈으로 탁한 물속을 언뜻 바라보면 무늬가 주노니아와 얼추 비슷한 햇살조개sunray venus clam를 발견하고 속이 상하더라도, 그런 만남조차 의미로 가득하다. 그런 좌절의 순간은 진짜를 발견하는 기쁨과 분리할 수 없다. 과정과 목적지는 하나다.

행복과 행운

철학은, 적어도 철학의 실마리는 어디에나 있다. 우리가 책 속에서 철학을 찾을 수 있는 것은, 철학이 이미 일상의 활동과 관심사에서 우리의 관심을 불러일으켰기 때문이다. 우리가 삶의 일부 개념을 종이 위에서 '처음' 발견했다 해도, 그 의미는 그저 그 순간 우리 눈앞에 있거나 방금 본 내용을 이해하려고 하는 우리 머릿속에만 있는 것이 아니라, 우리가 전혀 기대하지 않은 순간 우리 앞에 불쑥 나타나는 이 세상의 여러 특징으로도 드러난다.

이 책에서 내가 표현하려고 하는 생각, 즉 오래전부터 여러 책을 읽으며 고민해온 행복과 여정의 관계는, 어느 한여름 저녁 혹독하게 달리기 연습을 한 뒤에 마치 처음처럼 내게 찾아왔다. 나는 그날 달리기에 온 힘을 쏟아부었다(적어도 그랬다고 생각한다). 그러나 여름의 열기와 왜인지 모르게 무거웠던 내 다리 상태 때문에 '포지티브 스플릿'positive split이라는 기대 이하의 결과가 나왔는데, 이는 달리기를 끝낼 때의 속도가 시작할 때의 속도보다 느리다는 뜻이다. 완전히 탈진한 나는 숨이 가빠서 가슴을 들썩일 뿐 미동도 없이 바닥에 대자로 드러누워 있었고, 시간이 흐르면서 메스꺼움이 서서히 가라앉았다.

그런데 그때 왜인지 행복이 가까이 있다는 느낌이 들었다. 그리고 매일 걷는 길을 따라 집으로 천천히 달려가는데 불현듯 행복이 찾아왔다. 아무런 기대도 생각도 없었고, 최선을 다했다는 자부심과 기록을 깨지 못한 실망감이 이상하게 뒤섞인 기분을 느끼던 참이었다. 그때 길옆에서 아랫부분이 깔끔하게 베인 커다란 나무 둥치가 보였다. 나이테가 겹겹이 쌓인 절단면에서 연녹색 싹이 자라나 태양을 향해 나뭇잎을 내밀고 있었다. 이 오래된 나무의 밑동과 뿌리는 여전히 강하고 생명력으로 가득했다. 마치 나무가 스스로 후대에 길을 내어주며 새로운 장을 연 것 같았다.

그 나무는 오만한 인간의 손에 베어졌다. 아마 그 사람은 나무를 베고 새 자전거길을 내는 것에 관해 깊이 생각해보지 않고 그저 도시의 의뢰를 받아 자기 할 일을 마쳤을 것이다. 그럼에도 나무는 여전히 오래된 것과 새로운 것의 활기로 가득했다. 나무는 스스로 불행을 구원했고, 이제 주변의 모든 것에 영감을 주고 있었다. 희망이 꺾이고 더 기대하거나 성취할 것이 없는 평온함이 내 삶의 속도를 늦추지 않았더라면 아마 나는 서두르느라 그 장면을 그냥 지나쳤을 것이다. 그러나 나는 경탄과 상쾌한 기분에 휩싸여 그 자리에 가만히 붙들렸다.

갑자기 그리스 아테네에서 보낸 어느 날 저녁이 떠올랐다. 그때 나는 동네 체육관이 2주간 문을 닫는다는 안타까운 소식을 접한 뒤 정말 우연히 실외 활동을 시작했다. 계획이 틀어져서 불만스럽고 운동하고 싶어서 좀이 쑤시던 나는 충동적으로 마을 외곽에 있는 가파른 언덕 꼭대기까지 쉬지 않고 달리기로 마음먹었다. 그때까지 나는 러닝머신 위에서 20분 달리는 것 이상으로 달려본 적이 없었다. 내 쪽으로 달려

들며 짖어대는 들개를 피하려고 이따금 전력으로 질주하면서(같이 놀
자는 표현이었을 수도 있지만 확신할 수 없었다) 30분 넘게 달린 끝에, 마
침내 언덕 꼭대기에 도착했다.

아테네의 새하얀 지붕들이 발밑에 펼쳐졌고, 그 뒤로 드넓은 에게
해가 반짝거렸다. 나는 눈에 보이는 가장 큰 돌(껍질을 벗기지 않은 코
코넛 크기)을 두 개 집어서 각각 어깨 높이까지 들어 올렸다가 근육의
긴장을 유지하며 천천히 내리는 바이셉스 컬 운동을 한 세트 진행했
다. 횟수를 거듭할 때마다 느껴지는 즐거움은 오직 또 한 번의 기회만
을 바라는 선수가 농구에서 3점 슛을 넣거나 50회가 넘는 테니스 랠
리에서 승점을 딴 뒤 주먹을 불끈 쥐며 "좋았어!"라고 외치는 순간에
비견할 만했다. 그때와 똑같은 즐거움이 몇 년 뒤 나무둥치 앞에서 나
를 찾아왔다. 축하할 일은 하나도 없었지만, 산꼭대기에서 함성을 지
르고 싶은 기분이었다.

그때 문득, 안 좋게 끝난 운동과 집까지의 달리기, 거대한 나무둥치
가 전하는 교훈을 이해하게 되었다. 뜻밖의 기쁨, 고난과 좌절이 불러
온 행복, 계획하거나 예상하지 않은 상황, 즉 행복과 우연, 가능성은
서로 얽혀 있다. 행복을 '좋은 다이몬', 에우다이모니아라고 말하던 고
대 그리스인들은 우리가 잊어버린 진실을 알았다. 그 진실은, 행복은
행운이며, 행운은 여정의 파트너라는 것이다.

5장

시간과의 싸움

목표 지향적 노력과 그 자체를 위한 활동의 핵심적 차이는 각각이 시간을 이해하는 방식에 있다. 우리는 목표 지향적 삶이 성취하거나 획득해야 하는 것을 초조하게 내다보느라 안달복달하며, 냉철함과 우정, 자연과의 교감을 얻을 기회인 지금 여기에서의 삶의 여정을 인식하지 못한다는 점을 살펴보면서 이미 이러한 차이를 언급했다.

이러한 차이의 한편에는 미래를 지향하느라 온전히 현재에 머물지 못하는 편협한 태도가 있고, 다른 한편에는 '지금 이 순간을 사는' 즐거운 태도가 있다고 설명하기 쉽다. 이 설명은 어떤 면에서는 확실히 옳지만, 차이의 핵심을 정확히 짚어내지는 못한다. 지금껏 살펴봤듯이, 여정의 순간에 머문다는 것은 곧 뜻밖의 사건을 만남으로써 더욱 더 자기 자신이 된다는 뜻이기 때문이다. 그러므로 여정의 '현재'는 미래와 과거가 충돌하는 동시에 서로를 구성함으로써 정의되는 **활동적인 현재**다.

미래는 뜻밖의 사건이 발생할 수 있는 드넓은 지평선이다. 삶이 닫힌 의미가 아니라 계속해서 이어지는 이해의 과정이라는 점과 마찬가지다. 과거는 늘 우리 여정의 방향을 결정하며 활짝 열린 미지의 세계로 삶을 몰고 가는 잠정적 종결이다. 과거, 즉 우리가 항해를 떠난 뒤 돌아오려 분투하는 '이타카'가 없다면 우리 삶은 방향을 잃을 것이며, 극단적으로는 이미 조각났으므로 그 누구의 삶도 아닌, 뜻밖의 혼란에 영향 받지 않는 단절된 사건들의 배열이 될 것이다. 반대로 미래가 없다면 우리의 과거는 사랑과 갈망, 생기 없이 얼어붙은 삶이 될 것이다. 그러므로 여정 속에서 미래와 과거는 늘 함께 작동한다.

그러나 조건이 하나 있다. 미래와 과거는 우리가 스스로 주의를 기울이고 결의를 다질 때만 함께 움직인다. 우리 앞에 탁 트인 지평선의 가능성, 무한한 자기 발견의 시험대이자 기회로서의 '다음 순간'이 펼쳐지려면, 우리가 고수하는 노력이 우리 삶 전체를 통합하며 우리라는 사람을 구성해야만 한다. 오디세우스가 고향 이타카에 있는 아내와 아들에게, 즉 과거로 돌아가겠다고 굳게 결심하며 여행의 매 순간 스스로에게 동기를 부여하지 않았다면, 그는 탁 트인 지평선 위에서 새롭고 불가해한 도전을 만날 수 없었을 것이다. 그리고 이런 도전을 만날 기회가 없었다면 그는 그렇게 열성적으로 자기 역량을 발휘하지 못했을 것이다. 사랑하는 사람이 있는 고향으로 돌아가겠다고 마음 먹는 것과, 고향으로 돌아가려고 세이렌의 유혹에 저항하고 스킬라와 카리브디스에게서 벗어나는 것은 다른 문제이기 때문이다.

그러므로 의미 있는 삶을 만들고 일어날지 안 일어날지 모를 상황을 초조하게 내다보는 데서 벗어나게 해주는 진정한 '순간에 머물기'는 그저 미래의 사건과 대조되는 눈앞의 상황에만 빤히 집중하는 것이 아니다. 과거와 미래를 일시적으로나마 잊으려고 열심히 명상을 할 때처럼 주변 환경을 수동적으로 받아들이는 것도 아니다. 그보다 여정에서의 '현존'은 출발과 귀환이 동시에 일어나면서 시작이 끝에서 새롭게 이해되는 것에 더 가깝다.

목표 지향적인 시간은 늘 부족하다

여정의 특징인 시간의 독특한 순환성은 목표 지향적 노력의 시간성과 비교할 때 더 깊이 이해할 수 있다. 목표 지향적인 미래는 이미 시야에 보이지만 아직 실현하지는 못한 어떤 상태다. 즉 이뤄내야 할 개혁, 만들어야 할 인상, 가져야 할 경험, 보존해야 할 이 세상의 모습이다. 어떤 경우든 목표 지향적 미래는 아직 도착하지 않은 현재다. 목표 지향적인 노력은 이러한 미래가 실현되기를 간절히 고대하면서 실제로는 진짜 미래를 가로막는다. 여기서 진짜 미래는 뜻밖의 사건이 발생해 우리 삶을 시험대에 올릴 수 있는 탁 트인 지평선을 의미한다. 목표 지향적 노력이 허락하는 유일한 불확실성은(목표를 위한 수단을 완벽하게 구사함으로써 우리는 이 불확실성을 제거하고 싶어 하긴 하지만) 상상한 계획이 결실을 맺을 것인가 아닌가뿐이다.

목표 지향적인 관점에서의 과거는 어제의 성취와 획득, 성공 또는 실패이며, 이런저런 가능성을 품고 있었으나 좋건 나쁘건 결론이 내려진 이제는 저 멀리 떠나가는 순간이다. "과거는 잊고 앞으로 나아가라"는 격언은 목표 지향적 관점에서의 노력을 말하는데, 이 말은 며칠이나 몇 주만 지나면 더 이상 과거 때문에 심란하지 않을 것임을 상기시킨다. 어떤 경우든 목표 지향적 관점에서 과거는 왔다가 지나간 현재다. 목표 지향적 노력은 멀어지는 과거의 시간을 곱씹다가 또다시 곧 도착할 미래로 고개를 돌리면서 진짜 과거를 망각하는데, 여기서 진짜 과거란 삶의 의미를 만드는 종결과 방향성을 의미한다.

그러므로 목표 지향적인 시간의 지평은 미래와 과거를 향해 있는데도 늘 현재에 머무른다. 매 순간은 다가올 현재이거나, 지금의 현재이거나, 멀어지는 현재다. 시간은 끝없는 현재의 기차가 되고, 기차의 각 칸은 옆을 쌩 지나간 뒤 순식간에 멀어진다. 이런 삶은 쏜살같이 지나가면서도 동시에 활기가 없는 불행한 모순에 시달린다. 한편으로 우리가 기다리고 기대하고 노력하는 모든 것은 온 만큼이나 빠르게 지나가서 우리는 그 무엇도 붙잡을 수 없다. 동시에 우리가 실현하는 모든 것은 이미 시야에 있던 것이 된다. 이런 삶은 공허한 획일성을 띨 뿐 통일성도 없고 모험도 없다.

목표 지향적 노력에 갇혀 기대와 공허함의 반복에 익숙해지면 시간은 우리를 지배하는 낯선 힘처럼 보이기 시작한다. 우리는 마치 시간이 저 혼자 흐르며 우리를 실어 가는 것처럼 '시간의 흐름'이라는 말을 쓴다. 어떤 일을 정신없이 마무리하던 중에 식사 시간이나 중간에 끼어든 다른 일로 방해받은 사람은 "시간은 그 누구도 기다려주지 않아"라고 말한다. "하루는 정말이지 너무 짧아." 물론 시간이 이런 식으로 흐르는 이유는 목표 지향적 노력의 특성 때문이다. 목표를 지향하는 사람은 서둘러 하던 일을 완성하려 하지만 결국 중간에 주의가 다른 데로 쏠리곤 한다.

그러나 삶의 여정을 망각해서 목표 지향적 노력의 대안이 없는 사람은 시간의 흐름이 자기 책임이라는 사실을 잊는다. 그 대신 시간은 일종의 할당량처럼, 다 떨어질까 무서워서 계속 관리하고 계산해야 하는 희소 자원처럼 보인다.

시계가 이른바 시간의 객관적 기준으로서 등장한 것은 목표 지향적 노력의 자연스러운 결과물이며, 목표 지향적 노력의 수단-목적 체계와 밀접한 관련이 있다. 오로지 외부에 목적을 둔 활동의 관점에서만 시간을 측정하거나, 시간을 측정 가능한 것으로 이해하는 것이 타당하기 때문이다. 모험과 자기 발견의 기회인 그 자체를 위한 활동에 참여하면 시간이 얼마나 흘렀느냐는 질문은 떠오르지조차 않는다.

시간이 줄어들고 있다는 초조함과 불안이 있는 곳에는 늘 목표 지향적 노력 속에서 길을 잃고 과정의 본질적 의미를 망각한 삶이 존재한다. 대개 피하고 싶지만 피할 수 없는 과정으로 여겨지는 노화 현상조차, 우리가 더 이상 수행하지 못하는 특정 목표에 초점을 맞추는 철저히 목표 지향적인 관점으로 정의된다. 내가 늙어가고 있음을 스스로 아는 이유는 이제 운동하기 전에 준비운동과 스트레칭을 더 많이 해야 하기 때문이다. 시간이 흐르면 나는 '너무 늙어서' 운동 경기에 참여하거나, 아이를 낳거나, 내 삶에서 도달해야 한다고 믿는 단계에 다다르지 못할 것이다.

자신이 나이 들고 있다고 생각할 때마다 우리는 이미 자신의 의미를 특정 과제나 일련의 과제를 달성할 능력으로 한정하며, 이런 성취 능력은 우리 나이를 판단하는 기준 역할을 한다. 우리는 자연을 해석하며 자기 입장을 고수하거나 친구가 되거나 냉철함을 얻을 때 표현되는 자신의 모습을 망각한다. 이러한 활동에 너무 늦은 나이란 없다. 우리가 노화를 불가피한 상황으로 믿게 되는 것은 목표 지향적인 관점이 다른 존재 방식의 관점을 몰아낼 때뿐이다.

과거를 향해 나아가기 또는 성숙하며 젊어지기

삶의 여정에 계속 주의를 기울이며 모든 만남을 우리라는 사람 전체를 통합할 수 있는 긍정적인 기회로 끌어안는 한, 시간은 결코 순간의 연속이 아니며 삶은 결코 젊음에서 노년으로 나아가는 행군이 아니다. 미래가 무엇을 가져다주든, 미래는 우리가 이미 살아가고 있는 삶을 새롭게 이해할 기회를 제공할 뿐이기 때문이다.

오디세우스가 밟은 궤적을 다시 한번 떠올려보자. 이타카로 돌아온 그는 트로이로 떠날 때보다 더 나이가 많아졌을까? 물론 우리 상식에 따르면 그렇다. 우리의 상식은 더 희끗희끗해진 수염과 더 주름진 얼굴을 떠올릴 것이다. 그러나 그의 입장에 서서 그와 함께 항해를 떠난다고 상상해보면, 이 명백해 보이는 판단은 자명함을 잃는다. 헌신적인 남편이자 아버지, 지도자로서 이타카로 돌아가려는 사람의 관점에서 보면, 여정이 펼쳐지는 동안 역설적이게도 그가 점점 **젊어진**다고 말할 수 있다. 여행 중에 발생한 에피소드마다, 현재와 비교해서 그가 더 젊었던 순간, 즉 과거가 새로운 진가를 발휘하기 때문이다.

오디세우스가 높은 파도와 낯선 땅에서 분투할 때 그 자신을 이루는 모든 것, 그러므로 그의 과거에 속한다고 말할 수 있는 모든 것은 미래가 현재가 되어 그 현재로 대체된 지나간 순간이 아니다. 오히려 그의 과거는 그를 여정으로 몰고 가는 힘이며, 스킬라와 카리브디스에게서 빠져나오고 세이렌의 유혹에 저항하고 칼립소의 간절한 손아귀에서 벗어나겠다고 결심하게 만드는 자아상이다. 오디세우스가 미래의 공습에 용감히 맞설 때 그의 과거는 계속해서 다시 태어나며, 모든 재탄생은 다음번 재탄생으로 이어진다.

이렇게 이해하면 과거는 오디세우스의 뒤에 있는 동시에 앞에 있는 역설적인 상태가 된다. 과거는 오디세우스가 절대적으로 확신하며 헌신하는 순간이자 그를 앞으로 밀어붙이는 순간이므로 그의 뒤에 있다. 동시에 과거는 미래가 그의 앞에 던져놓을 사건 속에서 재탄생할 순간이므로 그의 앞에 있다. 말하자면, 오디세우스가 늘 간절하게 추구한 고향은 상상하기조차 힘든 시험과 유혹을 견디게 하는 고향이 된다. 고향은 처음에 그가 떠난 곳일 뿐만 아니라 동시에 훨씬 큰 의미를 지니는데, 고향에 다시 돌아오기 위해 온갖 힘든 사건을 겪어내기 때문이다.

오디세우스가 밟은 이 궤적을 더욱 성숙하고 지혜롭고 냉철해졌다는 점에서 나이 들었다고 해석할 수도 있고, 젊은 시절에 잠재되어 있던 의미가 미래를 만나 마침내 나타났다는 점에서 더 젊어졌다고 해석할 수도 있다. 어떤 시각에서 보든, 여정의 시간성은 목표 지향적 관점에 부합하지 않으며 요약본과 연대표로 표현되는 일방향의 시간성을 거부한다. 시간은 한 방향으로 흐르는 것이 아니라 계속해서 원을 그리지만, 동시에 지금껏 한 번도 가본 적 없는 지점을 향해 나선형으로 상승한다.

'내가 없다면' 과거나 미래 같은 시간은 존재하지 않는다

여정의 시간성을 목표 지향적 노력의 선형적 시간성뿐만 아니라 스토아학파가 제안하는 순환적 시간성과도 비교해보는 것이 좋다. 앞에서 살펴보았듯이 스토아학파는 인간사의 허약함과 성취의 덧없음을 날카롭게 이해했고, 순환하는 계절의 측면에서 자연을 이해하거나, 더 거대한 우주적 의미에서 모든 생명과 물체를 구성하는 원자가 끝없이 결합했다가 해체하는 과정으로 자연을 이해함으로써 위안을 얻자고 제안했다. 이러한 관점에서 스토아학파는 시간이 늘 원점으로 돌아오는 것이라고 가르친다. 그러므로 우리는 이 세상에서 어떠한 불멸을 인식할 수 있다. 이 세상을 살아가며 분투하는 존재로서 우리의 삶은 덧없이 지나가지만, 관점을 조금 바꾼다면 자신을 영원히 계속되는 더 거대한 순환의 일부로 바라볼 수 있기 때문이다.

이제 우리는 스토아학파의 해결책과 삶을 더욱 긍정하는 여정의 시간성을 나란히 놓고 비교해볼 수 있다. 우리가 찾는 불멸은 비인격적인 자연의 무한한 순환이 아니라, 자신이 추구하는 바를 통해 스스로를 이해하며 끊임없이 출발해 새로운 눈을 얻고 다시 자신에게 돌아오는 삶의 방식에 있다. 이렇게 이해한 불멸은 늘 원점으로 돌아오는 원이나 무한히 이어지는 선이 아니라, 위를 향하는 나선형 소용돌이다. 이러한 소용돌이는 모험을 경험할 때마다 반복되고 새로워지는 영원한 자기 이해를 의미한다.

내가 떠올릴 수 있는 시간의 범위가 아무리 넓을지언정, 내가 지금 살고 있는 삶이라는 여정은 앞에 (또는 위에) '과거'를 품고 있다. 심지어 나는 내가 태어나기 훨씬 전, 예를 들면 호메로스의 작품 속 그리스나 고대 아테네를 이러한 '과거'로 간주할 수도 있다. 이 순간들은 오로지 피상적인 의미에서만 내 뒤에 있다. 오디세우스와 소크라테스의 삶이 계속해서 질문으로 남아 있는 한(우리 시대의 어려움 앞에서 통찰의 원천이 되어주는 한) 이들의 삶은 내 뒤에 있는 만큼이나 내 앞에 있다. 심지어 이들의 삶이 너무 먼 앞에 있어서, 최선을 다해 해석하는데도 좀처럼 그들을 따라잡기 힘들다고 말할 수도 있다.

우리가 시간의 범위를 인간이 지구의 땅을 걸어 다니기 전의 '선사 시대'나 거대한 화산 폭발로 지금 우리가 아는 땅과 바다가 생겨난 시대 혹은 공룡이 살던 시대나 먼 과거의 다른 시대로 넓힌다 해도 결론은 같다. 이러한 순간들도 우리의 뒤에 있는 것만큼이나 우리 앞에 놓여 있다. 그러한 과거를 개념화하며 이해하려고 할 때, 우리는 어쩔 수 없이 만약 나라면 그 당시 어떻게 행동했을지, 그때는 삶이 지금보다 더 낫거나 쉬웠을지를 상상하게 되기 때문이다. 이렇게 우리는 현재와 관계된 채로 심지어 미래로 향하는 잠재적 방식으로 과거와 만난다.

영화 「쥬라기 공원」 같이 기발하게 묘사된 상황 속에 있는 우리를 의식적으로 그려보지 않더라도, 우리가 '그 당시'의 환경을 '객관적으로' 묘사하려고 사용하는 용어와 구분을 통해 우리는 이미 은연중에 자신을 그 상황 속에 내려놓는다. 이러한 이유로 인간의 삶이 등장하기 이전의 시기를 상정하는 진화론은 신석기시대까지 거슬러 올라가든 빅뱅까지 거슬러 올라가든 늘 근시안적인 면이 있다. 그런 이론은 늘 인류를 다른 종과의 관계 속에 있는 하나의 종으로 대상화하거나, 생식과 성장을 관찰할 수 있는 물질적인 분류 속에 인류를 위치시킨다. 이러한 이론은 애초에 대상 앞에 존재하며 '빅뱅'과 '인간종' 같은 대상을 구성하는 살아 있는 힘을 간과한다. 이런 용어들은 연구자의 참여적이고 헌신적인 삶, 여정의 시작과 종결의 형태를 동시에 취하는 삶이 있어야만 특정 의미와 타당성을 지닐 수 있다. 결국 모든 과거의 순간은 과거와 미래의 통합이며, 이러한 통합이 우리가 전념하는 현재를 정의한다.

모든 미래의 순간들도 마찬가지라고 할 수 있다. 나의 해석 능력을 요구하지 않고 나의 흔적이 남지 않는 과거가 없듯이, 그러한 미래도 없다. 먼 미래, 말하자면 내가 죽고 난 미래의 상황을 상상할 때, 나는 지금 이곳에 존재하는 것 못지않게 해석자로서 이미 그곳에 존재한다. 내가 나 없는 세상을 그려보고 다른 사람들과 대화를 나누며 그 모습을 설명하는 방식에, 이미 나만의 생각과 개념, 그 안에 내포된 삶의 방식에 대한 이해가 남기 때문이다. 그러므로 나의 의식이 존재하지 않는 미래를 상상할 때조차 미래는 나에게 속해 있고, 나 또한 미래에 속해 있다.

스토아학파가 지구에 사는 인간의 삶이 덧없음을 증명하고자 제시한 끔찍한 사태, 즉 세네카가 말한 '별들이 서로 충돌하는' 격변의 순간을 상상해보자. 또는 태양이 폭발해서 지구 전체가 화염에 휩싸인다고 해보자. 이런 사건이 이 세상의 종말처럼 보이려면, 먼저 이 세상을 어느 시점에 형성되어 한동안 지속되다가 파괴되는 물질적인 것으로 이해해야 한다. 이러한 관점은 자기 작품을 완성한 뒤 그 작품이 오래가기를 바라는 장인의 분리된 목표 지향적 시선이며, 이런 시선으로 보면 지구의 파괴는 종말이나 종료 지점일 뿐이다. 그러나 언제든 온전한 삶이 흩어져버릴 수 있으며, 우리가 불행 앞에서 끊임없이 자기 삶을 구원해야 한다고 보는 사람은 그런 사건을 매우 다르게 해석할 수 있다. 이런 관점에서 보면 이른바 이 세상의 종말은 끝이 아니라 그저 혼란 상태이며, 이러한 상태는 아직 결정되지 않은 재통합을 요구한다. 오이디푸스의 삶과 마찬가지로 허물어진 삶은 구원의 가능성을 열어젖힌다. 그러므로 우리가 현재 전념하는 삶, 존재의 의미에 대한 우리의 태도가 우리 앞에 놓인 모든 사건을 자기 안으로 통합한다.

모든 연쇄 작용은 여정의 시간성에 부합한다

시간의 역설적인 순환성을 여전히 '객관적인' '진짜' 시간과 상충하는 주관적 개념으로 인식하고 싶을 수 있으므로, 너무나도 명백해 보이는 연쇄 작용 속의 순환성을 살펴보는 것이 좋겠다. 이 사례는 불과 몇 초 만에 발생하며, 우리가 이 세상에서 직접 겪는 경험에 근거한다. 우리는 번개가 번쩍이고 나서 몇 초 뒤에 천둥소리를 듣는다. 그리고 천둥이 번개를 따라온다고 믿고 그렇게 말하며, 이를 근거로 번개는 원인이고 천둥은 결과라고 결론 내린다.

그러나 이런 연쇄 작용 그리고 원인과 결과의 구분은 결코 실제 나타나는 일과 우리의 경험을 온전히 담아내지 못한다. 연쇄 작용이 그 렇게 보이는 이유는 첫 번째 순간이 나타나자마자 두 번째 순간의 도래를 예고하고, 다음에 두 번째 순간이 등장하며 첫 번째 순간을 완성하기 때문이다. 번개를 보는 순간 우리는 번개와 함께 천둥소리를 듣는다. 심지어 소리가 아직 들리지 않아도, 의식적으로 번개와 함께 천둥을 떠올리지 않아도 그렇다. 또한, 천둥을 듣자마자 우리는 천둥을 같은 현상의 연속이자 펼쳐짐으로써 번개에 속하는 것으로 인식한다. 위엄 있고 강렬하게 등장하는 독특한 사건으로 번개를 이해하는 경험에는, 천둥이 따라오리라는 예상이 반드시 포함된다. 그러나 그 말은 곧 천둥이 그저 번개의 뒤를 따라오는 것이 아니라, 파트너로서 늘 번개와 함께하며 이 현상을 드러낸다는 뜻이다.

천둥은 번개와 함께할 때만 제 진가를 발휘한다. 그러므로 두 번째 순간은 그저 첫 번째 순간을 따라오는 것이 아니라, 처음부터 그 지평 위에 있다. 첫 번째 순간 역시 그저 두 번째 순간에 앞서는 것이 아니라, 상존하며 예상되는 사건을 통해 간직되고 변형되는 짝이다. 이 '두' 순간은 결코 단순히 하나와 하나의 합인 둘이 아니라 서로를 강화하는 차이로 이루어진 단일한 순간이다.

이런 상호 구성이 없다면 전과 후는 말이 되지 않으며 하나를 원인으로, 다른 하나를 결과로 추상할 수도 없다. 번개를 보는 동시에 천둥을 예상하지 않는다면, 즉 아직 발생하지 않은 어떤 사건이 번개와 함께 장엄함과 걸출함을 드러내리라 예상하지 않는다면, 우리는 번개가 치고 난 뒤에 발생했다고 말할 수 있는 무한히 다양한 것들에 파묻히고 말 것이다. 그 무한히 다양한 것들 사이에서 천둥을 우리가 방금 인식한 것과 관련지을 근거는 없다. 오로지 번개가 이어질 사건의 한정된 지평을 연 동시에 '어쩌면 이번에는 다른 게 따라올지도' 모른다는 신비를 품고 있기에, 우리는 번개 뒤에 천둥이 따라온다고 파악하거나 확정할 수 있다. 번개는 오로지 천둥을 통해 기억되고 재해석되기에 돌이켜 생각해보며 번개가 천둥보다 앞서서 발생했다고 인식할 수 있는 것이다.

천둥소리를 듣고 그 소리를 방금 인지한 번개와 관련짓는 사람의 입장에서도 똑같은 결론에 도달한다. 천둥이 들리기 직전에 무슨 일이 발생했는지 떠올리려고 오로지 기억에만 의존해 두 사건을 관련지으려 하면, 우리는 기억 속에서 무엇을 선택해야 할지 전혀 갈피를 잡지 못할 것이다. 또 다른 문제도 있다. 우리의 기억이 우연히 번개를 선택해서 지금 들리는 천둥소리와 연결짓는다고 해도 기억력이 선명할수록 번개를 본 경험의 머릿속 재현을 현실에서 번개가 또 한 번 친 것으로 착각할 위험이 있고, 그러면 번개가 천둥 이전에 발생했는지 이후에 발생했는지 판단할 근거를 잃고 만다. 오로지 기억에만 의존해서 지나간 순간의 내용을 복구하고 그 내용을 방금 인식한 것과 관련짓는 행위에는, 과거가 한때는 있었지만 지금은 없는 것이라는 감각이 없다. 이제 뒤로 물러났기에 그 무엇으로도 대체할 수 없는 순간의 단일성에 대한 이런 역사적 감각은 과거를 미래를 여는 것으로서 소환할 때만, 그리고 우리에게 다가오는 미래가 과거에 지울 수 없는 흔적을 남겨서 과거가 절대로 돌아올 수 없는 것이 되어야만 생겨날 수 있다.

이렇게 너무나 자명해 보이는 일상적 연쇄 작용에는 늘 연쇄를 가능케 하는 두 순간의 관계가 존재한다. 인과관계 개념에 반드시 필요한 연쇄 작용에 대한 이해는 여정의 시작과 종결로 특징지어지는 더욱 근본적인 시간 경험으로 뒷받침된다. 그렇지 않으면 우리는 이 세계에 대한 가장 기본적인 과학적 이해조차 얻지 못할 것이다.

시작과 종결이 있는 활동적 자기가 모든 시간대를 넘나든다는 점은 우리가 삶과 죽음을 이해하는 방식에 크나큰 영향을 미친다. 그렇게 보면 죽음이 그저 삶의 끝이나 부정일 수 없기 때문이다. 죽음이 삶의 끝처럼 보인다면, 그건 우리가 이미 어떤 의식이 이 세상에 등장했다가 언젠가 부재하게 된다는 측면에서 삶을 이해했다는 뜻이다. 이때 우리는 (우리의 해석 능력을 요구하고 표현되기를 간절히 바라는) 세상이 의식의 기반이며, 의식은 주의를 기울이고 반응하는 방식으로 언제나 세상과 교감한다는 점을 간과한다.

의식을 탄생과 함께 이 세상에 등장한 뒤 얼마간 이곳에 머물렀다가 떠나는 것으로 생각하는 것은 곧 자기 자신을 순간의 연속에 위치시키는 것이다. 우리가 연이은 목표의 행진 속에서 길을 잃으면 이런 순간의 연속이 시간을 구성하는 것처럼 보인다. 그러나 우리 삶의 본질이 시작과 종결의 형태를 동시에 취하는 자신과 세상의 상호작용이라면, 우리가 사라지는 순간은 존재할 수 없다. 단순하게 말하면 여정을 추구하는 삶은 외부의 종착지가 없기 때문에 죽음은 종점이 될 수 없다. 여기서 의식과 자기, 자기와 세계, 활동과 시간의 관계를 새로 살펴보는 것이 좋겠다. 이제 우리는 '끝'과 죽음의 의미라는 관점에서 이 문제를 탐구할 것이다.

죽음의 의미를 다시 생각하기

죽음은 삶의 마지막이며, 이곳 지구에서의 존재가 끝을 맞이하는 순간이라는 생각은 대개 당연하게 여겨진다. 이러한 가정을 토대로 사후란 무엇인가, 자기 또는 영혼은 소멸될 것인가, 아니면 다른 곳에서 계속 존재할 것인가, 만약 그렇다면 우리의 영혼은 어떤 운명을 맞이할 것인가라는 질문이 생겨난다. 마음을 어지럽히는 이런 가능성들의 불확실성 앞에서 우리는 죽음을 두려워하고, 지금 살고 있는 삶에 대한 애착 때문에 '끝'을 경계하며 최대한 그 시점을 뒤로 미룰 방법을 찾으려 한다. 마치 노인의 죽음(우리가 나이 들수록 더 충만한 삶을 살수 있다고 가정한다면)이 삶이 무르익기 전에 찾아온 때 이른 죽음보다 더 바람직하다는 듯이 말이다.

한편, 우리는 끝의 의미를 묻지 않는다. 이르든 늦든 찾아올 끝, 삶이 형태를 갖추기 전이나 후에 찾아올 끝을 이야기할 때 우리가 철저히 목표 지향적인 측면에서 삶을 이해하고 있다는 것을 인식하지 못한다. 이때 우리는 삶을 특정 상태의 연속, 즉 이 세상에 의식이 존재하는 상태로 이해하며, 이렇게 의식이 존재해야만 경험을 습득할 수 있고 이를 통해 서서히 삶을 채울 수 있다고 여긴다. 삶이 이러한 것이고 죽음은 그러한 삶의 끝이라는 개념은 그 자체를 위한 활동을 인식하지 못한다.

그 자체를 위한 활동의 관점에서 이해하면 삶은 우리의 삶이 추구하는 정점의 의미뿐만 아니라 그 한계나 극단, 즉 우리가 기대하거나 알 수 있는 것의 끝이라는 의미에서도 이미 끝에 다다라 있다. 이 이중적 의미의 '끝' 역시 죽음을 의미하지 않을까?

언젠가 우리 앞에 죽음이 닥친다는 사실에, 예상치 못한 사건의 극치와 마주함으로써 존재 전체가 위기를 맞이한다는 것보다 더 큰 의미가 있을까? 죽음은 그저 탁 트인 지평선이자, 우리가 살아가는 삶을 에워싼 불가해한 신비를 의미할 뿐이다.

이렇게 이해하면 죽음은 삶의 반대이자 부정이 아니다. 죽음은 커다란 낫을 들고 음침하게 다가오는 사신의 이미지로 묘사되는 것처럼 외부에서 우리 삶으로 들어오는 것이 아니다. 죽음의 이런 섬뜩한 의인화는 실제로 죽음을 친숙하게 만들고 우리가 이 세상 안에서 만날 수도 있는 위협적인 존재에 죽음을 비유하는 역할을 한다. 이렇게 죽음을 세상 안에 위치시킴으로써, 우리는 죽음이 이 세상 자체와 관련 있다는 사실을 간과한다. 죽음은 이 세상의 의미, 그리고 이 세상을 해석하면서 자기 역량을 발휘하는 우리 자신의 의미와 관련이 있다.

마찬가지로 우리는 죽음을 '의식의 소멸'로 묘사하며 친숙하게 만든다. 이 개념을 통해 우리는 직접 보고 만지고 경험할 수 있는 것, 예를 들어 서서히 꺼져가는 불씨나 잠시 공기 속에 머물다 흩어져버리는 입김, 또는 한 줄기 연기에 죽음을 비유한다. 우리 의식으로 지각할 수 있는 이런 현상을 참조해, 우리는 우리의 의식 자체가 이와 비슷한 운명을 맞이할지도 모른다고 상상한다. 더 나아가 우리는 이러한 운명을 무(無)의 '경험'으로 이해하는데, 죽음이란 우리의 눈앞에 있을 수 있는 모든 실체가 서서히 사라지다 결국 텅 빈 어둠에 다다르는 것이라고 상상하는 것이다. 이 '무'無는 그저 우리가 아는 것들의 부재이므로, 그 어떤 불가사의도 남기지 않는다.

이러한 개념에는 죽음에 대한 중요한 감각이 빠져 있다. 죽음은 우리가 아는 모든 것의 의미에 영향을 미치며, 단순히 계속되는 세상에서 우리의 의식이 부재하는 것이 아닌, 우리가 보거나 만지거나 생각할 수 있는 모든 것의 의미와 중요성이 변화하는 것이다. 또한 죽음은 세상의 정체성과 나의 정체성이 모두 바뀔지도 모르는 혼란 상태이기도 하다. 이런 의미(죽음이 '불가피하고' '불가역적이며' '전면적이고' '불가사의하다'는 우리의 예측에 부합할 유일한 의미)의 죽음은 오로지 도착지 없는 여정의 참여적이고 헌신적인 관점, 삶은 '있는' 것이 아니라 되어가는 것이며, 그 과정에서 자기 외부의 목표를 추구하지 않는다는 관점에서만 이해할 수 있다.

우리가 죽음을 생각하고 개념화하려 할 때 이따금 죽음이 우리라는 사람 전체에 영향을 미치며 어떤 면에서는 (물리적 구성만이 아니라) 모든 것의 의미를 뒤흔든다는 사실을 인정하긴 하지만, 결국 우리는 나타났다가 사라진다고 말할 수 있는 것, 일시적으로 지속되지만 궁극에는 허물어지는 물리적 실체의 측면에서 그 '의미'를 이해한다. 이에 따라 우리는 의미의 전면적 변화를 땅에 떨어져서 깨지는 유리잔처럼 현재 존재하는 무언가가 파괴되는 것으로 이해한다. 결국 우리는 죽음을 너무나도 헷갈리는 방식으로 논하게 된다.

이러한 혼동은 쉽게 발견할 수 있다. 죽음의 의미를 고찰한 한 책의 저자는 죽음과 삶의 의미의 관계를 담아내기 위해 다음과 같은 사고 실험을 해보자고 제안한다.

언젠가 대학교 3-4학년 학생들 앞에서 죽음에 대한 강의를 진행한 적이 있다. 첫날 나는 교재를 옆으로 치워놓고 종이 한 장과 연필을 꺼내달라고 했다. 그리고 종이에 자기 삶에서 가장 중요한 것 네다섯 개를 적은 다음 종이를 접어달라고 했다. 나는 누구도 안에 쓴 내용을 보지 않을 거라고 장담했다. 다 끝났으면 아무도 볼 수 없게 종이를 접은 채로 앞으로 전달해달라고 했다. 종이에 쓰인 내용에는 관심이 없다고 학생들을 안심시켰다. 중요한 것은 각자가 스스로 종이에 무엇을 적었는지 아는 것, 종이에 적은 내용을 인지하는 것이었다. 나는 앞으로 전달된 종이를 전부 한데 모았다. 그리고 학생들에게 종이와 자신이 그 안에 쓴 내용에 주의를 집중하라고 말했다. 그다음 나는 천천히 종이를 잘게 찢었다. 나는 이것이 우리 모두가 직면해야 하는 것이라고 말했다. 바로 이것이 우리가 최선을 다해 이해해야 하는 것이다.[22]

죽음을 이렇게 묘사한 방식에서 눈에 띄는 점은 죽음은 그 자체로 어떤 의미가 있다기보다는 의미의 파괴라는 허무주의가 아닌 극도의 진부함이다. 죽음이 없앤다고 하는 중요한 것들은 손쉽게 찢어버릴 수 있는 종이처럼 한낱 우리 눈앞에 있는, 잠시 이곳에 존재했다가 금세 사라지는 실체에 비유된다. 그렇게 불가사의하고 전면적인 죽음은 우리가 보고 만질 수 있는 것들 앞에 닥칠지 모를 너무나도 익숙한 가능성으로 축소된다. 그리고 의미, 즉 '중요한 것'은 목표나 존재 상태, 즉 순간순간 획득하거나 간직하거나 또는 유지할 수 있지만 결국 파괴될 수밖에 없는 것의 토대 위에서 이해된다. 활동과 해석, 대화, 그리고 이런 활동에 적용되는 특별한 시간성과 의미의 관계는 완전히 무시된다.

이런 관계가 무시된다는 사실은 교수가 학생들이 쓴 내용에 관심이 없다는 점에서 드러난다. 교수는 학생들에게 자신이 적은 내용을 '인지'하라고만 했는데, 이 요청은 의미를 정신 상태로 묘사하는 것이 적절하다는 익숙한 편견을 보여준다. 그러나 만약 학생들이 교수가 아무 의심 없이 추측한 내용('가족' '친구' '내 반려견'처럼, 활동의 관점에서 보면 유의미하지만 왔다가 사라지는 실체라는 측면에서는 쉽게 잘못 해석될 수 있는 것들)이 아니라, 자신이 가장 좋아하는 시의 한 구절이나 질문 또는 그냥 '철학'이라는 단어, 아니면 "성찰하지 않는 삶은 살아갈 가치가 없다"는 소크라테스의 주장을 적었더라면? 우리는 앞으로 해석과 자기 이해의 시간성을 살펴보면서 이러한 것들과 시간의 관계를 알아볼 것이다.

그러나 지금까지 함께 생각해본 내용을 고려하면, 이런 것들이 목표와 결과물, 지속되거나 사라질 수 있는 세상의 상태와는 매우 다른 의미에서 시간과 관계 맺고 있다는 사실이 분명하게 드러난다. 우리가 이렇게 아무 생각 없이 선뜻 의미와 목표 지향적 노력을 동일시한다는 사실이, 삶의 계속되는 여정과 그 시간성을 모호하게 하는 세계관에 우리가 얼마나 깊이 빠져 있는지를 말해준다.

지금은 아니지만 결국 나중에(바라건대 먼 훗날에) 우리에게 닥쳐올 사건이라는 죽음 개념은 죽음의 불가사의함도, 앞으로 우리가 살펴볼 삶의 무한함도 제대로 담지 못한다. 우리가 언젠가 다가올 수밖에 없는 끝(육체의 사멸과 의식의 소멸)을 이해하는 익숙한 방식을 살펴보면, 그러한 죽음이 행동하고 해석하는 삶의 힘을 포함하거나 아우르지 못한다는 사실을 알게 되기 때문이다. 이러한 삶의 힘을 매 순간 드러내는 태도는 세계 '안'에 있는 개인의 신체적 존재나, 지금은 이곳에서 세상을 인식하고 전달하지만 언젠가는 부재할 주관적 의식의 존재를 넘어선다. 육체의 사멸을 견뎌낼 뿐만 아니라 그러한 끝 앞에서 자신을 새롭게 긍정하게 될지 모를 그 삶의 힘을 살펴보기 위해, 먼저 의식이 자신에게 접근하는 불충분한 방식이라는 점을 탐구해보자.

의식은 삶의 여정의 산물

만약 죽음이 무엇보다 의식의 소멸로 간주된다면, 삶을 규정하는 것은 바로 의식일 것이다. 그러나 의식을 탐구하면 할수록 의식은 삶의 가능성 중 하나일 뿐이며, 그 가능성조차 종종 피상적이라는 사실을 발견하게 된다.

우리는 자신이 누구인지를 보여주는 활동에 철저하고 열정적으로 참여하는 진실한 삶을 살면 살수록 자기 행동과 분리된 자신을 의식하지 못하게 된다. 우리가 의식하는 내용은 명시적 성찰 없이 자신이 하고 있는 행동에서 은연중에 나타나는 자기 이해보다 사소할 때가 많다. 투수가 공을 던지기 직전에 미묘하게 수비 위치를 잡는 중견수를 떠올려보자. 그 선수의 의식은 무의미한 대중가요 가사나 점심에 먹은 음식으로 하릴없이 흘러가고 있을지도 모른다. 그러나 의식 너머에서 작동하는 선수의 미묘한 움직임은 경기 운영법에 관한 실용 지식이 선수의 몸에 체화되었음을 보여준다. 자연스럽게 몸에 배인 그 지식은 이 세계의 한 측면(야구 경기)에 관한 지식인 동시에 자기 이해의 한 형태다. 선수로서뿐만 아니라 야구를 포함한 삶의 방식, 삶의 여정에 참여하는 한 사람으로서 게임에 '정통'한 것이다.

또는 테니스의 황제 라파엘 나달이 중요한 토너먼트 결승전에서 참담하게 패배하고 코트를 나가던 길에 시간을 내어 팬들에게 사인을 해주는 모습을 떠올려보자. 누군가는 충성스러운 팬이 간절하게 내민 노란색 공에 사인을 해줄 때 그의 마음이 다른 데 가 있을 거라고, 속상한 패배를 돌이켜보거나 아니면 그저 기자들이 밀려들기 전에 라커룸에서 조용히 쉴 수 있는 순간을 고대하고 있을 거라고 생각할 수 있다. 그러나 의식에서 완전히 벗어나 있을지 모를 나달의 행동은 명백히 그의 미덕과 지혜를 보여준다. 그리고 경기장에서 나달과 함께 있는 모두가 똑같이 그의 미덕과 지혜를 이해하고 해석하고 자기 삶에 적용할 수 있다.

우리는 무언가에 분명히 관심을 집중하는 것이 그 대상에 가닿는 가장 고결하고 사려 깊은 방식이자 심지어는 사유의 정수라고 생각하는 경향이 있지만, 사실은 그 반대라고 생각해야 한다. 우리는 대상을 숙고하기보다는 대상과 만나고 교감할 때 그 대상을 가장 잘 이해한다. 우리가 대상에 몰입했을 때 성찰(대상의 의식적 자각)은 대상의 중요성을 파악하는 데에 좀처럼 도움이 되지 않는다.

물론 우리라는 사람의 핵심이며 우리의 분명한 관심 뒤에 자리하는 삶의 방식의 여러 특징을 의식할 수 있다. 의식을 머릿속에 박힌 바보 같은 노래쯤으로 취급하는 것은 옳지 않은데, 명시적 자각과 자기 성찰이 때때로 냉철함을 강화할 수 있기 때문이다. 명시적이고 의도적인 사색은 통찰력 있고 의욕과 해방감을 주는 방식으로 우리가 하는 행동과 우리 자신을 설명할 수 있다. 다른 사람이 우리에게 다르게 행동할 수도 있는데 왜 꼭 그렇게 행동했느냐고 묻거나, 우리가 아무 생각 없이 한 행동을 칭찬하거나 비난할 때, 우리는 그런 의식적인 자기 성찰을 해야 한다. 그러나 이렇게 말로 우리 행동을 설명할 때, 그 목적은 그곳에 함께 있는 사람이 우리의 행동을 해석하고 직접 개발하는 것이지, 모두의 앞에서 처음으로 우리의 생각을 드러내는 것이 아니다. 우리의 삶은 그 전에도 이미 행동을 통해 드러나고 있고, 다양한 각도로 해석될 수 있다. 그러므로 아무리 이해에 도움이 된다고 하더라도 의식은 행동으로 표현된 삶의 의미의 산물일 뿐이며, 우리는 언제나 그 의미를 해석하고 있다.

행동과 스토리텔링, 해석이 삶을 규정하는 방식에 주목한 니체는 인상적인 비교를 제시한다. 그에 따르면 우리 자신의 의미에 대한 의식은 전투 장면을 그린 캔버스 속 병사의 의식만큼이나 미미하다.[2] 분명 그림 속 병사들은 자기 자신이나 자기 행동을 의식적으로 자각하지 않는다. 그러나 그림으로 표현된 그들의 행동은 그 그림을 바라보는 사람이 해석할 수 있는 의미를 품고 있다. 이처럼 니체는 의식이 아니라 활동과 서사가 그 사람을 규정한다고 말한다.

더 정확히 말하면, 의식은 그 자체로 활동의 한 형태다. 우리가 의식하는 것, 우리를 사로잡아 생각을 불러일으키는 발상이나 우리를 깊은 고민으로 이끄는 딜레마와 교감하는 것이기 때문이다. 그러나 이 말은 곧 의식이 결코 '네 것이 아닌 나의 것'이라는 의미에서 자기 소유가 될 수 없음을 뜻한다. 타인이 우리를 움직이게 하는 바로 그 발상 및 딜레마와의 관계 속에서 스스로를 정의하는 한, 의식은 늘 공유된 것일 수밖에 없다. 어느 측면에서든 자신과 이 세상을 인식하는 순간 우리는 우리가 의미의 해석자임을 인식하게 되며, 그 의미는 오롯이 '자기 소유'인 주관적 표상에 국한되지 않는다.

일부는 공통의 경험이 통증처럼 완전히 주관적인 형태의 인식에서 한계에 직면한다고 말한다. 발가락을 찧은 통증은 다른 누구도 아닌 나만이 느낄 수 있다. 그러나 이렇게 내 신체, 내 머릿속에 있는 통증을 이야기하는 방식은 지금 내가 느끼는 것이 무엇이고 어떻게 반응해야 하는지를 결정하는 데 공동 활동이 매우 중요한 역할을 한다는 사실을 간과한다. 주관주의는 통증을 비롯한 모든 느낌이란 정확히 설명하고 대처하고 능동적으로 행동하라는 설득이 아니라 수동적으로 경험하는 육체적 감각이라고 본다. 이러한 관점은 우리가 은연중에 통증을 관련 활동과 연관 지어서 이해하기 전까지는 통증을 통증으로 느끼지 않는 이유를 설명하지 못한다.

예를 들어 힘겹게 1.6km를 달리면서 느끼는 통증(타는 듯이 뜨거운 폐, 극도의 피로 때문에 무거워진 두 다리)은 계속 밀고 나가며 불편함과 끝까지 싸우라는 자극일 수도 있고, 마지막 '전력 질주'를 위해 살짝 힘을 빼고 에너지를 아끼라는 신호일 수도 있다. 이런 의미에서 고통은 예상하고 극복할 저항의 한 형태다. 이런 통증은 부상을 의미하는 급작스럽고 불균형한 통증과 그저 강도만이 아니라 질적으로도 다르다. 부상에서 오는 통증이 격렬한 운동 후에 찾아오는 건강한 피로보다 강도가 약한 경우도 많지만, 그런 통증은 우리를 격려하기보다는 기운을 꺾는다. 부상으로 통증이 발생할 때 증상 악화를 막고 회복하려면 하던 활동을 멈출 수밖에 없다. 이렇게 통증은 통증이 발생한 환경에 따라 성격이 결정된다.

그러나 이 말은 곧 통증이 사적이거나 주관적인 것이 아님을, 오직 통증을 경험하는 나만이 느낄 수 있는 것이 아님을 의미한다. 통증이 발생하는 상황에는 공동의 이해가 수반되기 때문이다. 상황을 오해해서 자신의 통증을 잘못 해석할 가능성도 꽤 높다. 이런 일은 스포츠 초심자에게 왕왕 발생하는데, 이들은 건강하게 전력을 다한 뒤의 느낌을 일종의 통증으로 오해해서 더욱 밀고나가야 할 때 힘을 빼기도 하고, 부상 때문에 발생한 통증을 '별것 아닌' 느낌으로 치부해서 멈춰야 할 때 앞으로 달려나가기도 한다. 운동선수는 오로지 코치가 맥락 위에서 그 느낌을 해석해야만 통증을 있는 그대로 인식하기 시작한다. 통증은 공동 활동 위에서 발생하는 셈이다.

의식이 자율적인 현상이 아니라 공동 활동에서 비롯된다는 사실은 우리가 삶과 죽음을 이해하는 방식에 크나큰 영향을 미친다. 만약 삶이 별개의 주체, 즉 의식의 중심이 쾌락과 고통, 승리와 패배 등을 겪는 일정 기간의 시간일 뿐이라면, 죽음을 삶이 끝을 맞이하는 순간으로 이해하는 것도 타당하다. 그러한 관점에서는 존재의 상태(상황을 이해하고 '경험'을 축적하는 의식이 현존하는 상태)가 돌연 파괴되거나 중단되는 모습을 죽음으로 상상할 수 있다. 그러나 만약 삶이 통일성을 유지하려는 노력으로 정의된다면, 죽음은 그런 종점일 수 없다. 이야기는 그것이 종이 위에 쓰였든, 존재 방식을 통해 표현되든, 주인공이 이 땅에 직접 모습을 드러내든, 그 이야기의 의미를 의식하든 상관없이 고유의 통일성과 힘을 지니기 때문이다.

만약 우리가 죽음을 육체의 사멸이나 의식의 소멸로 이해한다면, 삶이 죽음과 함께 끝난다는 생각은 종이가 찢어지면 그 위에 쓰인 이야기도 끝난다는 생각과 마찬가지임을 고려해야 한다. 삶과 이야기 둘 다 관련된 사람에게 계속해서 영감과 통찰을 준다. 그 방식은 유족의 경우처럼 직접적일 수도 있고, 살아생전에 고인을 한 번도 만나본 적 없지만 그 사람의 인생에 감명받아 헌신적으로 해석에 참여한 경우처럼 간접적일 수도 있다.

이야기 속의 특정 이름을 분명하게 기억하는 유족이 더 이상 없을 때도(몇 세대가 지나면 거의 불가피하게 발생하는 상황이다), 이야기 자체와 고인의 삶의 태도는 고유의 방식과 시간 속에서 그와 비슷한 태도를 취하는 사람의 행동을 통해 언제든 되돌아올 수 있다. 플라톤이 소크라테스의 이야기를 글로 남기지 않았더라도, 그래서 소크라테스가 철학을 추구하면서 미덕을 드러낸 정확한 상황을 우리가 몰랐더라도, 그의 삶은, 즉 그의 삶을 정의한 활동은 「인생은 아름다워」의 주인공이 보여준 경쾌함과 헌신을 통해, 소크라테스라는 사람에 대해서는 알지 못해도 자기 삶의 방식을 통해 소크라테스적 면모를 드러낸 사람들의 삶을 통해 계속해서 표현되었을 것이다. 미덕과 통일성을 추구하며 살아간다는 것은 곧 의식의 한계를 넘어서는 활동, 체현된 존재의 오고 감을 초월하는 활동에 참여한다는 뜻이다.

소크라테스와 「인생은 아름다워」의 주인공이 입증하듯이, 육체의 사멸이라는 의미의 죽음은 심지어 서사로 이해하는 삶에 꼭 필요한 요소일 수 있다. 죽음이 우리의 태도를 표현할 때, 죽음이 냉철하고 풍성한 삶을 드러내 보일 때, 죽음은 단절이 아닌 정점의 순간이다. 죽음을 의미하는 그리스어 **텔레우테인**ᵗᵉˡᵉᵘᵗᵉⁱⁿ에는 이런 정점의 의미가 담겨 있다. "자신의 **텔로스**, 즉 목적을 이루다"라는 뜻이기 때문이다. 소크라테스가 어떤 **사람**이었는지를 정확히 설명하고 그를 삶의 본보기로 삼으려 한다면, 그가 철학을 위해 죽음에 직면한 방식을 빼놓을 수 없다. 소크라테스의 재판과 처형은 그의 이야기에 꼭 필요한 요소다.

모든 죽음이 이렇게 공명을 일으키고 개성 있는 것은 아니다. 소크라테스의 죽음도 아마 플라톤이 집필을 통해 크게 손보았을 것이다. 그러나 영웅적이기보다는 평범하고 우연한 수많은 죽음을 통해서도 우리가 이 땅에서의 물리적 현존을 초월한다는 사실을 상기할 수 있다. 흔히 쓰는 표현처럼 누군가가 '떠나'자마자 또는 우리가 그 '사람'이라고 부르던 신체가 사라지자마자, 우리가 그리워하는 것은 단순히 가까이에 있는 그 사람의 물리적 존재가 아니라 매력적인 윙크나 미소, 독특한 걸음걸이, 마음을 편하게 하는 목소리의 리듬처럼 더 이상 우리 앞에서 빛을 발하지 않는 그 사람 고유의 특징임을 깨닫게 된다. 그리고 그런 특징이야말로 해석할 의미를 담고 있다. 우리는 그런 특징을 해석하고 이해한 뒤에야 그 가치를 알 수 있다. 사람의 특징은 신체를 통해 드러나기는 하지만, 신체가 전달할 수 있는 것 이상의 의미를 품고 있다.

장례식에서 고인의 독특한 특징을 언급하며 그 사람을 칭송하기 훨씬 전부터, 우리는 그 사람이 살아 있는 동안에 그렇게 하기도 한다. 다른 이에게 이야기하던 중에 그 사람을 묘사하거나 그저 우리 스스로 그 사람을 이해하며 그 사람의 특징을 서술하고 설명하고 해석할 때, 우리는 특정 시공간에서의 발현을 넘어서는 삶의 방식을 표현하고 있는 것이다.

생명 연장 열풍의 문제점

활동하는 자기가 특정 순간에 신체로 드러나는 모습을 초월한다는 생각은, 물리적이고 생물학적인 의미에서 생명을 연장하려는 지대한 관심으로부터 우리를 흔들어 깨운다. 우리가 살면서 표현하는 의미나 생각은 수명의 길고 짧음과 아무 관련이 없기 때문이다. 매 순간이 그저 새로운 경험이나 다음 순간에 밀려 사라지는 우연이 된다면, 우리는 무한히 긴 삶을 살면서도 자기 분열로 괴로워할 수 있다. 그런 삶은 흘러가는 것들을 다시 채우느라 늘 시간이 부족하다. 반면, 우리는 짧은 삶을 살면서도 매 순간 우리 앞에 나타나는 것을 삶에 통합하고 자기 삶 전체가 새롭게 공명하는 지점으로 간직할 수 있다. 그런 삶은 언제나 시작과 끝에 동시에 위치하므로 시간이 더 필요하지 않다.

오래 사는 삶과 통일성 있는 삶이 서로 상충하는 것은 아니다. 그러나 수명에만 집중하면 통일성을 잃을 수 있다. 그냥 삶과 우리가 긍정할 수 있는 삶, 구석에서 안전하게 몸을 피하는 삶과 자기 입장을 고수하는 삶 사이에서 선택을 내려야만 하는 상황이 반드시 찾아오기 때문이다.

우리가 서사적 통일성을 희생하면서 그렇게 선뜻 생존에 몰두하는 이유는 홉스가 단순한 생존을 자연스럽고도 도덕적인 본능으로 미화한 데까지 거슬러 올라간다. 이러한 홉스의 관점은 스티븐 핑커 같은 현대 사상가들에게 알게 모르게 이어졌다. 이들은 도덕적 갈등으로 가득한 세상에서 우리 모두가 동의할 수 있는 유일하게 '객관적인' 가치는 바로 '살아 있는 것이 좋다'는 것이라고 말한다. 소크라테스의 죽음은 명백해 보이는 그런 도덕적 주장이 결코 자명한 사실이 아님을 알려준다. 한 젊은 웅변가가 법정에서 자신을 비난한 사람들에게 해를 입지 않으려면 철학을 포기하고 웅변술을 익혀야 한다고 말하자 소크라테스는 이렇게 대답한다.

"진정한 사내라면 얼마나 오래 사느냐에 자기 영혼을 바쳐서는 안 되네… 이런 문제는 신에게 맡기고… 자신에게 주어진 시간을 어떻게 최선을 다해 살아낼 것인지를 고민해야 하네."3)

계속해서 소크라테스는 웅변가들처럼 아테네에 아부하며 자기 영혼을 아테네에게 팔지는 않을 것이라 설명한다.

니체는 홉스와 그를 따르는 현대의 사상가들과 극명한 대조를 이루며 오래 살려는 노력에 대한 고대의 비판을 되살려낸다. 오늘날의 직관과는 반대로, 니체는 어떤 사람은 너무 일찍 죽고 "많은 사람이 너무 늦게 죽는다"고 주장한다.[4] 그리고 자신의 핵심 저서인 『차라투스트라는 이렇게 말했다』의 주인공 차라투스트라의 말을 빌려서 이 직관적이지 못한 주장을 자세히 풀어낸다. (플라톤과 마찬가지로 니체도 멋지게 손본 철학적 영웅의 모험과 가르침을 통해 자기 사상의 대부분을 전달한다.) 차라투스트라는 오래 살기를 목표하지 말고 제때 죽어야 한다고 가르친다.

"목표와 후계자가 있는 사람은 그 목표와 후계자를 위해 제때 죽기를 바랄 것이다. 그리고 그 목표와 후계자를 존경하는 마음에서, 그는 더 이상 삶의 성전에 시든 화환을 걸어놓지 않을 것이다."[5]

언뜻 보면 목표를 위해 죽으라는 차라투스트라의 말은 정확히 우리가 문제 삼는 목표 지향적 관점을 제시하는 듯 보인다. 그러나 그는 목표의 중요성이 목표 자체가 아니라 목표가 만들어내는 여정에 있음을 매우 분명히 한다. 차라투스트라는 "인간의 위대한 점은, 인간이 목적이 아니라 다리라는 데 있다"라고 말한다.[6] 차라투스트라가 말하는 '제때'는, 목표가 작든 크든, 선하든 악하든, 목표한 결과를 성취하는 데 필요한 시간보다 더 많은 것을 의미한다. 그가 '목표와 후계자'의 뜻을 더 명확히 설명하기 위해 제시하는 이미지는 죽음이 그저 목표한 결과를 더 빨리 성취하려는 수단이라는 생각을 부인하고, 그 대신 친구와 함께하는 지속적인 활동을 암시하면서 우리를 목표 지향적 노력의 틀 안에서 밖으로 내보낸다. 그는 이렇게 말한다.

"진정으로, 차라투스트라에게는 목표가 하나 있었다. 그는 자신의 공을 던졌다. 이제 나의 벗인 그대들이 내 목표의 후계자다. 나는 그대들에게 나의 황금빛 공을 던진다. 이렇게 나는 이 땅에 조금 더 오래 머문다. 그런 나를 용서하라."[7]

황금빛 공은 차라투스트라의 삶을 살아 움직이게 하는 소명을 상징한다. 공은 오로지 던져질 때 본연의 모습이 된다. 차라투스트라는 목표의 의미가 그 대상이 아닌 던지는 행위에 있다고 가르친다. 그는 황금빛 공을 어디로 던졌는지 구체적으로 말하지 않는다. 던지는 행동의 핵심은 최종 목적지에 도착하는 것이 아니라, 친구들이 계속해서 서로 공을 던질 수 있도록 게임을 시작하는 데 있다.

스포츠 팬으로서, 이 문단을 읽으며 농구 경기의 마지막 몇 분에 선수들이 날렵하게 공을 주고받는 모습을 떠올리지 않을 수 없다. 이런 패스의 목적이 득점이라고 이해할 수도 있지만, 차라투스트라의 가르침은 공을 주고받는 행위 자체로 우리의 관심을 돌리며 선수들의 이런 날렵함과 조화, 활기에는 결과를 넘어서는 무언가가 내재해 있음을 암시한다.

이런 주고받는 행위를 보고 누군가는 소크라테스를 떠올릴 것이다. 소크라테스의 '목표'는 대화를 지속하는 것이었고, 그는 자신의 삶을 정의한 이 소명을 친구들이 더욱 힘차게 이어갈 수 있도록 이 땅에서의 자기 존재를 기꺼이 포기했다. 니체가 전하는 메시지는 다음과 같다. 우리가 '목표와 후계자'를 존중한다는 것은 곧 자신이 지지하는 활동과 노력을 추구하며 사는 것을 의미한다. 요점은 그런 활동을 추구하며 즐기고 다른 사람을 통해 그 활동이 계속 이어질 수 있도록 영감을 주는 것이다. 우리가 그런 활동을 추구하며 그 안에 몰입한다면, 우리가 명시적으로 죽음을 생각하며 그 시점을 떠올렸든 아니든 우리는 분명 제때 죽게 될 것이다. '후계자'를 진심으로 염려하는 사람에게 언제 죽느냐의 문제는 무엇이 유익한지를 계산하며 용의주도하게 계획할 문제가 아니기 때문이다.

언제 죽느냐는 후계자를 육성하며 그 후계자가 잘 성장할 수 있는 환경을 확보하는 행위 속에서 결정된다. 예를 들어, 「인생은 아름다워」의 주인공이 "나는 아내와 아이를 보호하기 위해 기꺼이 죽겠어"라고 사전에 생각했던 것은 아니다. 그는 아들을 보호하는 행위(그에게 이러한 행위는 그저 자기 자신으로 살아가는 방식일 뿐이었다) 속에서 죽음을 맞이했다. 그러나 이 죽음은 결코 삶의 끝이 아니었다. 관객은 영화의 마지막 대사를 통해 처음에 잠시 모습을 드러냈던 화자가 사실은 장성한 주인공의 아들이라는 사실을 알게 된다.

"이것은 나의 이야기다. 나의 아버지가 한 희생. 아버지가 내게 주신 선물."

황금빛 공을 던지는 니체의 이미지는 끈질긴 노력과 근심 없는 놀이를 하나로 통합한다. 이때의 놀이는 아이들이 숨바꼭질할 때처럼 그 자체 외에는 아무 목적이 없는 활동을 뜻한다. 숨바꼭질hide and seek이라는 이름 자체가 활동을 잘 보여주는데, 찾는 행위는 이 놀이의 핵심이고, 발견하는 행위는 놀이를 다시 시작하게 하는 원인이다. 니체는 놀이를 중요하게 여기고, 스스로 부과한 의무와 마감의 무게, 심지어 더 나은 미래의 이미지를 내려놓고, 매 순간 삶의 온전한 가능성을 향해 나아가라고 간청한다. 니체의 관점에 따르면 우리가 스포츠 경기나 친구들 사이의 경쟁을 커리어 발전이나 정치 개혁, 세무 감사 같은 진지한 사안과 비교해서 흔히 하는 말인 "그냥 게임일 뿐이야"는 진실과 한참 거리가 멀다. 전념하고, 몰입하고, 즐거워하고, 그 자체 외에는 더 바라는 것이 없는 놀이의 정신은, 우리가 이른바 모든 진지한 노력을 추구할 때 취해야 할 태도의 기준이기 때문이다. 놀이의 정신은 우리가 실망과 상실 앞에서 반드시 회복하고자 애써야 하는 것의 극치다.

그 자체 외에는 더 추구하는 바가 없는 삶을 살아간다는 것은 곧 시간 속에서 자신을 소진하는 것과 다른 차원에 존재한다는 뜻이다. 자기 행동에 완전히 몰입해서 즐거움을 느끼고 자신과 하나가 되면, 우리는 이미 '제때 죽을' 준비를 마친 것이다. 죽음이 언제 찾아오든, 그 죽음은 오로지 우리라는 사람을 긍정할 뿐이기 때문이다.

차라투스트라의 황금빛 공은 그가 '자유로운 죽음'에 대한 연설의 마지막 부분에서 언급한 태양을 떠올리게 한다.

"[죽을 때] 우리의 영혼과 미덕은 이 땅을 에워싼 저녁놀처럼 밝게 타올라야 한다… 그러므로 나는 죽고 싶다. 나의 벗들이 나를 통해 이 땅을 더 사랑할 수 있도록."8)

우리는 그림자가 길어지고 지평선이 붉은색으로 빛나는 해 질 녘에 이 땅을 더욱 사랑한다. 니체에 따르면 영혼이 저물녘이 아닌 한낮에 있을 때, 즉 영혼이 사람의 모습으로 살아 움직이고 우리가 그 빛나는 존재를 당연시할 때, 우리는 죽음을 맞이한 영혼이 빛을 내뿜는 방식을 잊기 쉽다. 니체는 죽음이 벗들 또는 미래를 희망하고 약속하는 모든 사람에게 영감과 연속성의 순간이 될 수 있음을 암시한다. 니체의 말은 우리가 영웅적인 죽음을 맞이하려고 노력해야 한다는 뜻이 아니다. 육체가 사멸할 가능성 때문에 우리가 사는 삶에 활기를 불어넣는 놀이의 정신이 왜곡되어서는 안 된다는 뜻이다.

소크라테스는 감옥에 앉아 처형되기만을 기다리던 때도 평소처럼 친구들과 대화를 나누며 아무렇지 않게 농담을 던지고 철학을 했다. 친구 크리톤이 아폴론 축제가 끝났으니 일몰에 소크라테스가 처형되리라는 뜻인 "델로스에서 출발한 배가 들어오고 있다"라는 끔찍한 소식을 들고 감옥에 찾아오자, 소크라테스는 불가사의하면서도 즐겁고 감동적인 특유의 방식으로 친구의 말을 반박한다. 소크라테스가 크리톤에게 방금 꾼 꿈속에서 흰 드레스를 입은 아름다운 여인이 자신을 찾아와 "소크라테스, 그대는 셋째 날에 프티아 땅에 도착할 것입니다"라고 전했다는 것이다.[9] 프티아 땅은 아킬레우스의 고향으로, 프티아에 도착한다는 말은 사후 세계로 떠난다는 뜻이다.

이 신비한 여성의 말을 근거로 소크라테스는 크리톤이 전한 소식을 무시해버린다. 배가 들어오는 것을 목격한 전령에게서 직접 들은 소식인데도 말이다. 죽음을 코앞에 둔 명백히 무력한 상황에서도 소크라테스는 자신이 인간 전령보다 더 높은 권위를 따른다는 것을 은근하고 재치 있게 암시한다. 우리는 크리톤의 소식이 아테네의 관습을 상징하고, 하얀 드레스를 입은 여인이 철학을 상징한다고 추측할 수 있다.

황금빛 공을 던지는 행위로 이루어진 삶은 육체의 사멸이나 의식의 소멸로 멈추지 않는다. 공을 던지는 행위는 남아 있는 친구들 사이에서 계속된다. 차라투스트라가 말하는 친구들은 '미래를 희망하고 약속하는 사람들'이며, 이들은 차라투스트라의 죽음을 직접 목격했거나 그와 알고 지낸 사람일 뿐만 아니라 차라투스트라가 어떤 인물이었는지 알든 모르든 자기 나름의 방식으로 그와 똑같은 활동에 나서는 미래의 친구들이기도 하다.

우리가 소크라테스나 우리에게 영감을 주는 모든 과거의 인물과 맺는 관계가 니체의 주장을 잘 보여준다. 우리가 소크라테스를 삶의 본보기로 삼고 그가 그랬듯이 성찰하는 삶을 살고자 노력할 때, 우리는 그가 우리에게 '던진' 황금빛 공을 받아 우리 자신의 행동을 통해 그 다음 세대에게 그 공을 넘겨주고 있다.

'주관적'인 자기와 '객관적'인 세계에 대한 비판과
이것이 삶과 죽음에 미치는 영향

우리의 삶을 통해서 살아가는 소크라테스를 그저 비유적인 소크라테스로, 우리 손으로 왜곡되어서 우리가 어떻게 해석하든 직접 의견을 내거나 질문을 던질 수 없는 소크라테스로 여기고 싶을지 모른다. 소크라테스를 삶의 지침으로 삼을 때 우리가 실제로 소크라테스처럼 행동하는 것인지, 아니면 그가 정말 이곳에 존재해 우리에게 직접 말할 수 있다면 분명히 부인했을 행동 방침을 정당화하려고 그를 이용하고 있는 것인지 의문이 들 수도 있다. 그런데 이런 회의주의는 박제된 소크라테스를 가정한다. 그가 처형된 기원전 399년에 이미 독립적으로 완성된 개인으로서 정체성이 고정되었으며, 시간이 흐른 지금 우리는 소크라테스의 주관적 의견이나 성향을 추측하는 수밖에 없다는 것이다. 그러나 이렇게 '진정한' 소크라테스와 우리가 해석하는 소크라테스를 구분하는 것은 소크라테스였다면 거부했을 근대적 자기 이해에서 나온 편견이다.

소크라테스는 스스로를 자기만의 사적인 생각과 감정을 지닌 고립된 개인이 아닌, 타인과의 대화를 통해 정체성을 표현하고 정의하는 활동적인 철학 모험가로 여겼다. 그는 심사숙고할 마음만 있다면 누구나 접할 수 있는 생각들에 끊임없이 관심을 기울이는 삶을 살았다. 고대 아테네에 사는 내내 그는 타인에게 질문을 던지면서, 또 그들과 함께 생각의 내적 논리를 풀어나가기를 추구하면서 자신이 어떤 사람인지를 드러냈다.

소크라테스의 말과 행동에서 드러나는 대화 중심의 활동적 자기 개념은 현대를 지배하는 주관과 객관의 구분 때문에 쉽게 모호해진다. 이러한 구분에 따르면 자기는 무엇보다 사적인 의식의 영역이며, 우리는 진짜 현실과 일치하지 않을 수도 있는 주관적 표상(인식, 생각)을 통해서만 '외부 세계'에 접근할 수 있다. 이 세상과 공통성을 지니려면 우리의 주관적 표상을 현실과 일치시켜서 '객관성'을 획득하고 대상을 정확하게 인식해야 한다. 우리가 '주관적 망상', 즉 환각 때문에 '이 세상에 진짜로 존재하는' 것을 인식하지 못하고 사물을 보이는 것과 다른 방식으로 해석하는 것이 아닌지 자문할 때, 우리는 주관과 객관을 구분하고 있는 것이다.

이렇게 주관과 객관을 구분하는 자기 개념은 「매트릭스」와 「트루먼 쇼」, 「인셉션」 같은 인기 영화에서 드러나는 극적 발상의 토대를 이룬다. 이 영화들은 전부 우리 의식 속에서 우리가 진짜라고 믿는 것이 사실은 완전히 착각일 가능성 또는 우리가 스스로 깨어 있다고 믿지만 사실은 잠들어 있을 가능성을 다룬다. 그 안에는 우리가 자신을 성찰하는 긴 과정을 거쳐 망상을 극복하지 않는 한 현실과 연결될 수 없을지도 모른다는 의미가 담겨 있다.

이러한 자기 이해는 오로지 사물을 대하고, 보살피고, 사물의 자극에 반응하고, 그 안에서 삶을 살아가는 방법에 대한 교훈을 끌어내는 참여적이고 헌신적인 관계에서 분리될 때만 가능하다. 삶을 자기 발견의 여정으로 이해하는 모험가에게 진정한 세계와 분리된 '표면적 세계' 같은 것은 존재하지 않는다. 사물의 겉모습은 우리가 자기를 이해하는 과정에서 식별하고 해석해야 하는 것이며, 겉모습도 사물의 본질에 포함되기 때문이다. 바람에 몸을 구부리는 나무는 저항과 냉철함을 보여주는 본보기다. 하늘 높이 나는 새 떼는 자유의 상징이다. 이러한 관점에서 보면 나무나 새 떼가 실제냐 환상이냐의 문제는 무의미하고 부적절하다. 이런 질문은 떠오르지조차 않는다. 우리가 깨어 있는가 잠들어 있는가의 문제도 마찬가지로 부적절하다. 통찰이나 영감의 원천은 꿈에서 발견하든 '실제' 삶에서 발견하든 똑같기 때문이다. 니체는 이렇게 말한다.

"우리가 꿈에서 하는 경험은, 그 경험이 자주 발생한다면, 결국 '진짜' 경험만큼이나 공동으로 우리 영혼을 이루는 일부가 된다. 그 덕분에 우리는 더 풍요로워지거나 빈곤해지고, 욕망이 늘거나 줄며, 결국 밝은 한낮의 빛 아래 있을 때나 깨어 있는 정신이 가장 행복해하는 순간에도 우리는 조금은 꿈의 습관에 따라 움직인다."10)

주관과 객관을 구분하는 관점에서 볼 때 환상처럼 보이는 현상조차, 자기 이해를 추구하는 관점에서 보면 고유한 존재 의의가 있다. 무더운 오후에 차를 운전하다가 저 앞의 도로 한가운데에 물웅덩이가 보였는데, 가까이 다가가니 포장도로의 열기 때문에(과학이 그렇게 가르친다) 생겨난 신기루를 잘못 본 것이었다고 해보자. 우리는 자신의 잘못된 주관적 성향(멀거나 잘못된 각도에서 사물을 인식했다거나 시력이 나쁘다거나 색맹이나 환각 등이 이유일 수 있다)이 사물의 실제 모습을 가릴 수 있다고 교육받았기 때문에, 그 사물이 존재하지 않는 것을 확인한 후에는 처음 보인 그 사물의 의미를 생각하지 않는다. 우리는 애초에 물이 어떤 의미를 품고 있기 때문에 우리 눈에 띄었을지도 모른다는 사실을 제대로 숙고하지 못하는데, 이 맥락에서 물은 도로가 젖었으니 우리가 브레이크를 세게 밟으면 위험하다는 의미일 수 있다. 주의 깊은 운전자에게 처음에 보이던 물이 사실은 없음을 깨닫는 경험은 떨쳐내야 할 환각의 경험이 아니라 도로에 적응하는 과정, 즉 처음에는 조심스럽게 나아가다가 나중에 속도를 높이는 경험이다. 말하자면 환각은 '실제' 정황만큼이나 상황을 온전히 이해하는 과정의 일부이며, 우리의 해석은 우리가 차를 모는 방식으로 표현된다.

더 시적인 관점에서 보면 이 경험은 환각과는 아무 관련이 없으며, 말 그대로 눈앞에서 물이 뒤로 물러나고 증발하는 경험, '사막을 헤매는' 사람의 좌절된 희망이 비유적으로 표현된 것이다. 이 세상이 우리가 자신의 주관적 편견에서 벗어나 '객관적'으로 파악할 수 있는 사물의 장이라는 생각은, 여정으로서의 삶의 특징인 자기와 이 세상의 선행 관계, 그 불가분한 관련성을 간과한다.

주관과 객관을 구분하는 근대적 세계관의 가장 중요한 이론가인 르네 데카르트의 주관에 대한 개념조차, '소크라테스적'인 무언가를 암시한다. 그는 우리가 보고 만지는 모든 것이 우리 정신이 만들어낸 환영일 수 있으며, 그 환영은 사악한 악마가 우리 안에 심어놓은 것이므로 실제와는 아무런 관련이 없다고 주장했다. 그러나 데카르트가 보기에 사고하는 행위(그의 관점에 따르면 사고의 모범적 사례는 기하학적 관계를 고찰하는 것이다)는 타인과의 특정 일치성 속에서 자신을 정의하는 것을 암시하므로, 단순히 주관적이라고 할 수만은 없다.

데카르트에 따르면 똑같은 기하학적 관계를 고찰하고(예를 들어 면적이 어떤 정사각형의 두 배인 정사각형을 만들 때 필요한 변의 길이) 우리 이성의 필연에 의해 똑같은 결론에 도달할 때(필요한 변의 길이는 처음 주어진 정사각형의 대각선 길이라는 것), 우리는 우리 각자의 독특한 주관적 영역에 속한 것이 아니라 우리 모두에게 공통인 진실과 관계를 맺는다. 우리는 똑같은 생각을 하면서 다른 사람과 일치되고, 기하학적 통찰을 이해하는 순간 모두가 동일하게 소유한 생각에 의해 정의된다. 이 생각은 우리가 지닐 수 있는 모든 주관적 관점을 넘어서고, 우리를 고유의 구조와 통일성을 가진 다른 무언가와 연결하며, 그 무언가는 육체적 세계나 심리적 영역과 달리 시간이 흘러도 퇴화하지 않는다.

소크라테스도 우리 각자의 영혼에 공통으로 들어 있어서 보고 만질 수 있는 영역 너머에 있는 사물의 질서와 우리를 연결하는 것이 무엇인지 설명하기 위해 종종 기하학의 사례를 들었다. 그러나 소크라테스의 관점이 데카르트의 시각과 다른 지점은, 소크라테스는 우리 모두에게 공통된 것을 훨씬 포괄적으로 이해한다는 것이다. 소크라테스가 보기에 도덕적인 개념과 관계, 즉 오늘날 우리가 말하는 '가치'를 고찰하는 행위는 단순히 주관적이거나 관습적인 것으로 치부할 수 없다. 예를 들어 소크라테스는 '정의는 모두에게 합당한 몫을 주는 것'이라는 진술이 '2 더하기 2는 4'라는 진술 못지않게 확실하다고 말한다. 그는 정의의 정확한 의미에 대해 생각이 다를 수 있고, 그러므로 두 '주관적 의견'이 갈등하는 듯 보일 수도 있지만, 이러한 의견 불일치가 발생하는 이유는 우리가 같은 것의 서로 다른 측면을 포착하기 때문임을 보여준다. 즉, 우리의 불일치는 언제나 공통된 기반에서 나온다. 예를 들면 정의는 하나의 미덕이다, 정의는 불의와 구분된다, 정의는 올바른 분배를 수반한다 등이 공통 기반이 될 수 있다.

서로 다른 신념을 두고 열띤 토론을 벌일 때, 우리는 강력한 합의가 모든 의견 차이를 가능케 한다는 사실을 놓친다. "힘이 곧 정의다"나 정의는 '죗값을 치르는 것'이라는 말처럼, 우리가 그저 주관적인 것으로 여기는 옳고 그름에 관한 논쟁적 의견들은 사실 대화를 통해 발전하고 명확해지는 해석의 문제다. 그리고 우리는 친구들이나 자기 자신과 대화를 나눔으로써 우리 의식의 경계와 신체의 한계를 초월하는 활동에 참여한다.

소크라테스가 이해의 일치를 도덕적 영역으로 확장한 것의 이면에는 수학적 진리에 대한 비판적 평가가 있었다. 오늘날 우리가 수학을 추상적 개체(숫자, 선, 도형) 사이의 형식적 관계를 다루는, 언제 어디에서나 늘 똑같은 진리를 도출하는 것으로 여기는 반면, 소크라테스는 수학이 우리 생각보다 훨씬 현실적이고 해석에 열려 있다고 말했다. 그는 자명하고 고정된 것처럼 보이는 수학적 진리가 잘 살펴보면 윤리적 문제만큼이나 의문의 여지가 있음을 상대에게 증명하곤 했다. 소크라테스는 "1 더하기 1은 2다" 같은 가장 기본적인 계산도 심오한 질문을 품고 있으며, 이 질문을 진지하게 파고들면 선 개념을 명확하게 표현하는 방향으로 이어진다는 사실을 종종 지적했다.[11]

예를 들어, "1 더하기 1은 2다"라는 진술에서 우리가 너무나도 분명하고 뚜렷하게 인식하는 '2'는 정말로 각기 다른 두 개체를 하나로 합친 데서 나온 것일까? '2'는 정말로 여기에 있는 하나와 저기에 있는 하나로 환원할 수 있고, 이 두 개가 합쳐져서 2인가? 2는 여러 개의 개체인가? 아니면 '2'는 그 자체로 하나의 개체로서, '1 더하기 1'로 환원될 수 없는 용어로서 고유의 특별한 통일성을 지니고 있을까? 우리는 '2'를 '첫 번째 짝수'이자 '첫 번째 소수'로 이해할 수 있다. 그러나 짝수라는 특징과 소수라는 특징은 숫자 2를 구성하는 두 1의 속성이라고는 할 수 없다.

우리는 일련의 숫자들 사이에서 '2'를 이해함으로써 숫자 '2'가 짝수이자 소수라는 사실을 파악하며, 일련의 숫자들은 무한히 창의적인 방식으로 분류될 수 있다. 그러므로 개체의 총합으로 환원할 수 없는 전체인 '2' 자체는, 일련의 숫자라는 더 큰 전체의 일부로 이해할 수도 있다. 이 숫자들은 수학자의 해석 능력에 비례해 끝없이 변화할 수 있는 전체라는 불가사의한 특성을 갖는다.

이제 "1 더하기 1은 2다"는 처음 보이던 것보다 훨씬 더 미심쩍다. 처음에 이 진술이 전적으로 옳아 보였던 것은 오로지 우리가 다른 가능성을 전부 배제하고 이미 '2'의 의미를 결정했기 때문이다. 즉, 우리에게 2는 여기서 하나, 저기서 하나를 무심하게 더한 것이었다. 그러나 연속하는 다른 숫자들 속에서 짝수와 소수라는 2의 특성을 고려하며 '2'의 의미를 더 넓은 관점에서 바라보면 결국에는 '하나이자 여러 개'라는 문제에 다다르게 되고, 이러한 문제는 오로지 수학이 하나의 연구 분야로서 속해 있는, 수학보다 더 넓은 지평의 삶의 방식 속에서만 올바르게 다룰 수 있다. (선에 대한 실천적 이해로) 경계가 지어진 동시에 무한한 방식으로 발전할 수 있는 전체적으로 연결된 관계 개념을 이해할 수 있을 때만 우리는 '다양한 방식으로 제한되지만 무한한 여지가 있는 연속'이라는 의미에 다다를 수 있다. 그러므로 수학적 문제와 도덕적 문제는 둘 다 대화를 통해 해석을 명료하게 가다듬어야 할 사안이다. 이렇게 두 문제는 주관적 의식을 초월하며, 언제 어디서나 심사숙고해야 할 대상이 된다.

대화를 통해 이러한 사안들을 더 명료하게 이해하고자 할 때 우리는 자기 자신도 더욱 잘 이해하게 된다. 자신이 추구하는 미덕에서 자신을 분리할 수는 없기 때문이다. 소크라테스는 삶의 매 순간 우리의 정체성을 규정하는 것이 고정된 주관적 의식의 경계가 아니라 질문의 시작과 종결, 공동 활동의 추구, 자기 입장을 고수하는 힘이라고 말한다.

바로 이것이 소크라테스가 책을 쓰지 않은 이유다. 그는 생각을 종이 위에 남기면 그 생각에 완결성과 권위가 생기고, 그렇게 되면 토론에 초대한다는 의미가 약화된다고 믿었다.[12] 소크라테스에 따르면 생각이나 의견을 표현하는 목적은 자기 정체성의 특정 측면을 고유한 주체의 관점에 대한 자료로서 기록하고 저장하는 것이 아니다. 다른 사람들이 이어받아 자기 지식의 창고에 저장할 수 있는 진실을 주장하는 것도 아니다. 소크라테스가 생각하는 그 목적은 자신을 질문과 반박 앞에 열어놓는 것, 새로운 공통 기반을 발견할 가능성을 열어놓는 것이다.

소크라테스는 산다는 것이 그저 자기 정체성을 확실히 규정하는 것이 아니라, 자기 존재를 질문으로 만나는 것이라고 말한다. 그에게 자기 정체성을 규정한다는 것의 의미는 그저 다양한 관점과 의견, 비유에서 하나의 자아상을 구성하는 것이 아니라, 자신의 품성을 시험하며 개발해나가는 것이다.

플라톤이 글로 쓰인 말의 한계와 그 필연적 결과인 박제된 자기의 문제를 해결한 방법은 대화를 남기는 것이었다. 다른 사람의 말에 생각을 담고 대화를 통해 그 뜻을 밝힘으로써 플라톤은 특정 관점이 쉽게 플라톤 자신의 것으로 여겨지지 않도록 했다. 우리가 "플라톤이 이런 말을 하고 저런 생각을 했다"고 말할 때 그 의미는, "플라톤이 묘사한 소크라테스와 다른 사람들의 대화에서, 우리는 그가 이러저러한 것에 동감했을 것이라 **추론**할 수 있다"는 뜻이다. 우리가 이렇게 추론할 수 있으려면 반드시 직접 대화에 참여해 소크라테스가 제기한 문제를 고민하고 정의와 미덕, 좋은 삶을 최선을 다해 이해해야 한다. 플라톤은 대화 형식의 글쓰기를 통해 자신이 우리가 좋아하거나 싫어하는 생각을 지닌 고유한 주체로 오해되지 않고 우리에게 영향력을 발휘하는 존재 방식으로 이해될 수 있도록 최선의 예방 조치를 취한다.

이렇게 플라톤은 우리가 영원히 타인과의 대화를 통해 스스로가 되어가는 과정에 있다는 소크라테스의 통찰을 전달한다. 그 타인은 우리가 얼굴을 마주 보고 대화하는 친구들일 수도 있고, 책을 통해 우리와 이야기를 나누는 과거의 사상가들일 수도 있으며, 중요한 순간에 어떻게 행동해야 할지 고민할 때 우리 내면에서 말없이 토론을 벌이는 익명의 목소리일 수도 있다. 삶은 매 순간 질문과 움직임, 변화의 가능성을 통해 정의되므로, 이 땅에서 직접 모습을 드러내는 삶과 사후의 삶을 정확하게 구분하는 것은 헌신적인 해석자에게 별 의미가 없다. 심지어 어떻게 보면 우리는 오로지 다른 사람을 통해서만 제 역량을 발휘할 수 있다. 우리가 말과 행동을 통해 스스로에 대해 명확하게 표현하고자 하는 바는 미래 세대의 말과 행동을 통해 뜻밖의 방향으로 새롭게 다듬어질 수 있기 때문이다.

해석의 대상이 삶이든 소설이든 어떠한 사건이든, 모든 해석에는 대상에 부적절한 의미를 부여할 위험이 있다. 심지어 그 대상이 자신일 때도 말이다. 우리는 헌신적인 친구나 팬이 상대, 즉 타인의 삶을 해석하며 자기 행동을 통해 그 의미를 지속해나가려고 할 때보다 자신이 '스스로를 위해' 그렇게 할 때 과연 그러한 위험이 더 적은지 생각해봐야 한다. 자기 삶을 해석하는 사람의 의식은 차분히 깊은 생각에 잠겼을 때조차 여전히 특정 순간과 상황에서 나온 관점에 한정되기 때문이다.

우리가 일반적인 의견에 안주하지 않고, 다른 의견 앞에서 분노를 억누르고, 호기심 있는 너그러움을 베푸는 한, 소크라테스의 이야기는 계속해서 우리에게 영향력을 발휘한다. 그리고 우리가 그 반응으로 내면의 대화를 시작할 때 우리는 소크라테스에게 새로운 삶을 불어넣는다. 이렇게 서로 영향력을 발휘하는 과정을 통해 우리 삶과 소크라테스의 삶 사이에 있는 유사성과 차이가 드러난다. 소크라테스가 우리 안에서도 자기만의 독특한 인격을 유지한다는 의미는 우리가 소크라테스를 삶의 본보기로 삼고 그의 행동과 자기 행동을 비교하는 과정에서 더욱 명료해진다. 우리에게 흔적을 남기는 사람 모두가 마찬가지다. 원칙상 우리는 그 사람이 이 땅에서 사라지고 한참이 지난 후에도 그 사람의 삶을 더욱 깊이 이해하며 더 가까워질 수 있다.

선물을 베푸는 미덕의 측면에서 바라본 활동하는 자기의 영속성

니체의 차라투스트라는 '자유로운 죽음'에 대한 가르침 바로 뒤에서 '선물을 베푸는 미덕'을 주제로 또 다른 연설을 한다. 두 연설은 분명 희생이라는 주제로 연결된 한 쌍이다. 자신의 '목표와 후계자'를 위해 자유롭게 죽는 것은 희생하는 행위, 궁극적 선물로 이해될 수 있다. 그러나 니체가 묘사했듯이, 희생은 타인을 위해 자신을 부정하는 것이 아니다. 오히려 희생은 자신과 타인이 똑같이 '황금빛 공을 잡는 놀이'에 몰두하는 공유의 한 방식이다. 소크라테스가 학생들에게 철학을 이어받기를 권하며 철학을 위해 기꺼이 목숨을 바친 것처럼 말이다. 희생을 통해 자기는 자신을 넘어서는 영향력을 지니기에, 특정 순간에 현존하는 물리적 존재와 같다고 볼 수 없다. 자유롭게 죽을 때, 나는 방해물도 공포도 없이 그저 그동안 나를 정의해온 활동에 푹 빠져든다. 이때의 선물, 즉 희생은 내가 잃거나 내어주는 것이 아니라, 누군가가 받음으로써 내가 더욱 풍성해지는 것이다.

육체적 사멸의 순간에도 자신의 황금빛 공을 자유롭게 내던져 '벗들'이 계속 공을 주고받게 하는 자유로운 죽음의 특징을, 차라투스트라는 선물을 베푸는 미덕을 논하면서 우리가 피상적으로 '마지막'이라 부르는 순간만이 아니라 삶의 매 순간과 관련지어 설명한다. 선물을 베푸는 미덕은 우리가 결코 현재의 자신이기만 한 것이 아니라 언제나 자기와 '함께'인 동시에 자기 '바깥'에도 존재한다는 의미, 즉 자기를 의식하기보다는 자기를 표현하고 내어주는 태도를 드러내는 한 방식이다.

니체는 차라투스트라의 연설을 통해서가 아니라 차라투스트라와 그의 제자들이 선물을 주고받는 행위를 통해 선물을 베푸는 미덕을 소개한다. 차라투스트라가 아끼는 도시를 떠날 때 그의 제자들이 그에게 선물을 하나 준다. 그 선물은 지팡이로, 뱀 한 마리가 태양을 휘감은 모양의 황금빛 손잡이가 달려 있다. 친구들에게 감사를 전하고 길을 떠나는 대신 차라투스트라는 그 보답으로 자신이 받은 것보다 더 큰 선물을 내놓는다. 그 선물은 선물을 베푸는 미덕 자체에 대한 찬사다. 지팡이를 받아 몸을 의지하고 그 황금빛 광채를 바라본 차라투스트라는 우리가 4장에서 살펴본 것처럼 황금의 가치를 숙고하기 시작한다.

"말해보라, 황금은 어떻게 지고의 가치를 얻었는가? 황금은 진귀하고 아무 쓸모가 없으며 반짝거리고 광채가 은은하기 때문이다. 황금은 언제나 자신을 내어준다. 황금은 가장 높은 미덕의 은유로서만 지고의 가치를 얻는다. 내어주는 사람의 눈은 황금처럼 반짝인다. 황금의 광채는 달과 해를 중재한다. … 선물을 베푸는 미덕이 지고의 미덕이다."13)

선물을 베푸는 미덕을 황금에 비유하면서 차라투스트라는 베푸는 사람은 특정 시공간에서의 존재를 초월한다는 의미를 전한다. 선물을 베푸는 미덕은 황금처럼 진귀하다. 성취하고 찬사를 얻으려는 노력이 이런 미덕을 얽매고 제한한다. 할 일을 끝내고 점수를 내고 커리어를 발전시키고 이 세상을 더 나은 곳으로 만드는 데 집착할 때 우리는 다른 사람에게 인색해지는데, 다른 사람을 방해물이나 경쟁자로 바라보게 되기 때문이다.

우리는 흔히 자기 중심성이 관용을 밀어낸다고 말한다. 우리는 자신에게 집중하느라 타인을 무시한다. 대가로 호의를 얻을 수 있는 만큼만 선물을 베푼다. 그러나 자기 중심성은 이런 악덕을 정확하게 설명하지 못한다. 선물을 베푸는 자기 역시 나름의 방식으로 자기 중심적이고 자신에게 기반을 두며 자신과 하나를 이루기 때문이다. 문제는 자기를 위해 봉사하느냐 관용을 베푸느냐가 아니라 '자기의 의미'다. 선물을 베푸는 자기는 주는 행위를 통해 자신의 진가를 발휘하고, 이로써 자기 중심성을 획득한다. 소크라테스가 친구들에게 질문을 던지고 반응을 끌어내는 행위를 통해 자기 자신이 된 것처럼 말이다.

선물을 베푸는 것의 반대는 자기 중심적으로 자기를 위해 봉사하는 것이 아니라, 자기를 상실하는 것이다. 이러한 자기 상실은 곧 자기를 대상화하는 것인데, 이때 자기는 특정 목표 때문에 소진되며 삶의 여정에서 갈라져 나온다. 이러한 대상화에서 가장 먼저 보이는 것은 목표다. 그러므로 선물을 베푸는 미덕을 실천하며 살지 못할 때 우리는 타인뿐만 아니라 자기 자신에게도 인색해진다. 우리는 목표를 추구하는 방식을 통해 더욱 풍성해지는 것이 아니라, 목표를 끝마치기 위해 몰두하느라 고갈된다. 그 과정에서 내면에 있는 놀이의 정신, 즐기며 새롭게 시도하고 예측 불가능한 가능성의 지평을 여는 정신을 잃어버린다.

이런 악덕이 지배적일 수는 있지만 결코 모든 것을 파괴하지는 않는다. 금이 여러 층의 흙과 바위 아래에 묻혀 있듯이, 선물을 베푸는 미덕도 우리의 목표 지향적인 노력 아래 잠들어 있다. 우리는 일을 끝마치는 데 집착하면서도 사실 자기 안에서 가장 중요하고 오래 지속되는 것은 선물을 주는 능력임을 안다. 우리의 인색함이 드러날 때마다 우리는 선물을 베푸는 미덕에서 멀어지지만, 이러한 미덕은 '영혼 안에' 잠재해 있다. 차라투스트라가 다른 단락에서 말하듯, "대지의 심장은 황금으로 되어 있기 때문"이다.[14]

선물을 베푸는 미덕의 희귀함을 표현하는 또 다른 방식은 그것의 쓸모 없음을 논하는 것이다. 대체로 우리의 삶은 특정 목적에 쓸모가 있는 것을 지향한다. 진심 어린 선물을 한다는 것은 곧 내어주는 모든 행위에 특정 목적이 있는 목표 지향적 관점을 초월해, 황금처럼 본질적으로 가치 있는 것을 선물하는 것이다. 황금이 다른 무언가에 쓸모가 있고 다른 것과 교환할 수 있다면, 황금은 빛을 잃고 더 이상 자기 자신으로 존재할 수 없다. 가장 큰 선물은 이런저런 목표를 성취하는 데 쓸모 있는 것이 아니라, 우리가 시도하는 모든 활동에서 어떻게 존재할 수 있는지를 보여주는 본보기다.

게다가 이런 선물은 광채가 '반짝거리고 은은'하다. 어디서든 밝게 빛나며 다른 것을 비춰 드러내는 황금처럼, 냉철함이나 우정의 행위에서 나온 선물도 빛을 발하며 다른 사람이 제 역량을 발휘하도록 돕는다.

쓸모없고 반짝거리고 은은한 선물을 베푸는 미덕은 돈이나 소유물, 전문 지식처럼 외부에 존재하는 것이 아닌 자기 자신을 내어준다. 외부적인 것은 받자마자 다른 것과 교환할 수 있기에, 오로지 우연하고 일시적으로만 '자신의 것'이 된다. 쓸모 있고 교환 가능한 것을 베풀면 베푸는 사람은 자신의 자원이 줄어들게 되므로 자기 창고가 고갈되지 않도록 치밀하게 계산해야 하지만, 자신을 내어주는 행위는 거리낌이 없다. 이런 식의 베풂에서 우리는 자신을 위해 아무것도 간직할 필요가 없다. 반짝이는 황금이 그 광채를 간직하려고 애쓸 필요가 없듯이 말이다.

차라투스트라는 선물을 베푸는 자기의 환하고 황홀한 특성을 햇빛에 빗대서 설명한다.

"황금의 광채는 달과 해를 중재한다."

처음에 달과 해는 정반대로 보일 수 있다. 하나는 낮을 이끌고, 다른 하나는 밤을 이끌기 때문이다. 그러나 차라투스트라는 해와 달이 빛을 주는 자와 빛을 받는 자로서 평화롭게 묶여 있음을 알려준다. 해는 달에게 자신을 내어줌으로써 달이 보이게 한다. 동시에 해는 오로지 달에게 자신을 내어줌으로써만 일몰 후에도 빛날 수 있다. 햇빛을 받는 달은 다시 주는 자가 되는데, 달이 밤 동안 해를 빛나게 하기 때문이다. 그러므로 해는 달에게 빛을 베풂으로써 약해지는 것이 아니라 강해진다. 해의 빛은 전혀 사라지지 않고 다음 날 아침이 되면 다시 환하게 빛날 것이다. 해는 달과 영향력을 주고받으며 우리 눈에 직접 보이지 않을 때도 계속해서 자기 자신으로 존재한다. 차라투스트라는 이 땅을 떠난 삶도 마찬가지임을 암시한다. 우리의 삶은 우리가 던진 황금빛 공을 받아서 계속 주고받는 사람들을 통해 우리의 삶 이후에도 자기 자신으로 존재한다.

자신을 선물로 내어주는 삶, 즉 '스스로 제물과 선물이 되는' 삶을 살라는 것이 바로 차라투스트라가 벗들에게 주는 가르침이다.[15] 우리는 삶의 모든 단계에서 자기 자신으로 존재하는 본보기가 되어야 한다. 우리 자신을 물려주어야 한다. 나의 일부분, 나의 이런저런 기술이나 자원이 아니라, 내 삶을 움직이는 존재 방식을 물려주어야 한다.

때때로 우리는 자신이 '신이 이 땅에 보낸 선물'인 양 살아가는 사람을 비난하곤 한다. 그러나 니체는 진정으로 선물을 베푸는 자와 그런 척하는 자를 분명하게 구분한다. 후자는 그저 모든 곳에 자신의 복제품을, 자신이 부릴 수 있는 조수를 두고 싶어 한다. 아니면 이런저런 방식으로 인류에게 도움을 준 특별한 개인으로 인정받거나 기억되고 싶어 한다. 이런 경우 선물을 베푸는 사람이 내어주는 것은 고정된 가짜 자신, 자신이 기여한 성취로 자기 정체성을 정의하는 자기 만족적 페르소나다. 차라투스트라는 진정으로 선물을 베푸는 자는 숭배받거나 기억되기를 바라지 않는다고 가르친다. 이들은 자신의 존재를 해답만큼이나 질문으로 여기기 때문이다. 차라투스트라의 벗들이 스스로를 그의 제자라고 칭하자, 차라투스트라는 무거운 마음으로 그들과 의절한다.

"그대들은 차라투스트라를 믿는다고 말하는가? 하지만 차라투스트라가 무엇이 중요한가? 그대들은 나의 신자들이다. 그러나 신자들이 무엇이 중요한가? 그대들은 아직 자신을 찾지 못했다. 그러다가 나를 발견했다… 이제 나는 그대들에게 나를 떠나 스스로를 찾으라고 명한다. 그대들 모두가 나를 거부할 때, 나는 오로지 그때 그대들에게 돌아올 것이다."[16]

차라투스트라는 자신의 가르침을 신조로 삼고 늘어놓으며 다른 사람에게 본인이 차라투스트라라는 이름의 놀라운 현자와 아는 사이였다고 말하고 다니는 신자들을 원하지 않는다. 차라투스트라가 원하는 것은 진정한 벗, 자기만의 다짐과 미래 속에서 나름의 방식으로 차라투스트라의 활동을 이어받을 사람들이다. 바로 이런 친구들을 통해서만, 차라투스트라의 삶의 영향력은 그가 더 이상 이 땅에 존재하지 않을 때도 계속될 수 있다. 차라투스트라는 자기 미래를 위해 방랑하는 삶의 모든 순간 자신을 새롭게 발견했다. 차라투스트라의 벗들이 그를 그저 창시자로 숭배하고 그의 말과 행동을 외적으로만 흉내 낸다면, 그는 이 세상에서 잊힐 것이다.

"그대들은 나를 숭배한다. 그러나 그 숭배하는 마음이 어느 날 무너진다면 어떡할 것인가? 그 동상에 깔려 죽지 않도록 조심하라."[17]

차라투스트라는 자기 모습으로 만든 동상이나 자기 가르침을 담은 문서는 전혀 개의치 않는다. 그는 그저 이 땅에서 자기 삶을 규정한 익명의 자기 탐색적 힘으로 남고 싶을 뿐이다.

차라투스트라의 해와 달 비유는 낮과 밤, 삶과 죽음이 어느 정도 연결되어 있음을 암시한다. 이 연속성을 더 자세히 설명하려면 달에 반사된 해의 모습이 오로지 해가 물러난 밤에만 지속되는 특수한 상태인지, 아니면 해가 언제 어디서 빛나든 늘 지속되는 해의 본질인지를 살펴봐야만 한다. 요컨대 우리는 한낮 또는 다른 낮 시간의 태양이 우리 눈에 직접 보이는지, 아니면 어떤 의미에서 물러나 있는지를 물어야 한다.

그 단서로 『차라투스트라는 이렇게 말했다』의 첫 장면을 살펴볼 수 있다. 여기서 차라투스트라는 산에 있는 동굴에서 나오며 해에게 다음과 같이 찬사를 보낸다.

"그대 위대한 별이여, 그대가 빛을 비출 이들이 없었다면 과연 그대는 행복했겠는가? 10년간 그대는 나의 동굴을 찾아왔다. 나와 나의 독수리와 뱀이 없었다면 그대는 그대의 빛과 여정이 지긋지긋해졌을 것이다. 그러나 우리는 매일 아침 그대를 기다렸고, 그대에게서 넘쳐흐르는 빛을 받으며 그대를 축복했다."[18]

해를 향한 차라투스트라의 찬사는 선물을 베푸는 미덕에 대한 찬사를 예견한다. 아직 말로 표현한 것은 아니지만, 마흔 살의 젊은 차라투스트라는 새벽의 빛을 바라보며 선물을 베푸는 미덕을 암시한다. 여기서 우리가 만나는 해의 이미지는 그저 달에 반사된 해가 아니라 직접 하늘에 나타난 동틀 녘의 해다. 그럼에도 해의 '행복', 해의 광채로 표현되는 넘쳐흐르는 기쁨에는 그 빛을 받는 이들, 즉 차라투스트라와 그의 독수리, 뱀이 필요하다. 차라투스트라는 새벽에도 해가 직접 우리 눈에 보이는 것은 아니라고 말한다. 해는 오로지 그 넘쳐흐르는 빛을 받아들이고 그 대가로 축복을 전하는 이들을 통해서만 제 진가를 발휘한다. 차라투스트라의 축복은 감사일 뿐만 아니라 다짐이기도 하다. 그는 산을 내려가 인간에게 자신의 지혜를 전할 것이다.

"보라, 나는 꿀을 너무 많이 모은 벌처럼 내 지혜가 지긋지긋하다. 그 지혜를 받으려고 내게 손을 뻗는 이들이 필요하다."[19]

차라투스트라는 해의 선물을 받아들이고 그것을 스승으로서의 소명에 응하라는 격려로 이해한다. 차라투스트라가 그 소명에 응함으로써, 선물을 베푸는 해의 찬란한 빛은 세상에 새로운 활기를 불어넣는다.

『차라투스트라는 이렇게 말했다』의 뒷부분에서 차라투스트라는 선물을 베푸는 미덕에 대해 설명하고 난 뒤 낮 시간의 해에 대한 또 다른 이미지, 이번에는 일몰의 해를 선물을 베푸는 미덕의 상징으로 제시한다.

"해에게서 나는 이것을 배웠다. 풍요로 넘쳐흐르며 지는 해는 그 무한한 풍요에서 나온 황금빛을 바다에 뿌린다. 그렇게 가장 가난한 어부조차도 황금빛 노를 젓는다."[20]

해는 오로지 자기 품 안에 있는 모든 것에 황금빛을 뿌림으로써만 빛나는 자로서 제 진가를 발휘할 수 있다. 이 말은 낮에도 해의 의미가 눈에 보이는 것을 초월한다는 뜻이다. 지평선 아래로 천천히 사라지는 황금빛 공은 해 자체가 아니라, 그 빛 속에서 모습을 드러내는 모든 것과 함께 황금빛으로 반짝이는 광채다. 순수한 빛인 해 자체는 직접 바라볼 수 없다. 즉 해가 어디에 존재하든 그 해는 자기 이상의 것을 가리킨다.

빛을 발하는 존재는 언제나 보이는 것 이상이라는 역설은 '이 땅에 존재하는' 자기를 이해하는 데 핵심 역할을 한다. 그리고 이러한 자기를 이해해야만 '사후의' 자기를 이해할 수 있다. 그러므로 우리는 해의 역설을 면밀하게 해석할 필요가 있다. 압도적으로 환한 빛을 하늘에 뿌리는 황금빛 공을 몇 초만이나마 올려다볼 때, 어떤 면에서 낮에 해를 선명하게 바라볼 수 있다는 말은 사실이다. 그러나 역설적인 점은 해가 더욱 환한 광채를 발할수록 선명함이 낮아지고 우리 눈에 직접 보이지 않게 되며, 눈을 뜰 수 없을 만큼 눈부신 빛을 폭발시킨다는 것이다. 해의 밝음은 땅과 바다, 하늘과의 관계 속에서 자신이 빛을 비추는 것들을 통해서만 나타날 수 있다.

해는 황금빛 공 모양으로 나타날 때마다 늘 하늘을 배경으로 땅 위에 있으며, 해가 빛을 비춤으로써 우리 눈에 보이는 이 세상의 다양한 것들과 관계를 이루며 그 일부로서 존재한다. 해를 그 광채로 이해하면, 해는 다른 것들 사이에서만 제 모습을 드러낼 수 있고, 그러므로 단순히 눈에 보이는 것을 넘어선다. 다르게 표현하면, 우리 눈에 아름답고 선명하게 빛나는 모든 것은 그 뒤에 있는 빛의 원천을 암시한다. 그 원천은 모든 선명함을 가능케 하지만 그 자체로는 구체적인 형태를 취하지 못한다. 우리는 눈에 보이는 것을 토대로 빛의 영역을 추론해야 한다.

그 빛나는 영역, 즉 광채 자체는 반짝이는 파도와 지평선 위의 무지개처럼 여기저기에 있는 개별적 현상을 이어붙여서 파악할 수 있는 것이 아니다. 이 모든 것은 함께 바라보고 비교하기 위해서라도 반드시 빛 속에 있어야 하기 때문이다. 어떤 면에서는 각각의 현상을 하나의 광채가 특정 모습으로 발현한 것으로 이해할 수도 있지만, 이러한 관계는 종(種)과 속(屬)이라는 익숙한 체계 안에 담아낼 수 없다. 이 관계는 '여러 개'를 통합하는 '하나'가 각 구성원마다 똑같이 적용되는 개념적 관계가 아니다. 예를 들어 '나무'라는 개념과 구체적인 나무들 사이의 관계에서 '둥치와 가지가 있음'은 모든 나무가 똑같다. 각 나무는 '둥치와 가지가 있음'에 부합하고, 그러므로 나무가 된다.

반면 광채와 그 빛 속에서 모습을 드러내는 것들 사이의 관계에서 광채의 발현은 사례마다 다 다르다. 말하자면, 바다와 하늘이 공유하는 것은 그것들이 빛난다는 사실뿐이다. 이렇게 빛날 때 바다와 하늘은 '광채'라는 더 일반적인 상위 개념의 하위사례로서가 아니라, 자기 자신으로 존재하기 위해 서로가 필요한 일부, 연결된 전체를 이루는 일부로서 하나로 묶인다.

　해가 우리 눈에 보이는 모든 것을 비추는 배경의 빛이며 빛 속에서 드러나는 모습만으로 환원될 수 없듯이, 다양한 인식 및 생각과의 관계 속에 있는 자기(선물을 베푸는 활동적인 자기)도 마찬가지다.

　내가 나 자신과 세상을 인식할 수 있는 것은 배경에 있는 활동적인 힘 덕분이다. 나의 노력으로 표현되는 의미의 종결이자 시작인 이 활동적 힘의 속성은 넘쳐흐르며 계속 변하는 것이므로 우리는 이 힘을 직접 목격할 수도, 개념적으로 온전히 이해할 수도 없다. 예를 들어 경기에 나가거나 큰 행사가 있기 전 매무새를 점검할 때 거울 속에 보이는 내 얼굴, 내 머릿속을 스쳐 지나가는 승패에 관한 생각, 목에 걸리거나 뱃속에 묵직하게 자리 잡은 느낌은 진짜 나이거나 나의 것이 아니다. 더 정확히 말하면 그것들이 나의 것으로 느껴지는 유일한 이유는, 내가 스스로를 관찰하고, 분석하고, 나의 이전 모습이나 경쟁자들과 비교할 대상으로 만들었기 때문이다.

　내가 인식하는 이런 모습보다 더욱 적절하게 나의 것이라 할 수 있는 것은 인식 가능성 자체이며, 이러한 인식은 전체로서의 삶이 지닌 의미에 내가 어떤 태도를 취하느냐에 따라 달라진다. 오로지 내가 이미 나의 활동을 통해 스스로를 이해하고 있고 그 활동은 '지금 여기 있는 이것'을 넘어 관계와 노력의 그물망으로 손을 뻗는 행위이기 때문에, 특정한 일에 몰두하는 '나 자신'을 만날 수도 있고 그 일을 승패가 있는 대상이자 내 능력을 점검할 기회로 이해할 수도 있는 것이다.

행동하는 나의 삶, 즉 자기 바깥으로 손을 뻗는 동시에 다시 자기에게로 되돌아오는 삶은 '시간 속에서' 왔다 가는 듯 보이는 것들을 포함해 내가 인식할 수 있는 모든 것의 조건이다. 나의 삶 자체를 왔다가 가는 것으로 이해하는 것은, 인식의 조건이자 근원 그 자체를 그것이 가능케 하는 현상으로 착각하는 것과 같다.

그 자체를 위한 활동의 원형 궤적

니체의 『차라투스트라는 이렇게 말했다』 초반에 등장하는 짧지만 중요한 에피소드가 시간에 관한 그의 가르침을 예시하고 요약한다. 때는 해가 중천에 뜬 한낮이다. 차라투스트라는 갑자기 독수리의 날카로운 울음소리를 듣고 하늘에서 기이하고도 기적적인 광경을 목격한다.

"독수리 한 마리가 커다란 원을 그리며 하늘을 날아올랐고, 독수리 위에 뱀 한 마리가 있었는데, 독수리의 목에 몸을 감은 모습이 먹이가 아닌 친구 같았다. 차라투스트라는 '저들은 나의 동물이다'라고 말했다… '태양 아래 가장 자랑스러운 동물이자 태양 아래 가장 지혜로운 동물이다… 나의 동물들이 나를 인도하기를.'"[21]

그때부터 이 동물들은 여정이 이어지는 내내 차라투스트라와 동행

한다. 자기 목을 휘감은 친구 뱀과 함께 커다란 원을 그리며 하늘을 나는 독수리를 통해, 니체는 냉철한 삶의 궤적을 나타낸다. 자부심과 지혜의 조합이 인도하는 삶은 머나먼 여정이 이어지는 내내 시작 지점으로 돌아오며 매번 고도를 높여간다. 하늘을 나는 독수리가 원을 그리며 점점 한낮의 태양을 향해 올라가는 것처럼 말이다.

이러한 원형 상승의 이미지는 그 자체를 위한 활동의 자족성을 나타낸다. 독수리와 뱀은 그저 비행할 뿐 그 어떤 목적지로도 향하지 않는다. 그래서 그들은 둥글게 비행하는 것 외에는 그 무엇도 바라지 않고 매번 즐거워하며 점점 높이 원을 그리며 난다.

독수리와 뱀은 훗날 차라투스트라가 홀로 방황하며 열망하는 통일성을 상징한다. 그는 이 통일성을 다음과 같이 표현한다.

이제 차라투스트라는 산을 오르며 젊은 시절부터 자신이 얼마나 자주 홀로 방랑했는지, 이미 얼마나 많은 산과 산등성이와 산봉우리를 올랐는지 떠올렸다. 그는 마음속으로 말했다. 나는 방랑자이며 등반가다. 나는 평원을 좋아하지 않고, 오랫동안 가만히 앉아 있지 못한다. 내게 어떤 운명과 경험이 닥쳐오든, 그 안에는 늘 방랑과 등반이 있을 것이다. 결국 우리는 오로지 자기 자신만을 경험한다. 내게 단순한 우연이 일어날 수 있었던 시절은 지나갔다. 이미 내 것이 아닌 무엇이 내게 또 일어날 수 있단 말인가? 내게 돌아오는 것, 마침내 내가 절실하게 느끼는 것은 나 자신이며, 오래전부터 나 자신은 낯선 땅에서 만물과 우연 사이에 흩어져 있었다.[22]

우리는 '오로지 자기 자신'이라는 말의 뜻을 고민할 때 이 표현이 암시하는 것처럼 보이는 고립감을 잠시 제쳐두어야 한다. 여기서 자신은 방랑자이며, 여정으로 자신을 정의하는 사람이다. 이 사람은 결코 고립된 개인이 아니며, 늘 '낯선 땅'에 퍼져 있고 '만물과 우연 사이에 흩어져 있는' 존재다. 이렇게 생각하면, 우리는 이 땅과 모험이 서로 연결되어 하나의 운명을 이루고 있다고 이해함으로써 제 역량을 발휘할 수 있다. '오로지 자기 자신'은 '그 무엇도 우연이 아니'라는 뜻이다. 새로운 만남(갑작스럽고 뜻밖이며 끔찍한 우연)을 경험할 때마다 차라투스트라는 자기 자신에게로 돌아온다. 독수리와 뱀이 더 높고 새로운 관점을 지니고서 원을 그리며 되돌아오듯이 말이다.

물론 이것은 현실적이면서 그만큼 이상적이다. 독수리와 뱀이 힘들이지 않고 수월하게 비행하는 장면에는 자연스러우면서도 동시에 기이한 면이 있다. 니체는 우리가 이 두 동물을 전형적인 상극으로 느낀다는 점을 이용한다. 독수리는 땅 위를 기어 다니는 뱀을 잡아먹으려고 하늘에서 급강하하고, 뱀은 독수리 둥지에 잠입해 독수리알을 집어삼킨다. 만약 우리가 함께 하늘을 나는 독수리와 뱀을 본다면, 뱀이 독수리의 발톱에 붙잡혀 필사적으로 몸부림치는 모습을 보리라 기대할 것이다. 니체는 자부심과 지혜가 서로 다른 길을 가면 각자 경솔한 오만과 생기를 빼앗는 합리성으로 변질된다고 말한다. 독수리의 날카로운 발톱이 의미하는 오만함은 우리의 지혜를 꿰뚫고 찢으려 한다. 우리가 특정 능력이나 기술이 있다는 이유로 본인이 전능하다고 생각하며 유일한 관점으로 착각하는 작은 구멍을 통해 세상을 바라볼 때나, 우주를 우리 창의력의 자원으로만 여기며 이미 눈에 보이는 것들 덕분에 우리의 창의적 충동이 방향을 찾을 수 있다는 사실을 간과할 때처럼 말이다.

몸을 똘똘 만 뱀이 의미하는 합리성 역시 자부심을 질식시킬 수 있다. 우리가 자신을 타인과 비교하며 자의식적 사고로 자기 능력과 강점을 뜯어보고 상대적 성취를 기준으로 자기 가치를 결정할 때처럼 말이다. 이때 우리가 그 자체로서, 우리 삶에 변화를 불러오는 것으로서 즐겨야 할 것은 목적을 위한 수단이 된다.

목표 지향적 노력에 늘 뒤따르는 불만족 속에서, 우리는 또 다른 형태의 자부심 없는 합리성에 끌릴 수 있다. 바로 비교와 경쟁에서 벗어나려고 거리를 두고 스스로를 엄밀하게 검토하는 것이다. 이때 우리는 현미경 아래 놓인 아메바가 되며, 우리의 움직임은 그저 우리가 처한 환경에 대한 반응이 된다. 이러한 합리성은 우리의 삶을 하찮게 만드는 제로섬 게임에서 우리를 해방시키는 듯 보인다는 점에서 위안을 주며, 그 대신 우리에게 모든 자부심은 무의미하다는 객관적 관점을 제공한다. 우주는 그저 움직이는 물체이며 아무 의미 없이 결합했다가 흩어지기를 반복할 뿐이라는 토머스 홉스의 개념이 그러한 합리성의 한 사례다. 홉스는 명백히 우리의 자부심을 억제하기 위해 이러한 개념을 널리 퍼뜨렸다.

이런 방식으로 자부심과 지혜는 서로 다른 길을 가며 변질되고 대립할 수 있다. 그러나 결국 둘은 한 짝이다. 이 둘이 대립하는 다양한 방식은 분화일 뿐, 해소 불가능한 갈등이 아니다. 가장 거만한 오만조차, 아무리 크나큰 성취를 이루었을지언정 인생은 성취가 전부가 아니라는 사실에서 완전히 벗어날 수 없다. 앞에서 살펴봤듯이 자신의 우월함을 인정받고 싶은 욕망은 우정을 향한 갈망을 암시한다. 또한 세상에 대한 가장 냉정하고 객관적인 분석도, 일상생활에 파고들어 우리를 경탄하게 하고 냉철함을 기르도록 격려하는 자연의 아름다움과 숭고함을 완전히 없앨 수 없다.

자부심과 지혜가 결합해서 서로를 강화하는가, 아니면 다른 길을 가며 각자 변질되는가는 우리가 고통에 반응하는 방식에 따라 결정된다. 실망이나 불운 앞에서 우리는 소명과 노력을 포기하고 이 세상을 체념하고 받아들여야 할 처량한 우연의 전쟁터로 여기는가? 오만한 맹금류가 되어 분개한 채 높은 곳에서 이 세상을 내려다보며 아래서 종종걸음치는 모든 것을 지배하려 하는가? 아니면 반대쪽에서 다시 원을 그리며 자신에게 돌아와 더 높은 수준의 냉철함을 기르고 새로운 자신이 되는 어려운 과제에 도전하는가?

시간의 흐름과 죽음의 더욱 심오한 의미

니체는 고통의 근본적 원인이 시간의 흐름에 있다고 가르친다. 그러나 그러한 흐름이 우리와 우리가 사랑하는 사람을 육체의 사멸이나 의식의 소멸로 간주되는 죽음과 노화로 끌고 가기 때문은 아니다. 니체가 상상하는 시간의 흐름은 더욱 심오하고 만연하다. 이러한 흐름은 과거를 직면하는 것과 관련이 있다. 나 자신의 한 차원인 과거는 여전히 '이곳'에 있지만, 한때는 있었으나 지금은 없다는 역설적이고 고통스러운 의미에서만 존재한다.

니체에 따르면 시간의 흐름은 우리의 행동을 한편으로는 취소할 수 없고 다른 한편으로는 다시 경험할 수 없다는 사실을 암시한다. 시간의 흐름은 영원히 우리를 괴롭히는 실수와 서서히 퇴색하는 반짝이는 순간들과 관련이 있다. 우리는 이러한 흐름에 직면할 때만 죽음의 더욱 심오한 의미에 다다를 수 있다.

살면서 기쁨에 겨웠던 순간이나 도저히 극복할 수 없을 것 같은 고난을 극복했던 순간을 떠올려보자. 당시 그 경험은 생생하고 활기로 가득했으며, 우리의 경로와 노력의 중심점이 되어 내가 누구인지와 어떤 사람이 되고 싶은지를 정의했다. 이제 그 경험은 우리의 과거에 놓여 있다. 물론 아직 기억에서 잊히지는 않았다. 우리는 그때의 일을 기억할 수 있고 스스로에게나 친구에게 다시 이야기할 수 있다. 아련하게 미소 지으며 그때를 추억할 수도 있다. 그러나 그 순간을 되돌릴 수는 없다. 적어도 그때와 똑같이 되돌릴 수는 없다. 이것이 바로 니체가 말한 시간의 흐름이다. 사건과 순간이 '과거가 되는 것'. 그때의 경험이 사라지거나, 더 이상 우리 관심의 초점이 되지 못하는 것이 아니다. 오히려 반대로 그 경험들은 계속해서 우리 곁에 남는다. 한때 그랬던 것, 다시는 그럴 수 없는 것으로서.

시간의 흐름은 여정의 구조에서 나타나는 특징이다. 다음 에피소드는 그저 앞의 에피소드를 뒤따르기만 하는 것이 아니라, 앞의 에피소드에 개입해 그 의미를 재구성한다. 끝없는 벽화를 그리고 있는 화가를 상상해보라. 그는 아름답게 배열된 이미지를 그리려고 노력하지만,

그 어떤 붓질도 취소할 수는 없다. 모든 붓질은 그다음 붓질에 영향을 미치고, 다음 붓질은 앞선 붓질의 효과를 바꾼다. 이런 과정에 시작도 끝도 없고, 그저 그림을 계속 그리는 것과 이미지 전체에 충실한 것 외에는 그 어떤 목적도 없다고 가정해보자. 모든 실수에는 결과가 따르고, 그 결과는 멀리까지 영향을 미치며 계속 그림을 그리려는 화가의 의욕을 꺾으려 한다. 모든 성공은 그 순간에는 짜릿하고 영감을 불어넣지만 새로운 붓질, 새로운 관심사, 새로운 초점이 전면에 등장하면 점점 그 매력을 잃고 배경으로 사라진다. 삶 자체가 이런 본질적인 문제, 즉 현재가 영원히 과거가 되며 사라지는 문제를 일으킨다.

이런 관점에서 죽음의 문제를 이해하면 오늘날의 생명 연장 열풍이 얼마나 어리석어 보이는가. 문제는 스토아학파의 가르침처럼 우리가 얼마나 오래 살게 되든 무한한 시간에 비하면 보잘것없다는 것이 아니다. 진짜 문제는 생명 연장의 열정적 지지자들이 우리가 받아들여야만 하는 시간과 죽음의 의미를 완전히 무시한다는 것이다. 우리가 죽음에서 두려워하는 것은 어떻게든 뒤로 미룰 수 있는 육체나 의식의 소멸이 아니라, 만물의 의미와 중요성이 서서히 사라지고 있으므로 되살려야 한다는 감각이다.

그러나 우리는 매 순간 그러한 상실에 직면한다. 현재는 늘 과거가 되어가고 있기 때문이다. 시간의 흐름이라는 측면에서 이해하면, 죽음은 결코 의학적 개입과 생물학적 기술을 통해 제거할 수 있는 것이 아니다. 어떤 방식으로든 살아 있는 시간을 늘리는 데 열중하는 것은, 매 순간 직면하는 시간의 흐름을 받아들여야 하는 필수적인 과제에서 정신을 딴 데로 돌리는 것에 불과하다.

차라투스트라는 바로 이것을 자신의 가장 중요한 활동으로 정한다. "이것이 내가 창조하고 분투하는 유일한 것이다. 조각과 수수께끼와 무시무시한 우연을 하나로 이어 붙이는 것. 인간이 창조자도 수수께끼를 맞히는 사람도 우연의 구원자도 아니라면 내가 어떻게 인간임을 견딜 수 있겠는가? … 과거에 살던 자들을 구원하고 모든 '그랬다'를 '내가 그러고자 했다'로 재창조하는 것. 내가 구원이라 부를 수 있는 것은 이것뿐이다."23)

우리는 시간의 흐름에서 벗어날 수 없다. 과거를 그대로 다시 경험할 수도 없다. 그러나 원을 그리며 상승하는 독수리와 뱀의 비행에서 드러나듯이, 우리는 과거를 구원할 수는 있다. 더 높고 새로운 관점에서 과거로 되돌아갈 수 있다. 우리가 과거를 구원할 수 있는 것은 과거가 우리 자신의 것이기 때문이다. 시간을 우리 뒤로 밀어내는 것은 바로 우리의 행동과 창의력, 미래 지향성이다. 우리의 삶이 무심하게 한 순간에서 다른 순간으로 이동하지 않고 궤적을 그리기 때문에, 우리는 시간의 흐름이라는 최대의 고난에 직면한다. 삶의 기이한 역설은 우리가 어려운 과제에 직면하고 제 역량을 발휘하는 과정에서 자기 자신도 잃는다는 것이다. 그러한 상실의 책임이 우리에게 있기에, 우리는 그 상실을 구원할 수 있다.

과거를 구원하기

기억하고 기록하고 다시 이야기하는 것은 과거를 구원하는 첫 번째 단계다. 그러나 우리는 끊임없이 우리 앞에 놓인 것에만 집중하느라 이 단계를 너무 자주 소홀히 한다. 과거의 사람들과 사건들을 기억하는 것과 비교할 때, 우리는 너무 많은 시간을 다음 단계를 앞서 생각하며 보낸다. 스스로에게 이렇게 묻는 것이 좋다. 오늘 내 관심을 차지한 생각, 오늘 내가 나눈 대화 중에 얼마만큼이 다가올 일을 어떻게 처리할지에 관한 것이었고, 얼마만큼이 전에 발생한 일을 어떻게 이해할지에 관한 것이었나?

우리가 과거에 대해 하는 생각은 대개 순식간에 지나가는 얄팍한 향수다. 우리는 부재나 상실의 측면에서, 예를 들면 이제 우리 곁에 없는 할머니나 부모님, 앞으로 다시는 느낄 수 없는 그분들의 따뜻한 품으로 과거를 기억한다. 그러나 우리가 그리워하는 일이나 사건을 소환해서 그것들을 우리가 성찰하는 삶의 특성이나 본질과 관련된 것으로 재창조하는 경우는 드물다. 우리가 목표 지향적인 미래에 훨씬 관심이 많다는 것은 노력하기보다는 추억할 시간이 우리에게 필요하다는 사실을 시사한다. 하지만 그러려고 의식적으로 노력한다 해도, 기껏해야 우리는 최종 과제를 대비할 뿐이다. 즉, 과거를 앞으로 일어날지 모를 일에 대한 영감과 통찰로 삼는 것이다.

이따금 나는 나이를 먹으면서 젊었던 시절의 근심 없는 패기를 잃고 있다는 생각을 한다. 요즘 나는 예와 아니오를 말할 때 더욱 신중하다. 철학을 실천할 때도 운동할 때도 마찬가지여서, 글을 쓸 때 단어를 고르는 것도, 운동 세트를 짜고 횟수를 실행하는 것도 더 신중해졌다. 이러한 조심성이 성숙함에서 나오는 것이긴 하지만, 조심성은 "한번

해보고 사소한 건 나중에 걱정하자"라는 모험 정신을 속박하기도 한다. 애석한 마음으로 대학원 초창기를 돌이켜보면 그때 나는 산탄총을 쏘듯 종이 위에 글자를 뿌렸고 독자들이 어떻게 생각할지는 개의치 않았다.

대학 시절 내가 훈련하던 태도도 기억난다. 그 태도는 잊을 수 없는 단 1회의 파워클린으로 요약할 수 있다. 파워클린이란 바를 단숨에 어깨 높이까지 올리는 동작으로 그 장면을 목격한 사람은 내 훈련 파트너뿐이지만 나는 지금도 그때의 파워클린을 나의 가장 큰 업적 중 하나로 여긴다. 때는 여름의 긴 하루가 끝날 무렵이었고, 나보다 먼저 체육관에 도착한 친구가 파워클린 102kg 시도를 아슬아슬하게 실패한 참이었다. 나는 친구가 전에 여러 번 들었던 무게에 실패한 것을 보고 "내가 어떻게 하는 건지 보여주지!" 하고 허세를 부리며 뻔뻔하게 역기로 다가갔다. 그리고 주저 없이 두 손으로 역기를 잡고 순식간에 어깨 위로 들어 올렸다. 나는 몇 초 동안 자세를 유지해 시도를 성공한 다음 의기양양하게 역기를 바닥에 내던졌다. 사전에 별생각도 없었고 쉽게 실패할 수도 있었을 이 과시적 행동이 의도한 효과를 낸 것이었다. 내 친구는 자신의 설명할 수 없는 실패를 떨쳐냈고, 우리는 서로를 격려하며 그해 여름 가장 기억에 남는 훈련 시간을 보냈다.

그러나 그것은 과거일 뿐 지금이 아니다. 그 순간을 아무리 다시 경험하고 싶어도 그 일은 다시 발생하지 않을 것이다. 자연적이거나 물리적인 장애물이 그때의 시도를 재현하지 못하게 막는 것은 아니다. 나는 그 친구와 함께 똑같은 체육관에 다시 찾아가서 준비운동 없이 똑같은 무게로 파워클린을 시도할 수 있다. 그러나 그 경험은 전과 같지 않을 것이다. 내가 102kg을 드는 데 성공해 대략적이고 추상적인 방식으로 그때의 사건을 되풀이한다 해도, 과거처럼 의미 있지는 않을 것이다. 처음과 같은 기대와 짜릿함은 없을 것이다.

게다가 이제는 나의 신중함이 처음부터 개입해 영향을 미칠 것이다. 물론 이 조심성이 한낱 상실인 것만은 아니다. 내가 옛날로 돌아갈 수 없는 이유는 더 많은 경험과 지식에서 나온 관점, 즉 준비운동을 하는 것이 바람직하며, 심지어 준비운동이 좋은 훈련에 꼭 필요하다는 생각을 머릿속에서 지울 수 없기 때문이다.

동시에 나는 내 성숙함에 적어도 가끔은 대가가 따른다는 것을 인식한다. 어른이 무엇을 의미하든 어른으로서의 삶에 깃든 신중함은 예상치 못한 사건에 기꺼이 응하고 규칙의 얽매임을 깨부수려 하는 청춘의 패기를 꺾어놓는다. 요즘 나는 동작을 반복하는 횟수나 달리는 거리를 정해놓은 훈련 계획을 강박적으로 지키는데, 기력이 회복되거나 갑자기 영감이 샘솟아서 더 할 수 있을 것 같을 때도 마찬가지다. 비약적으로 발전할지도 모를 순간으로 나아가는 대신, 나는 다음번을 위해 횟수와 거리를 아껴둔다. 내가 짠 프로그램이 그렇게 하라고 정해놓았기 때문이다. 때때로 지나치게 상황에 휩쓸리는 어린애와 달리, 나는 그 반대편 극단에 사로잡혀 과도하게 앞을 내다본다. 어린 시절에는 빗속으로 뛰쳐나가 놀았다는 사실을 잊고, 날씨가 화창할 때도 초조하게 일기예보를 확인하며 우산을 들고 나가는 사람이 될 위험에 처했다.

마치 사전에 모든 것을 깔끔하게 정리함으로써 훈련 결과나 내 글의 의미를 통제할 수 있다는 듯 계획과 분석에 지나치게 빠져든 나는, 점점 약해지는 '행동 먼저, 생각은 나중에' 정신을 갈망하며 그 정신을 되찾을 수 있음을 깨닫는다. 그러나 그 되찾음 방식은 과거를 똑같이 재현하는 것이 아니라, 새로운 통찰과 활동을 통해 과거를 현재로 끌어들여, 강박이나 불만, 소심함의 순간에 반격하는 것이다.

얼마 전 턱걸이 운동을 마치고 힘이 다 빠진 때였다. 그날 계획한 횟수를 다 채웠다는 사실에 뿌듯해하면서 체육관 밖으로 나가려는데, 갑자기 어떤 목소리가 들려왔다.

"내가 어떻게 하는 건지 보여주지!"

나는 2008년도의 그 파워클린을 단순히 향수한 것이 아니라 내 다음 행동을 지시하는 무조건적 명령으로 떠올렸다. 근육이 피로로 화끈거렸고, 에너지가 얼마간 남아 있다고 느꼈지만 그 정확한 양은 알 수 없었다. 그럼에도 나는 턱걸이를 한 세트 더 하려고 몸을 일으켜 철봉을 붙잡았고, 과거에 그랬듯 짧고 빠르게 에너지를 분출하며 몸을 위로 쏘아 올렸다.

이런 사소한 순간에 우리는 사람들과 사건, 경험이 전속력으로 달리는 기차 창문 밖의 풍경처럼 불가피하게 우리 옆을 빠르게 지나가는 것이 아님을 이해하게 된다. 과거는 이따금 서서히 사라지는 듯 보이지만 우리 손으로 되찾을 수 있다. 눈물을 흘리거나 주먹을 불끈 쥐고 과거를 직면할 때, 우리는 자신에게 이렇게 물을 수 있다. 우리의 향수를 자극하는, 잃어버린 것은 무엇인가? 과거가 주는 교훈과 통찰 중 오늘날 우리가 잃어버릴 위험에 처한 것은 무엇인가? 어떻게 과거를 통해 현재를 새롭게 이해할 수 있을 것인가? 과거를 똑같이 되풀이할 수 있다고 해도 그러고 싶지 않다면, 우리가 그때 이후로 무엇을 얻었기 때문일까? 과거를 되찾고자 노력할 때 우리는 시간이 한 방향으로, 즉 과거에서 미래로 움직이는 것이 아니라, 독수리와 뱀이 점점 상승하며 제자리로 돌아오듯 시간도 과거를 되찾을 때마다 제자리로 돌아온다는 사실을 깨닫게 된다.

매 순간의 시작과 종결에서 기원하는 시간의 흐름

니체는 시간이 그저 흘러 지나간다는 개념이 고통에 직면한 우리의 나약함에서 비롯된다고 말한다. 이제는 고난의 구름 뒤에 가려진 아득한 광채의 순간을 되찾아야 한다는 부담(통제할 수 없는 사건 때문에 꺾여버린 뒤 약해지도록 내버려둔 열정을 회복해야 하는 부담 또는 우리 도움을 받지 못해 자기 파괴의 길에 접어든 사랑하는 사람을 제대로 도와야 하는 부담)에 짓눌려 어려운 과제에 직면하지 못할 때, 우리는 과거를 그저 뒤에 놓인 것, 우리의 능력을 벗어난 것으로 여긴다.

이렇게 시간을 역사적으로 이해하는 관점이 생겨나고, 이 관점에 따르면 과거와 현재의 간극은 절대 메울 수 없다. 과거는 그 의미가 종결되고 결정된 채 영원히 우리 뒤에 놓여 있을 뿐이고, 미래는 우리가 새롭고 먼 목표를 향해 나아갈 때 과거를 망각할 수 있는 가능성을 제공한다.

그러나 한편으로는 과거를 외면하고 스스로를 속여서 과거를 현재와 동일시할 수도 있다. 우리는 좌절에 빠져 시간의 흐름이 거짓말이라고, 세상을 바라보는 한낱 주관적인 관점이라고 생각할 수 있다. 이 세상은 과거나 미래 같은 것이 없고, 그저 끝없이 변화할 뿐이라는 것이다. 우리는 스토아학파가 말하는 삶의 순환을 자연에 투영한다. 삶의 순환은 완전히 우리 능력 밖에 있다. 구별할 수 없는 일련의 순간 속에서 여러 요소가 결합했다가 흩어지고, '지금' 뒤에 다시 '지금'이 이어지며 무한을 향해 나아간다. 세네카는 "자연은 자신이 결합하는 모든 것을 해체하고, 자신이 해체하는 모든 것을 다시 결합한다"라고 말한다.[24] 이러한 시간 개념에 따르면 이 세상에 새롭거나 낡은 것은 하나도 없다. 모든 사건이 반복된다. 탄생은 똑같은 요소가 재결합한 것에 지나지 않으며, 이 요소들은 결국 흩어졌다가 또다시 합쳐질 것이다. 시간이 무한하므로, 모든 조합은 이미 실현되었다. 발생 가능한 모든 사건은 이미 무수히 많이 발생했다.

절망에 빠진 우리는 이러한 시간관이 가슴 아픈 과거를 억압한다는 사실을 인식하지 못하고 이를 합리적이고 객관적인 것으로 여기게 된다. 그러나 이러한 억압은 소위 합리적인 우리의 시간 개념 속에서 스스로 모습을 드러낸다. 예를 들어 세네카는 이렇게 말한다.

"우리를 빛으로 돌려보낼 날이 다시 찾아올 것이네. 만약 우리가 기억 없이 되돌아가는 게 아니라면, 많은 이가 그날을 유감스러워할 것이네."[25]

세네카는 고통의 가장 큰 근원이 우리의 신체가 언젠가 죽는다는 사실이 아니라, 우리가 자신을 괴롭히는 기억과 씨름한다는 것, 즉 과거를 직면하는 데 있음을 넌지시 암시한다. 우리는 시간의 순환 개념을 이용해 시간의 흐름 앞에서 자신을 위로하고, 모든 것은 흩어졌다가 다시 결합하며 우리는 똑같은 물질로 구성된 전부 똑같은 존재로서 영원히 똑같은 존재의 질서에 휩쓸릴 뿐이라고 스스로를 설득한다. 이러한 생각은 자부심 없는 지식의 궁극적 형태이며, 영혼 없는 과학의 차가운 관찰이고, 자부심 있는 독수리 친구가 없는 계산적인 뱀이다.

니체의 말처럼 그러한 지식은 치명적이다. 그런 지식은 삶에서 위험과 모험, 창의력을 빼앗는 방식으로 시간의 흐름 앞에서 우리를 위로한다. 이런 삶에는 두려워할 것이 없지만 한편으로는 기다릴 것도 없다. 이런 시간 개념은 함께 하늘을 나는 독수리와 뱀의 독창적 시간성(모든 새로운 사건이 과거를 구원하고 한 바퀴 날아서 돌아올 때마다 더 높고 새로운 지점에 다다르는 여정 특유의 과거와 미래의 충돌)을 가릴 수는 있지만 완전히 없애지는 못한다. 차라투스트라가 갈망하는 활동하는 삶은 이미 주어진 서사를 이행하기만 하는 억제되고 폐쇄된 노력이 아니다. 언제나 자신을 더 원하고, 무한히 원형으로 상승하며 자신에게 돌아오는 동시에 자기 자신을 넘어서는, 넘쳐흐르는 생명력이다.

니체는 『차라투스트라는 이렇게 말했다』의 끝에서 차라투스트라가 갈망하는 풍성한 삶의 기쁨을 마지막으로 요약하면서 이 점을 분명히 한다.

"기쁨이 바라지 않는 것이 무엇인가? 기쁨은 그 어떤 괴로움보다 더 목마르고, 더 열렬하고, 더 굶주리고, 더 끔찍하고, 더 은밀하다. 기쁨은 자기 자신을 바라고, 자기 자신을 깨물며, 기쁨 안의 의지는 둥글게 원을 그리며 분투한다… 기쁨은 사랑을 바라고, 증오를 바라고, 풍성함이 흘러넘쳐서 베풀고 내던지고 자신을 가져달라 애원하고 자신을 받아준 사람에게 고마워한다. 기쁨은 증오받기를 바란다. 너무 풍성해서 괴로움을, 지옥을, 증오를, 불명예를, 불구자를, 이 세계를 간절히 바란다. 당신들도 아는 이 세계를! … 모든 영원한 기쁨은 실패를 갈망한다. 모든 기쁨은 자기 자신을 바라기에, 고뇌까지 바란다… 기쁨은 **만물이 영원하기를 바란다.**"[26]

니체는 영원한 기쁨이 연달아 경험되는 끝없는 쾌락이 아니라 그 자체를 바라는 활동, 본질적으로 성취감을 줘서 외부에서 더 바랄 게 없는 활동이라고 가르친다. 자기 자신을 바라는 그런 활동은 고난과 실패 또한 바란다. 삶에 영감을 불어넣으며 삶을 살 가치가 있는 것으로 만드는 것은 바로 고통 앞에서 과거를 구원할 가능성이기 때문이다.

6장

자유롭다는 것의 의미

그 자체를 위한 활동 개념에는 자유로움의 의미에 대한 해석이 어느 정도 내포되어 있으며, 그 의미는 우리의 익숙한 신념에 의문을 제기한다. 자유의 문제를 고민할 때 우리는 자유의지와 결정론 사이의 유구한 논쟁의 측면에서 문제에 접근하곤 한다. 철학자와 신학자, 요즘에는 사회학자와 심리학자, 생물학자까지, 사회규범이나 양육 환경, 신의 의지, 맹목적인 진화의 힘 같은 영향력이 우리의 인생 경로를 미리 결정할 때 우리에게 자기 행동을 직접 결정해 자유롭게 행동할 능력이 얼마만큼 있는지에 관해 저마다 할 말이 있는 듯하다.

이런 관점에서 자유는 모든 외부의 영향력에서 벗어나 고유의 의지에 따라 자기 자신을 위해 선택을 내리는 능력으로 해석된다. 자유는 주변 환경에 맞서서 또는 주변 환경에도 불구하고 자신을 주장하는 것을 의미한다. 영화「디파티드」The Departed의 시작 부분에서 잭 니컬슨이 연기한 인물 프랭크 코스텔로가 "난 내 환경의 산물이 되고 싶지 않아. 환경이 내 산물이 되길 바라지"라고 주장하는 것처럼 말이다.

이러한 열망에는 부인할 수 없는 강렬함이 있다. 우리가 환경을 우리의 독립성을 위협하는 비인격적 맥락으로 이해한다면 말이다. 그러나 우리가 지금까지 살펴본 미덕의 관점에서 바라본다면 이러한 열망은 크게 잘못되었다. 자유의지와 결정론의 구분이 타당하려면, 반드시 처음부터 자기는 본질적으로 독립적 선택 능력을 지닌 주체이며 자기의 반대편에 외부적 사물 세계나 강압적 순응을 강요하는 사회가 있다고 가정해야만 한다. 오로지 그럴 때만 의지와 외부 영향력의 상대적 힘이 끝없는 논쟁의 주제가 된다.

그러나 우리가 처음부터 사물과의 관계를 통해 정의된다면, 이 세상에게 우리가 필요한 동시에 이 세상을 표현할 책임이 우리에게 있다면, 우리는 자유의 의미를 재구성해야만 한다. 우리가 사물과 더 깊이 교감할수록 사물에 관심을 가지거나 그들의 자극에 반응하면서 이 세상과 덜 대립하게 된다. 따지고 보면 우리 생각과 행동의 근원은 바로 이 세상 자체다.

아름다움과 힘으로 우리를 강타하고 우리에게 불가사의한 통찰을 제시하는 경이로운 자연 앞에서 또는 갑작스럽게 우리의 도움이 필요한 친구 앞에서, 우리의 자기 인식과 행위 주체성은 우리 앞에 서 있는 대상과 분리할 수 없다. 눈앞의 대상 자체가 직접 우리를 잡아끌고 우리의 관심과 해석 능력을 요청한다. 그러므로 오로지 주어진 상황에 아무 이해관계가 없는 구경꾼의 추상적이고 피상적인 관점에서만 우리에게 이런저런 행동의 선택권이 있다고 간주할 수 있다. 물론 자신을 부르는 것에서 등 돌릴 수 있다는 형식적 의미에서 우리는 여전히 '자유로울' 수 있다. 그러나 우리가 등을 돌리는 이유는 다른 무언가가 우리의 관심을 끌며 경쟁자로 등장했기 때문이다. 이것이 아닌 저 것을 선택하는 형식적 자유보다 훨씬 더 중요한 것은, 우리에게 책임 이 있는 이 세상에 반응할 자유다. 이러한 관점에 따르면 우리는 역설 적이게도 우리가 표현하는 이 삶에서 흘러나오는 필연성에 종속될 때 가장 자유롭다.

염세적 냉소주의의 증상인 이상적 자유의지

우리가 참여하는 세상과 우리가 함께 행동하는 사람들이 어떤 방식 으로든 우리를 실망시키거나 그들의 의미를 결정하는 이야기가 우리 눈에 보이지 않게 되면 그들의 중요성은 점점 작아진다. 그렇게 그들 이 더 이상 우리의 마음을 흔들지 않을 때만 그들이 그저 '환경'이나 '사회적 맥락'에 불과하게 되고, 우리가 그들에게 힘을 행사해 그것들 을 재구성하거나 아니면 그저 그들의 영역에서 물러나야 한다고 생각 하게 된다.

그러므로 자기 의지를 굽히지 않으려는 태도는 낙담하고 체념한 존 재 방식 위에서만 가능하다. 이런 존재 방식에서 우리는 사물을 구원 하려고 노력하는 대신 그것들을 몰개성화하거나 '객관화'함으로써 차 단해버린다. 이런 낙담과 체념을 처리하는 하나의 방식으로서 우리는 자신이 처한 상황을 주체로서의 상황으로 해석한다. 의식의 영역이자 선택을 내리는 장소인 이 주체는 외부의 '세계'나 '사회 환경' 앞에서 수동적으로 휘둘릴 수도 있고 저항할 수도 있다. 이런 관점에 따르면 개인에게 중요한 의미는 전부 주관적 의식에서 나온다. 세계나 사회는 그저 사람들이 오랫동안 여러 주관적 가치를 부여해온 사물과 관습의 영역일 뿐이다. 그 무엇도 그 자체로 우리에게 특별 대우나 보살핌을 요구하지 않는다. 우리는 개인적 주체로서 자신의 취향에 따라, 또 얼마만큼 의지가 있느냐에 따라, 외부나 사회적으로 구성된 세상의 영향력을 자유롭게 수용하거나 거부할 수 있다.

주체와 객체의 구분에 따라 자신의 정체성과 상황을 해석함으로써 우리는 좌절로 이어진 사물과 맺은 첫 관계를 억압하고 망각한다. 이렇게 일종의 대응 기제로 발생한 자기 해석은 적절히 비판적이고 과학적인 척하는 온갖 독창적인 방식으로 재구성될 수 있다. 데카르트의 방법론적 회의가 그 사례 중 하나인데, 17세기 이후 지금까지 줄곧 영향력을 발휘하고 있다. 이러한 관점에서는 우리의 이성이 확실한 방법으로 외부 세계가 꿈이나 악마가 심어놓은 상상력의 산물이 아님을 입증할 때까지 외부 세계의 존재 자체가 유예된다.

이렇게 급진적인 회의에 빠지는 것이 기이하고 심란해 보여도, 사실 이러한 회의는 세상에 좌절한 우리에게 일종의 존재론적 위안을 제공한다. 주관적 의식이 객관적 존재를 입증할 때까지 '그 무엇도 실제로 존재하지 않는다'는 생각은 일종의 만족스러운 이론적 현실 도피를 허용하기 때문이다. 또한 이러한 추측은 진짜로 보이는 가짜를 극복하고 외부 세력에서 독립된 존재로서 자기 자신을 책임지는 신나는 도전을 나타내기도 한다. 나는 환상을 극복하는 과제에 따라오는 흥분과 목적의식이 「매트릭스」와 「인셉션」, 「트루먼 쇼」 등의 인기 영화처럼 데카르트식 회의를 변주한 여러 이야기가 널리 인기를 끄는 이유라고 생각한다. 이 영화들은 전부 눈에 보이는 세상에서 빠져나오는 인물을 영웅으로 그려내고, 명백해 보였던 세상은 데카르트의 악마처럼 남을 조종하는 세력이 만들어낸 환상으로 밝혀진다.

그러나 주체와 객체를 구분해서 세상을 해석하는 것은 사실 좌절스럽고 실망스러운 현실에서 도피하려는 것이다. 이러한 좌절과 실망은 자신과 세상을 전혀 구분하지 않고 세상에 헌신적으로 참여하는 삶의 방식에서만 발생할 수 있다. '주체와 객체' 또는 '눈에 보이는 것'과 '실제'로 묘사되는 것을 자세히 들여다보면 첫인상보다 유사점이 훨씬 많다. 예를 들어 데카르트적 회의를 다룬 영화에서 묘사하는 이른바 허구적 세계나 꿈의 세계는, 기이하고 모순적이기는 하지만 나중에 밝혀지는 '진짜' 세상의 삶과 유사한 상호작용과 관계를 포함한다. 결국 이 영화들은 두 세계가 어느 정도 연결되어 있어서 한쪽 세계에서 얻은 통찰이 다른 세계로 이어지는 모습을 보여줄 수밖에 없다.

이런 연결성을 숙고하다 보면 자기 이해를 추구하는 삶에서는 허구와 진짜, 주관과 객관의 구분 자체가 위태로워진다는 사실을 인정하게 된다. 우리가 꿈속의 사건에 맞서면서 교훈을 얻어 깨어 있는 삶을 살아가는 방식에 적용할 수 있다면, 그런 꿈속의 사건들을 단순히 '비현실적'이라고 일축할 수 없기 때문이다. 그러므로 우리는 강렬한 판타지나 소설에 끌리면서도 그 사건들이 실제로 발생했는지 궁금해하지 않는다. 사실 대(對) 허구의 문제가 우리 머릿속에 떠오를 때, 우리는 그것이 무의미한 추측임을 빠르게 인정하거나, 그 질문에 너무 빠져든 나머지 우리가 고찰하는 대상에서 더 깊은 의미를 찾기를 포기하고 외부의 분리된 시선으로 그 대상을 바라보게 된다.

자기와 세계, 주체와 객체의 이러한 유사성은 환경의 존재를 의심하지는 않지만 환경에서 한 발짝 떨어져서 자기 의도대로 환경을 굴복시키려 하는 사람에게서도 찾아볼 수 있다. 이런 냉소적인 무심함에서도 단순히 의지의 행사라는 측면에서는 이해할 수 없는 참여적이고 헌신적인 행동 방식이 드러난다. 영화 「디파티드」에서 잭 니컬슨이 연기한 전형적으로 자기 의지를 행사하는 인물(사우스보스턴의 악명 높은 범죄자였던 화이티 벌저를 대략적인 모델로 삼았다)조차 자신을 '둘러싼' 사람들을 '지배'하기 위해 충성심과 헌신을 필요로 하며, 이러한 관계는 최소한 어느 정도는 우정과 연대를 가리킨다. 이 인물은 자기 갱단에 속한 거의 모두를 불신하게 되었을 때조차 자신의 충성스러운 오른팔이자 끝까지 자기 옆을 지킨 거친 해결사에게만큼은 변함없이 신의를 지킨다.

무엇보다 동료들 사이에서 첩자를 찾아내려는 그의 집착은 존경받고자 하는 집착에서 나온다. 이 사실은 그에게 환경이 자기 의지의 산물 이상임을, 그가 인정을 갈구하는 독자적 현실임을 보여준다. 자신이 인생을 걸고 쟁취한 타인의 존경을 포기하지 않고서 이 현실만 없애는 것은 불가능하다. 그에게는 자신의 지도력과 명령을 존경하는 사람들이 필요하다. 이렇게 우리는 의지를 행사해 환경을 지배하고자 하는 삶의 방식에서조차 은연중에 환경을 수용하고 그에 반응하는 행동 방식을 발견하게 된다.

사물 자체의 활동

우리 자신과 우리가 반응하는 사물 사이의 상호적 관계를 온전히 인식하려면 활동을 사물의 관점에서도 고려해봐야 한다. 우리는 "내가 야구를 한다"라고 말할 때처럼 자신이 사물로 무언가를 한다는 측면에서 활동을 설명하는 경향이 있지만, 사물이 우리와 교감한다고 ("야구가 나를 한다") 말할 수도 있다. 주체와 객체를 나누는 세계관에서는 이러한 말하기 방식이 사물에 비논리적으로 독자적 생명을 부여하는 듯 보여서 이상하게 들릴 수 있지만, 많은 언어에 이와 유사한 표현이 있다. 예를 들어 스페인어에는 영어식 표현 "나는 좋아한다"I like에 해당하는 적절한 말이 없는데, 가장 가까운 번역어인 "메 구스타"me gusta는 말 그대로 "그것이 나를 즐겁게 한다"라는 뜻이다. 이 같은 주어와 목적어의 역전은 우리가 원하는 사물을 단순한 물체로 보지 않고 고유의 생명력을 부여한다. 주어 '나'(I)를 행동의 중심에 놓는 영어 표현과 달리 스페인어 표현은 세상이 우리에게서 끌어내는 경험을 이야기한다.

우리가 말하고자 하는 세상의 특성이 누가 봐도 행동력 없는 물체일 때도, 예를 들어 야구 배트처럼 우리가 그것을 가지고 행동할 때만 힘을 발휘할 수 있는 듯 보일 때도, 우리는 그 사물이 고유의 힘을 지니고 있다고 이해할 수 있다. 타자라면 알겠지만, 배트는 우리의 존중을 요구한다. 그저 자리만 차지하는, 이상하게 점점 가늘어지는 기다란 원통 형태의 물체가 아니라 야구공을 정확하게 맞추기 위한 야구 배트가 되려면, 정확히 특정 방식으로 휘둘러져야 한다. 타자가 분노에 차서 배트의 구조에 관심을 기울이지 않고 그저 휘두르기만 한다면, 배트는 그 타자의 의지에 완전히 저항할 것이다. 더 큰 의미에서 보면 배트는 사용되기를 기다리며 그저 바닥에 놓여 있을 때조차 자신이 포함된 모든 사건과 이야기를 사용자에게 상기시킨다. 선수가 타석에 나설 때 배트는 그 사건들과 이야기들을 선수에게 불어넣는다. 과거를 돌아보며 순간의 압박감을 가라앉히는 선수의 차분함과 배트가 선수와 협력해 활동을 개시하고, 타자를 움직이게 한다.

자기와 세상이 서로 관계를 맺으며 단일한 활동을 펼친다는 점을 고려해보면, 인간만 활동할 수 있다고 간주하는 것은 실수다. 아무리 정적으로 보이는 사물이라도, 사물은 **스스로를 해석할 방법**을 내보인다. 활동이란 그런 것이다. 활동은 우리가 세상에 내놓는 것이 아니라, 세상을 세상으로 정의하는 힘이다.

우리는 결코 추상적인 양자택일에 직면하지 않는다

우리의 자유가 실제로 선택을 수반하는 듯 보이는 순간들, 삶의 갈림길 앞에서 어느 쪽을 선택하느냐가 우리를 완전히 다른 존재의 가능성으로 내던지는 듯한 순간들은 어떨까? 우리가 추구하는 것들이 서로 대립해서, 순전한 의지 외에는 기댈 곳도 없고 그저 우리의 의지에 따라 이쪽 아니면 저쪽으로 뛰어들게 되는 순간들은? 자유는 곧 선택을 통해 자기를 만들어 나가는 것이라는 생각의 선도적 주창자 중 하나인 장폴 사르트르는 다음 이야기를 소개하며 자신의 관점을 뒷받침한다.

제2차 세계대전 당시 한 학생이 딜레마에 빠져 사르트르를 찾아왔다. 영국에 가서 자유 프랑스군에 입대하느냐, 프랑스에 남아 병든 어머니를 돌보느냐가 그 딜레마였다. 레지스탕스에 충성하는 마음과, 1940년 독일의 공습 때 사망한 형 대신 복수할 수 있다는 생각에 그 학생은 영국으로 떠나고 싶어 했다. 동시에 그 학생은 어머니의 곁에 남아야 한다는 의무감을 느꼈는데, 어머니는 첫째 아들을 잃고 비탄에 빠진 데다 실망스럽게도 독일에 부역하는 남편과 갈등을 빚고 있었기에 더더욱 마음이 쓰였다. 이 학생은 자신이 곁에 없거나, 심지어 전투 중에 목숨을 잃으면 어머니가 절망에 빠지리라고 생각했다.

사르트르는 이 학생의 딜레마를 두 가지 '매우 다른 활동' 간의 갈등으로 설명한다.

"하나는 구체적이고 즉각적이지만 오로지 한 개인만 관련이 있다. 다른 하나는 비교가 안 될 만큼 큰 집단인 국가와 관련이 있다."

또한 사르트르는 이 딜레마가 '두 가지 윤리' 간의 갈등임을 강조한다. 하나는 '연민과 개인적 헌신의 윤리'고, 다른 하나는 '더 광범위하지만 그 효과는 더 불확실한 윤리'다.[1]

사르트르는 이런 양립 불가능해 보이는 요구들에 직면하는 상황이 스스로 선택을 내려야 할 필요성을 보여준다고 결론 내린다. 그는 이런 경우 우리 자신의 의지 외에 무엇에 기대야 하느냐고 묻는다. 그는 성서와 인간 본성의 명령, 칸트의 도덕 원칙 등 그러한 갈등 사이에서 결정을 도와줄지 모를 이른바 도덕적 판단의 여러 선험적 기준에 기대는 경우를 고려해본 뒤, 이러한 기준들 역시 뚜렷하게 한 방향을 가리키지 못하므로 전부 해답이 못 된다는 사실을 드러낸다. 사르트르는 우리에게 하나의 선택지밖에 없다고 본다. 그 선택지는 바로 우리 삶의 방향을 결정할 선택을 내리겠다고 결심하는 것이다. 사르트르가 그 학생에게 해준 조언은 그저 두 선택지 중 하나에 헌신하겠다고 결심하고 그 선택을 전적으로 책임져야 한다는 것이다.

사르트르의 설명은, 적어도 결정의 흔한 '외부적' 근거를 비판하고 자기 스스로 결정을 내려야 한다고 요구한다는 점에서는 분명 눈길을 끈다. 이와 동시에 그가 제시하는 자유 개념에는 어딘가 불만족스러운 면이 있다. 그의 관점에 따르면 우리는 조언이나 지시 없이 오로지 혼자서 결정을 내려야 한다. 사르트르는 거리낌 없이 그러한 자유가 '터무니없고' 심지어 '구토를 일으킨다'고 말한다.

우리는 이 문제를 다음과 같이 설명할 수 있다. 만약 모든 의미가 오로지 자기만의 의지에서 나온다면, 그 의미는 바로 그 의지에 의해 철회될 수 있으므로 자의적이다. 여러 외부의 압력과 비교했을 때는 우리의 힘을 북돋는 듯 보였던 자유 개념이, 그 자체만 보면 너무나도 막연하고 어떤 면에서는 무력하기까지 한 것이다. 근거 없는 맹목적 결정에 어떤 힘이 있는가?

사르트르가 설명하는 자유 개념이 불만족스러울 수는 있지만, 그 개념이 우리를 불편하게 한다고 해서 거부할 수는 없다. 우리는 이 개념이 우리가 실제로 마주하는 실존적 딜레마를 제대로 묘사하지 못하는 지점을 살펴봐야 한다. 사르트르는 추상적인 도덕 원칙이라는 이른바 명확한 기준으로는 깔끔하게 해결할 수 없는 현실의 골치 아픈 딜레마를 제시함으로써 우리의 의지를 옹호하고자 한다. 하지만 그는 결국 자신이 이의를 제기하려 하는 바로 그 추상성에 갇히고 만다. 그의 설명에 따르면 자기 바깥에 객관적 기준(성서나 칸트의 도덕 원칙, 인간 본성)이 있어서 우리가 손을 뻗어 그 기준을 움켜쥐고 지침으로 삼을 수 있거나, 아니면 순전히 주관적인 의지 외에는 우리에게 남은 것이 없거나, 둘 중 하나여야 한다. 여기서 사르트르는 후자를 택한다. 그러나 이때 그는 주체와 객체의 구분을 전혀 의심하지 않는다. 사르트르는 사물과 관계를 맺고 타인과 협력하는 삶이 주관적이지도 객관적이지도 않은 고유의 행동 기준을 제공할 가능성을 간과한다.

그 학생이 실제로 직면한 선택을 자세히 살펴보면 두 선택지에 사르트르가 간과한 유사성이 있으며 그 유사성이 선택의 실존적 의미를 약화한다는 사실을 분간할 수 있다. 사르트르의 설명을 보더라도, 자유 프랑스군에 입대하고자 하는 신념은 어머니를 향한 헌신과 깔끔하게 분리되지 않는다. 우리는 사르트르의 설명을 통해 학생의 어머니가 프랑스의 자유를 깊이 원하고 있으며 남편이 독일에 부역한다는 사실이 집안 문제의 큰 원인임을 알고 있다. 또한 우리는 어머니의 슬픔이 독일군에 저항하다 사망한 맏아들의 죽음과 관련 있음을 안다. 이런 맥락을 고려해보면, 자유 프랑스군에 입대하겠다는 학생의 결정이 국가에 충성하는 행위인 동시에 어머니에게 헌신하는 행위라고 해석해도 타당할 것이다. 레지스탕스에 합류하면 어머니가 지지하는 임무이자 어머니의 맏아들, 즉 형이 목숨을 바친 임무를 수행하게 되기 때문이다. 영국에 가면 어머니의 곁에 남을 수는 없겠지만, 학생은 다른 방식으로, 즉 형의 활동을 이어받고 세 사람을 하나로 연결하는 임무에 참여함으로써 어머니를 지지하게 될 것이다.

물론 이 결정에는 대가가 따른다. 프랑스를 위해 싸우다 목숨을 잃어 어머니가 더욱 깊은 절망에 빠질 위험이 있기 때문이다. 또한 어머니를 골치 아픈 남편 옆에 홀로 남겨두어야 한다. 이러한 이유로 학생은 남기를 선택할 수도 있다. 그러나 두 가지 선택지를 마주한 학생의 선택을 의지의 행사로 이해할 수 있느냐를 평가하는 진정한 질문은, 선택에 대가가 따르느냐가 아니라 하나를 배제해야만 다른 하나를 얻을 수 있느냐다. 학생이 프랑스를 위해 싸우는 것이 어머니를 버리는 것이 아니듯, 어머니 곁에 남는다고 해서 프랑스를 향한 충성을 전부 저버리는 것이 아니다.

우리는 학생이 어머니를 지지하는 방식(형이 목숨을 바쳐 싸운 대의의 중요성을 상기시키고, 아버지의 정치적 견해를 문제 삼는 것)에 프랑스의 자유를 향한 헌신이 담겨 있음을 쉽게 짐작할 수 있다. 게다가 학생이 어머니 곁에 남겠다고 결정한 뒤에도 국내 전선에서 최선을 다해 레지스탕스 운동을 지지할 수 있다.

실제 삶에서 나타나는 이런 가능성 간의 관계에 주의를 기울이면 사르트르가 학생의 선택을 '매우 다른 활동'이자 '두 가지 윤리' 사이의 선택으로 묘사한 것이 틀렸음을 알 수 있다.[2] 사르트르가 두 경로에 부여한 차이는 높은 곳에서 내려다보듯 학생의 딜레마를 추상적으로 묘사한다. 마치 하나의 삶 안의 여러 행동이 서로 분리되어 있어서 나란히 살펴본 뒤 이 둘은 양립할 수 없다고 미리 결정할 수 있는 것처럼 말이다.

이렇게 사르트르는 본인이 거부하는 선험적 결정론의 또 다른 버전에 참여한다. 그는 멀리서 삶을 바라보는 관점을 통해 두 가지 노력이 양립할 수 없음을 확실하게 알 수 있다고 믿는다. 그러나 여정으로서의 삶에 참여하고 헌신하는 관점에서 보면, 각 가능성의 의미는 서로와의 관계에 너무 깊이 결부되어서 어떤 면에서는 그 두 가능성을 같은 것으로 여길 수 있을 정도다. 두 가능성이 완전히 동일하다거나 학생이 선택을 내리지 않아도 된다는 뜻이 아니라, 이 상황에서 학생의 자유를 본인의 선택으로 환원할 수는 없다는 말이다. 선택의 여지가 생긴 것은 학생의 삶이 통합되어 있기 때문이며, 지금까지 펼쳐진 학생의 삶 속에서 어머니를 향한 사랑과 조국에 대한 헌신이 불가분하게 얽혀 있기 때문이다. 학생의 진정한 자유는 서로 다른 두 경로가 등장한 순간으로 학생을 데려온 목적지 없는 서사를 살아내는 데 있다.

지금까지 펼쳐진 학생의 삶과 전혀 조화되지 않아서 나타나지조차 않은 무한한 가능성(예를 들면 독일 편에 가담하거나, 다른 경박한 것에 매혹되어 레지스탕스 활동과 어머니를 전부 저버리거나, 현실을 회피하고 아무 행동도 취하지 않을 가능성)을 고려하면, 학생의 딜레마가 얼마나 미리 유도되고 준비되었는지를 알 수 있다. 애초에 학생의 선택을 의미 있게 만드는 것은 선택에 앞선 자기와 세상의 통합이다. 즉 어느 한 가지 행동을 선택할 때 학생은 다른 하나를 포기하는 것이 아니라, 그것을 다른 방식으로 실천하는 도전을 시작하는 것이다.

이렇게 생각하면 선택의 중요성과 함께 의지의 중요성도 크게 약화

된다. 학생이 두 갈래 길에서 어떤 길을 선택한다고 해서 다른 사람이 되거나 자신을 새롭게 창조하는 것이 아니다. 두 경로 모두, 말하자면 똑같은 삶으로 되돌아온다.

학생이 스스로 결정했다고 말할 수 있는 선택이 무엇이든, 그것은 본인이 속한 관계의 그물망이 오래전부터 마련해둔 일련의 행동 속 다음 움직임일 뿐이다. 구체적으로 말하면, 영국으로 떠나든 어머니의 곁에 남든 학생은 그저 서로 의미를 주고받는 두 노력을 끝없이 실천하기 위해 한 걸음 나아갔을 뿐이다.

결국 자유는 어떤 순간에 행사할 수 있는 의지가 아니라, 이미 순환하는 삶 속에서 여러 가능성을 살아내며 늘 실천하는 존재 방식이다. 말하자면 자유의 반대는 외부에서 내린 결정이 아니라 스스로 만든 노예 상태이며, 주체와 객체를 구분하는 관점에서 이 세상을 바라보는 것 또한 이러한 노예 상태에 해당한다. 절망과 좌절 속에서 사물과의 관계가 끊어지도록 두고 세상을 주체와 객체로 나눈 뒤 그것이 마치 이 세상에 대한 자명한 묘사인 것처럼 자기만의 해석에 빠지는 사람은 바로 우리다. 그러므로 자유의 반대는 또 다른 형태의 자유다. 세상을 잘못 해석하고 잘못된 길로 빠질 무한한 능력, 자기 자신에게 등 돌리는 자유인 것이다.

종종 우리는 너무 많은 것이 우리의 선택에 달려 있다는 듯, 어느 방향으로 가느냐에 따라 인생이 달라진다는 듯 행동한다. 그러나 존재를 양 갈래 길로 이해하는 이러한 견해는 목표 지향적인 관점을 추상화한 것이다. 목표 지향적 관점에 따르면 모든 것은 여정 속에서 타인과 협력하며 개발해나갈 가능성이 아니라 별개의 성취나 선택지에 가깝기 때문이다. 그 자체를 위한 활동에 관심을 기울이면 이러한 관점을 바로잡을 수 있다. 중요한 것은 우리가 무엇을 선택하느냐가 아니라, 우리가 내린 선택을 어떻게 살아내느냐다.

역설적이게도, **선택으로서** 가장 중요한 선택은 우리가 이미 마음을 정한 선택이다. 이런 상황에서 우리는 어느 한 행동이 옳다는 것을 알지만, 다른 매력적인 행동 대신 그 행동을 택하길 어려워한다. 예를 들어 나는 다시알림 버튼을 누르는 대신 즉시 달리러 나가는 선택을 어려워할 수 있다. 그러나 이런 선택의 자유는 사실상 무척 제한적인데, 나는 이미 달리러 나가는 것이 내게 올바른 선택임을 잘 알기 때문이다. 침대에서 굴러 나가겠다는 선택이 어떤 면에서는 유혹 앞에서 의지를 행사하는 행동으로서 자신의 힘을 강화하는 것처럼 느껴질지도 모른다. 하지만 그러한 선택 자체와 그 선택이 곧 자유의 행사라는 감각은, 내가 실제로 달리고 있을 때만 의미를 지닌다. 전력을 쏟는 이러한 활동은 선택이나 의지의 문제가 아닌, 걸음마다 중력과 상쾌함, 태양, 바람, 지형이 하나 되는 자기와 세상의 결합이다. 우리가 지닌 선택의 자유는, 반응하고 해석하는 더 심오한 자유에 달려 있다.

우리가 홀로 외롭게 자기 입장을 고수한다고 느끼는 순간이나 우리의 결심이 순전히 의지에서 나온다고 생각하는 순간도 마찬가지다. 철학자 모리스 메를로퐁티는 이와 관련해 다음과 같은 적절한 사례를 제시한다.

우리는 입을 열게 하려고 사람을 고문한다. 만약 우리가 알아내려는 이름과 주소를 그가 말하지 않으려 한다면, 그 행동은 아무 맥락이 없는 혼자만의 결정이 아니다. 그는 여전히 자신이 동료들과 함께 있다고 느끼며, 여전히 동료들과 함께하는 투쟁에 전념하고 있다… 어쩌면 그는 몇 달간, 심지어 몇 년간 머릿속으로 시험대에 오르는 상황을 그려 보며 여기에 자기 삶을 걸었을지도 모른다. 그게 아니라면, 이 시험을 극복함으로써 자유에 관해 자신이 늘 생각하고 말해왔던 것을 증명하고 싶은지도 모른다. 이러한 동기가 자유를 무효화하는 것은 아니지만, 적어도 자유가 존재 내의 지지 기반과 관련이 없지 않다는 사실을 드러낸다. 고통에 저항하는 것은 결국 순전한 의식이 아니라, 동료나 자신이 사랑하는 사람과 함께하며 그들의 시선 아래서 살아가는 수감자다.[3]

이렇게 우리는 늘 타인과 함께한다. 우리의 자유는 우리 자신만큼이나 그들에게서 나온다.

미지의 세계를 향한 열린 마음과 자유

마지막으로 언급해야 할 자유의 또 다른 차원이 있다. 바로 미지의 세계를 향한 열린 마음과 자유의 관계다. 어떤 면에서 냉철함과 우정, 자연과의 교감으로 나타나는 그 자체를 위한 활동은 '사전의 앎'을 수반한다. 딜레마나 선택의 여지를 만들어내는 자기 자신과 세상 전체를 미리 이해하는 것이다. 내가 어떤 선택이나 결정을 내릴 수 있음을 알아차리는 순간 이미 나는 서로 다른 책임들이 나를 끌어당기고 있으며, 그 책임들이 갈등을 빚는 이유는 잠정적으로 이미 연결되어 서로에게 의미를 얻고 있기 때문임을 이해하게 된다. 여러 노력 사이의 상호적 관계는 그 자체로 더 거대한 전체에 의존하며, 나는 그 전체를 거의 의식하지 않지만 내 삶의 다른 측면들을 이용해 현재 내가 직면한 어려움을 파악할 수 있는 정도만큼은 확실히 이해할 수 있다. 마치 선택을 통해 처음부터 자신의 정체성을 조립할 수 있다는 듯이 개인이 철저하게 스스로를 창조한다는 실존적 개념을 반박하는 것이 바로 이 '사전의 앎'이다.

이러한 앎은 겉으로 드러날 수도 있고 아닐 수도 있다. 예를 들어, 나는 내가 어머니를 지지하는 아들임을 알면서도 그것이 신의를 보여주는 행동이라고는 대놓고 생각하지 않을 수 있고, 가족이라는 고유한 삶의 영역에 특별한 의미를 부여하는 것은 친구와 직장 동료, 이웃, 동료 시민 등과 맺는 관계 전체라는 사실을 구체적으로 떠올리지 않을 수도 있다. 그렇지만 한편으로는 이러한 측면에서 스스로를 이해하며 현재의 내 이미지와 내가 되고 싶은 나의 이미지를 자신에게 제시할 수도 있다. 두 경우 다 나는 가능한 미래를 아우르며 삶의 안정성과 종결을 만들어내는 방식으로 자신을 이해하고 있다. 미래에 어떤 일이 발생하든 나는 자신에게, 또 내 운명과 엮인 사람들에게 계속 진실할 것이다. 이러한 사전의 앎이 냉철함의 핵심이다. 바로 이러한 앎이 우리를 단절되고 이해 불가능한 경험의 조각이 아닌 자기로, 하나의 전체로 만든다. 과격한 회의에 빠지는 순간에도 우리는 결코 이러한 앎에서 완전히 벗어나지 않는다. 앎이 암시적이고 흐릿할 수는 있지만 말이다.

　그러나 이러한 자신의 확실성과 협력하며 그 핵심을 이루는 것은 바로 미지의 세계를 향해 철저하게 열린 마음이다. 우리는 오로지 비교하고 비유하고 판단하는 행위를 통해서만 스스로를 전체로 이해할 수 있는데, 이 모든 행위는 작거나 큰 혼란에서 비롯되기 때문이다. 우리의 정체성을 이루며 우리가 내리는 모든 선택에 선행하는 전체는 활동적인 전체이자, 끊임없이 시험대에 오르며 새롭게 발견되는 통합이다.

　다음과 같이 설명할 수도 있다. 우리는 헌신적인 노력을 통해 흔들리지 않는 확실성을 선언하는 만큼 철저한 미지의 세계를 받아들인다. "무슨 일이 있어도 나는 네 편이야"라거나 "무슨 일이 있어도 나는 이 소명에 충실할 거야"라고 확신에 차서 말하는 것은 곧 미래의 불가해한 수수께끼를 수용하는 것이다. 철저한 혼란의 가능성이 없다면 우리의 가장 굳건한 노력도 의미와 무게감을 잃을 것이다.

　그러므로 자신을 알고 미래를 확신할 때, 우리는 동시에 짜릿한 삶의 개방성을 수용하는 것이다. 이렇게 열린 삶 안에서는 고난과 고통을 구원 그리고 기쁨과 분리할 수 없다. 그 자체를 위한 활동과 목표 지향적 노력을 구분하는 것이 바로 이 개방성이다. 목표 지향적인 관점에서 유일한 미지의 것은 우리가 이미 바라보고 있는 전망을 실현하는 데 성공하느냐 실패하느냐다. 우리는 이런 목표 지향적 노력에 휘말릴수록 더욱 효율적으로 생산하고 성취할 수 있는 기술을 찾아내서 목적지로 향하는 과정의 불확실성을 제거하려고 한다. 이렇게 목표 지향적인 관점과 기술적 성향은 같이 움직인다. 이 둘은 힘을 합쳐 삶을 우리의 통제하에 있는 예측 가능한 것으로 만들고자 하고, 모험이나 위험의 가능성을 없애려 한다. 넓은 의미에서 보면 기술적 관점과 목표 지향적 관점은 똑같다.

'기술'technology이라는 단어의 어원인 그리스어 테크네techne는 본질적으로 목표 지향적이다. 이 단어는 우리가 이미 알고 있는 무언가를 만드는 수단에 대한 지식을 의미한다. 그리스인에게 전형적인 테크네는 공예품을 만드는 지식이며, 목수는 식탁의 형태를 상상한 뒤 나무로 식탁을 만들기 시작한다. 그러나 테크네의 의미는 목표나 인생 계획을 실현하는 것이 곧 행복이라고 생각하며 자신을 만들어나가는 활동에도 적용될 수 있다. 테크네의 목표는 믿을 만한 결과물을 냄으로써 예상치 못한 사건을 제거하는 것이다. 기술적 지식은 언제나 우리 삶의 일부였고 앞으로도 그럴 테지만, 기술적 지식이 너무나도 중요해져서 우리가 당연시하는 모든 형상의 근원에 있는 기본적인 경이와 영감의 경험까지 잠식하게 된 것은 우리 시대의 일이다. 내가 제안하는 '그 자체를 위한 활동'을 중심으로 삶의 방향을 바꾸려면, 명백히 우리 눈앞의 '저곳'에서 분석되거나 구성되기를 기다리는 듯 보이는 것이 삶을 해석하는 한 방식에 따라 우리에게 주어진 것이며, 삶은 늘 움직이고 있고, 우리는 그 총체성을 결코 파악하거나 이해할 수 없음을 인식해야 한다.

우리는 결과를 낼 기술적 자유가 아닌, 미지의 세계로 한 발짝 내디딜 자유를 생각해볼 수 있다. 그러면 미지의 세계는 자기와 세계가 서로 영향력을 발휘하는 상호작용으로 우리를 다시 데려간다. 이렇게 이해하면 자유는 의지를 발휘하거나 선택하거나 구성하거나 예측하는 힘이 아니라 시작하는 힘과 관련이 있다.

사소한 표현이나 행동이 그 뒤에 있는 의식적 동기를 훨씬 넘어서는 방식으로 작용할 수 있음을 생각해보자. 우리는 새로운 활동을 시도하고, 타인의 초대에 응하고, 나와 관계없는 이방인을 도와주고, 용기를 끌어모아 데이트를 신청한다. 그리고 어느샌가 새로운 소명이나 관계에, 처음에는 상상조차 못 한 경로에 깊이 몰두하고 있다. 한편으로 상황을 굴러가게 하고 사건을 계속 전개하는 것은 우리의 행동이 가진 힘이다. 우리가 맨 처음 행동에 나서고 그 결과를 계속 따라가지 않았더라면 상황은 그렇게 흘러가지 않았을 것이다. 그러나 돌이켜 생각해보면 그 힘은 애초에 우리가 자각한 의도를 훨씬 넘어선다. 당시 우리의 의도를 구체적으로 말해본다면 아마 무척 평범하거나 진부할 것이다.

우리의 행동은 늘 우리의 의도를 넘어선다. 행동이 이 세상에 영향을 미치고, 우리는 그 반응을 예상할 수 없기 때문이다. 이렇게 자기와 세상이 하나로 통합되는 힘의 상호작용 속에서만 우리의 행동이 행동일 수 있다. 즉, 우리의 행동은 이어받으라는 새로운 초대로서 수용되고 다시 던져질 때만 시작하는 힘이 될 수 있다. 이렇게 우리는 자기 행동을 통해 영원히 이어지는 주고받기 놀이 속으로 던져지고, 시간이 흐른 뒤에 잠정적으로만 그 의미를 파악할 수 있다.

우리의 흔적을 가장 많이 품고 우리가 누구인지를 말해주는 것은,

우리가 다른 가능성을 배제하고 의식적으로 그것을 선택했기 때문이 거나 그것을 통해 오로지 우리 상상 속에 있던 것을 실현했기 때문이 아니라, 그것을 시작으로 우리의 기대나 의지를 훨씬 넘어선 운명이 우리를 찾아왔기 때문이다. 과거를 돌이켜보면 현재 우리가 살고 있 는 삶은 우리의 노력이나 행동을 통해 당시에는 결코 예측할 수 없던 방식으로 마련된 것임을 이해하게 된다. 그러므로 우리는 지금 이곳 에서의 행동이, 의도적이고 의식적이든 그렇지 않든, 자기 자신을 넘 어서서 불확실한 미래를 연다는 의미를 언뜻 파악할 수 있다. 진정한 자유는 우리의 의식적 수고와 구성이 아닌, 시작하는 힘에 있다.

우리는 인생의 중요한 단계에 도달하고, 일터나 사회 전반에 영향력 을 발휘하고, 매일의 일과를 완수하고, 좋은 인상을 주고, 미래의 건강 과 안전, 안정성을 확보하려 하면서 너무 자주 목표 지향적 노력의 노 예가 된다. 이런 것들 덕분에 바쁘게 지내며 절제된 삶을 사는 경우도 많다. 무분별하고 우왕좌왕하는 존재 방식으로 우리를 밀어 넣으려 하 는 무수한 방해물과 경박함의 해독제로서 우리는 이런 노력에 매달린 다. 그러나 적어도 가끔은 우리의 목표와 야망이 더 큰 의미에서 우리 의 삶을 방해하고 있음을 감지한다. 실패에 직면하거나 불안한 회의에 시달릴 때, 우리는 목표가 아무리 고귀하고 숭고하더라도 목표를 성 취하는 것이 인생의 전부는 아닐지 모른다고 의심한다. 자신감을 되찾 아 목표 지향적 노력에 다시 뛰어들거나 다른 새로운 것으로 관심을 돌린다 해도, 우리가 그렇게 애써서 얻고자 하는 것이 더 커다란 틀 안에서는 별것 아니라는 생각을 완전히 가라앉힐 순 없다.

　이러한 생각은 성공을 거둔 뒤 우리에게 목적을 부여하던 것이 이제는 기정사실이 되어 더 이상 동력이 될 수 없음을 깨달았을 때 오히려 더 강하게 밀려들지도 모른다. 성공에서 오는 만족감은 금방 사라진다는 사실을 성찰하다 보면 무한하게 펼쳐진 시간과 모든 인간 성취의 운명이라는 더 넓은 측면에서 자신의 노력을 고려하게 될 수 있다. 우리가 만들고, 도입하고, 구성하는 데 집중하는 한, 우리는 가장 위대한 업적조차 색이 바래고 가장 유명한 이름조차 서서히 잊힌다는 생각에서 빠져나올 수 없다.

　도망칠 수 없는 듯 보이는 시간의 흐름에서 빠져나오게 해줄 관점을 찾아, 우리는 모든 것이 흩어졌다가 새롭게 결합하는 자연의 순환이나 그 무엇도 늙지 않는 다음 생처럼 인간사라는 영역의 바깥에서 영원과 궁극적 만족을 찾는 철학에 기댈지도 모른다. 앞에서 살펴봤듯이 스토아학파가 그러한 철학의 두드러진 사례다.

　스토아 철학은 모든 인간사의 덧없음을 설파하고 영원한 자연을 관조하는 데서 안식을 찾으라고 조언한다. 그 자체를 위한 활동의 관점은 이러한 스토아학파 세계관을 비롯해 우리가 분투하며 살아가는 이 세상을 다른 곳으로 향하는 중간 기착지로 여기는 모든 철학을 대체할 대안을 제시한다. 우리가 찾는 더 큰 의미는 비인격적 우주의 영원불멸한 법칙이나 다음 생이 아니라 지금 이곳의 여정에 있으며, 바로 이 여정을 통해 고유한 자신이 드러난다. 이 여정을 이해하는 것은 제한적이고 목표 지향적으로만 보이는 모든 활동이 사실 다른 것들과의 관계 속에 있는 하나의 소명으로서 의미와 중요성을 지니고 있으며, 이런 활동들이 서로 연결되어 하나의 전체를 이루고 있음을 인식하는 것이다. 이러한 전체는 존재의 의미에 대한 해석을 드러내고, 단순히 이력서에 적거나 다른 사람이 모방할 수 있는 역할과 계획의 모음이 아닌 한 사람이자 자기를 보여준다. 자기를 정의하는 것은 여정이고, 이 여정에는 친구와 적, 지름길과 우회로, 균열과 가교가 전부 포함되므로, 자기를 펼쳐나가는 것은 곧 이 세상을 펼쳐나가는 것과 같다. 여정은 매 순간은 자신의 발견이며, 이러한 발견은 이미 진행되고 있으므로 완성되거나 입증되기 위해 미래를 기다릴 필요가 없다.

이런 의미에서 여정은 영원하다. 영원히 지속한다는 뜻이 아니라, 우리에게 익숙한 시간의 척도로 측정되지 않는다는 뜻이다. 이렇게 이해하면 삶은 그 자체로 시간의 척도다. 애초에 삶이 있기에 우리가 순간의 연속을 경험할 수 있고, 그렇기에 정량화하고 계산해서 시계로 나타낼 수 있는 시간도 경험할 수 있기 때문이다.

결국 우리가 가질 수 있는 유일한 관점인 여정의 관점 안에서 보면, 아직 실현되지 않은 미래라는 개념은 아무 의미가 없다. 미래에 무슨 일이 발생하든 우리가 전념하고 있는 삶을 재확인할 뿐이기 때문이다. 즉, 종결과 가능성을 품은 우리 자신의 순간은 유일하며, 우리는 지금을 살아가면서 모든 시간을 산다는 것의 의미를 이해할 수 있다.

지금이 영원하다는 개념은 모든 순간에 시작과 종결이 있고 그렇지 않은 삶은 불가능하다는 사실을 이해하는 한 방법이다. 또한 과거와 미래가 타임라인 위에 있는 지점이 아니라 현재 안에서 늘 하나가 되는 시간의 필수적 차원이라는 사실을 표현하는 방법이기도 하다. 이렇게 시작과 종결이 동시에 존재하지 않는다면 우리는 시간의 흐름을 이해하거나 경험할 수 없을 것이다. 우리의 삶이 도전과 시험, 긍정을 갈망하며 미지의 세계에 완전히 열려 있지 않고 그 의미가 전부 결정되어 있다면, 우리는 다시 돌아올 수 없는 과거의 순간을 결코 만나지 않을 것이다. 미래가 열려 있지 않다면 우리가 자신에게 발생했다고 생각하는 모든 일은 현재 우리가 자신이라고 생각하는 사람의 관점에서 충분히 이해할 수 있는 사건일 따름이다. 이때 지나간 사건은 결코 과거가 아니라 오롯이 현재에 존재한다. 과거의 사건이 흔들림 없이 고정된 자기 인식에 통합되어 우리와 함께할 것이므로, 우리는 과거의 일을 잊고 싶어 하거나 다시 경험하기를 바라지 않을 것이다.

이런 전적인 종결의 관점에서 보면 아직 오지 않은 순간에 대해서도 똑같이 말할 수 있다. 우리 삶의 본질이 이미 결정되어 있다면 우리는 아직 발생하지 않은 사건을 초조해하거나 흥분하며 내다보지 않을 것이다. 내일은 그저 오늘의 반복일 뿐이다.

그러나 동시에 우리 삶의 의미가 종결되거나 결정되지 않고 완전히 열려 있다면, 이때도 시간의 흐름을 느낄 수 없을 것이다. 즉, 매 순간 완전히 새로운 존재가 되어 과거를 회상하거나 미래를 예상할 기반 자체가 사라지게 된다. 우리가 아련한 향수나 좌절감을 느끼며 과거를 돌아보거나 열렬한 기대감이나 두려움을 느끼며 미래를 내다볼 수 있는 것은, 우리 삶이 결정된 동시에 미지의 세계에 노출되어 있고 매 순간 과거와 미래가 녹아 있기 때문이다. 특정 순간을 구원하고 싶거나 더 이상 우리 곁에 없는 사람을 되살리고 싶어서 과거를 되돌아볼 때, 우리가 그렇게 하는 것은 우리 삶의 종결 또는 방향이 우리를 미지의 세계로 향하게 해서 우리에게 영감과 지침, 위로가 필요하기 때문이다. 이 사실을 자각하는 순간 우리는 시간의 흐름이 우리에게 주어지는 외부적 사실이 아니라 우리가 만들어나가는 것임을 이해하게 된다. 시간의 흐름은 현재 우리가 사는 삶을 구성하는 참여적이고 헌신적인 생활과 분리할 수 없다.

반대로 목표 지향적인 관점을 따를 때 우리는 가장 기본적이고 본질적인 의미에서 시간을 구성하는 과거와 미래, 종결과 시작의 통합에서 스스로를 차단한다. 모든 것은 완성되었거나, 완성으로 향하는 중이거나, 끝나버렸거나, 셋 중 하나다. 초조한 기대를 불러일으키는 것, 그러므로 미래와 관련된 것처럼 보이는 것이, 사실은 진정한 미래를 구성하는 철저한 개방성을 스스로 차단한다. 목표 지향적 관점에서 보면 삶은 그저 연이은 사건, 똑같은 것의 끝없는 반복일 뿐이다. 목표 지향적 노력의 특징인 '납작한' 시간은 결국 스토아식 관점의 특징이기도 하다. 표면적으로 스토아학파는 마치 목표 지향적 관점의 대안을 제시하는 것처럼 보이는데, 두 관점 다 결국에는 시간을 단순한 잇달음의 측면에서만 이해한다. 참여적이고 헌신적인 여정의 관점을 정의하고 우리가 마주칠 수 있는 모든 잇달음을 가능케 하는 진정한 과거와 미래를, 두 관점 다 고려하지 못한다.

우리가 아무리 목표 지향적 미래에 정신을 뺏길지라도, 어떤 면에서 영원한 '지금'은 늘 우리에게 영향을 미치고 있다. 우리는 우정이나 냉철함, 자연과의 교감에서 비롯된 긴급한 요구가 아직 오지 않은 미래를 향한 생각을 억누르는 순간 그 사실을 체감한다. 우리는 자기를 희생한다는 생각은 추호도 없이 친구를 돕거나 우리의 마음을 움직인 요구에 응답하며, 이때는 자신의 가장 소중한 목표, 심지어 삶의 지속성마저도 개의치 않는다. 그리고 그 과정에서 현재의 나와 미래의 나를 전부 함축하는 것들에 비하면 내가 내일 성취하거나 유지할 목표는 그다지 중요치 않다는 인식을 실천한다.

그러나 대체로 우리는 궁극적 요구의 영원한 지금과 매혹적 성취의 아직 오지 않은 찰나 사이에 머문다. 우리는 친구의 결혼식에 참석하는 것이 그 자체로 중요하다는 사실을 인식하면서도 먼 거리를 이동하기엔 일이 너무 바쁘다고 느낀다. 또는 자기 입장을 고수해야 한다는 것을 깨달으면서도 그렇게 하면 자신의 사회적 입지가 위태로워질지 모른다고 느낀다. 바로 이러한 순간에 자기 삶을 성찰하는 행위가 특별히 중요해진다. 눈앞의 삶만으로는 우리가 달라지지 않기에, 삶의 해석에 의지해 무엇이 중요한지를 상기해야 한다.

이렇게 철학의 도움을 받으면 우리 스스로 진실임을 알면서도 목표 지향적인 행복 개념 앞에서 종종 회피하거나 경시하는 것들에 더욱 힘을 실을 수 있다. 이렇게 철학과 일상생활은 서로 밀접하게 엮여 있다. 철학은 높은 곳에서 이론을 제시하며 현실을 추상으로 대체하는 단순한 학문 분과가 아니라, 우리를 가장 현실적인 것으로 되돌리는 데 꼭 필요한 지침이다.

감사의 말

집필 과정을 돌아보며 이 책의 완성을 도와준 여러 대화와 지지와 우정의 순간을 이야기할 수 있어서 기쁩니다.

이 책의 첫 발상은 저의 오랜 친구이자 훈련 파트너인 윌 하우저의 조언 덕분에 형태를 갖추었습니다. 그는 피트니스와 철학이라는 겉으로는 전혀 달라 보이는 저의 두 열정적인 관심사를 연결해보라고 격려해주었습니다. 함께 역기를 들던 대학 시절, 윌과 저는 훈련에서 얻을 수 있는 미묘한 삶의 교훈에 관해 수차례 대화를 나눴습니다. 그 교훈 중 하나는 이 책에서도 중요하게 다루는 것으로, 우정과 경쟁이 서로를 강화할 수 있다는 것입니다. 운동 경기에서 만난 친구들을 떠올리면 이 사실을 더욱 확신하게 되는데, 그 친구들이 이 책의 주요 영감이 되었습니다.

제가 사는 지역에서 열린 '짐 게임스'gym games 경기에서 저의 숙적이었던 제이 피셋은 절친한 친구이자 제가 이 책에서 설명한 미덕의 본보기였습니다. 제가 막 철학에 관심을 가졌을 때부터 저를 알았던 스콧 로버트슨 또한 제가 우정의 핵심 차원이라고 여기는 호의적 경쟁의 정신에 영감을 불어넣었습니다.

여러 기네스 세계기록의 보유자인 론 쿠퍼도 저를 굳게 지지해주었습니다. 그는 기록 갱신에 도전하라고 저를 격려해주었고 좋은 친구이자 훈련 파트너가 되어주었습니다. 잊을 수 없는 운동 시간을 함께한 것 외에도 시간을 내어 초고를 읽어주고 원고 마감에 박차를 가할 때 의견을 내어준 것에 감사드립니다.

맷 크로퍼드는 『손으로, 생각하기』라는 멋진 책을 통해 철학과 일상생활, 개인적 서사를 결합하겠다는 제 신념을 강화해주었습니다. 2014년 버지니아대학에 있던 맷이 제 첫 책을 보고 제게 강연을 요청했고, 이후로 맷과 저는 실천적 지혜와 기술의 한계, 인간 행위 주체성의 의미를 주제로 토론을 나눴습니다. 그 경험이 큰 도움이 되었습니다.

피트니스와 철학이라는 예상 밖의 조합에 관해 고찰하면서 시간의 의미에 대한 여러 글과 성찰을 수집했습니다. 이 주제는 크시슈토프 미할스키에게 지도받은 이후 줄곧 저를 사로잡은 것으로, 시간과 영원성의 관계에 관한 그분의 사상은 제게 깊은 감명을 주었습니다.

집필의 여러 단계에서 원고를 읽고 너그럽게 의견을 제시해준 여러 멘토께 특별히 감사를 전합니다. 그 자체를 위한 활동의 의미를 숙고할 수 있게 도와주고 고대 문헌의 해석과 이 시대를 어떻게 살아야 하는지에 대한 설명을 함께 엮어보라고 격려해준 모셰 할버탈에게 감사드립니다. 스토아 철학에 대한 제 비판을 날카롭게 다듬고 자연 개념을 명확하게 정리하고 활동의 여러 의미를 구분하게 도와준 숀 켈리에게도 무척 감사드립니다. 팬데믹 초기에 이 프로젝트를 지지해주고 열의를 보여준 덕분에 저 또한 이 프로젝트를 다시 믿을 수 있었습니다.

러스 뮤어헤드는 학부 시절 정치철학에 처음 입문한 뒤부터 제게 든든한 조언과 지지, 우정을 건네주었습니다. 여러 아이디어를 대하는 그의 장난기 있는 태도와 관습적 지혜에 의문을 제기하는 개방성이 큰 영감을 주었습니다. 고대 철학과 수사학을 날카롭게 분석해 제 작업의 본보기가 되어준 브라이언 가르스텐에게도 감사드립니다.

친구 세르조 임파라토, 율리우스 크라인, 라우리 프레슬리, 피터 가농, 줄리언 셈필, 승호 킴리에게 큰 감사를 전하고 싶습니다. 모두 시간을 내어 이 책의 초고를 읽어주었고 의견을 내어 내용을 더욱 풍성하게 해주었습니다. 승호와 나눈 여러 대화들을 통해 앞으로도 계속 승호를 기억할 것입니다. 수년 전부터 저와 함께 철학과 피트니스를 추구해온 세르주에게 특별한 감사를 전합니다. 그는 제 기네스 신기록 갱신을 응원해준 코너맨이자 정신력의 본보기이며 철학적 동지입니다.

이 책을 쓰는 긴 시간 동안 저는 하버드 로스쿨에서 공부하고 있었습니다. 책을 쓰면서 동시에 법학 학위를 따는 저의 이중 프로젝트에 귀중한 지지를 보내주신 루스 칼데론과 딕 팰런, 메리 앤 글렌든, 랜디 케네디, 토니 크론먼, 마사 미노우에게 감사드립니다. 또한 실천적 지혜를 나눠주며 오랫동안 멘토 역할을 해준 잭 코리건과 수년간 줄곧 우정을 나누며 철학적 대화로 기운을 돋워준 압둘라 살람에게도 감사드립니다.

이 독특한 프로젝트를 변함없이 믿고 원고를 꼼꼼히 읽어주고 철학과 개인적 서사를 계속 결합하라고 격려해준 하버드대학 출판부의 이언 맬컴에게도 감사를 전하고 싶습니다. 샤밀라 센은 제가 이 책의 구성을 다듬을 때 통찰과 지지를 나눠주고 목표 지향적 노력에 대한 비판을 더욱 섬세하게 연마하도록 격려해주었습니다. 또한 책 제작을 노련하게 감독해준 웨스트체스터 출판 서비스의 브라이언 오스트랜더에게도 감사드립니다.

마지막으로 제 부모님 마이클 샌델과 키쿠 아다토, 형제인 에런 샌델, 약혼자 엘레나 페헤이라에게 가장 큰 감사를 전합니다. 이분들은 저의 가장 큰 지지자이자, 냉철함과 우정, 자연과의 교감의 롤모델입니다. 우연히도 이분들은 글쓰기와 관련된 모든 사안에서 제가 가장 신뢰하는 조언자이기도 합니다. 이분들의 사랑, 격려, 조언이 이 책에 영감을 주고 내용을 발전시켰으며, 혼자서 하는 글쓰기를 가족의 일로 바꾸었습니다. 원고에 대해 비판적 의견을 교환하는 '작가들의 집' 세션을 비롯해, 이 책의 주제와 각자의 글쓰기 활동에 관해 수많은 대화를 나눈 것이 제가 설명하고자 하는 행동하는 행복의 큰 원천이 되었습니다.

저를 지지해주고 편집에 관한 혜안을 전해준 삼촌 매슈 샌델과 이 책에 관해 수차례 고민하게 도와주고 철학과 개인적 경험을 어떻게 연결할지에 감사한 조언을 건네준 친척 샘 아다토, 로베르타 주빌리니, 베르토 이시다, 릴리 이시다에게도 감사드립니다.

많은 우여곡절을 겪는 동안 사랑과 지지, 지혜를 보내며 이 책과 책의 저자를 지켜본 엘레나에게 특별한 감사를 전합니다. 엘레나의 열정이 이 프로젝트를 가치 있게 만들어주었습니다. 제가 회의에 빠질 때면 엘레나가 지금 이대로도 훌륭하다는 점을 상기해주었고, 예리한 질문과 문학적·철학적 안목으로 이 책을 무한히 개선할 수 있게 도와주었습니다. 사랑을 담아 이 책을 엘레나에게 바칩니다.

참고문헌

들어가는 말

1) C.P. Cavafy, *The Collected Poems*, trans. Evangelos Sachperoglou(Oxford: Oxford University Press, 2007), p.39.

2) Plato, *Phaedrus*, ed. Jeffrey Henderson(Cambridge, MA: Harvard University Press, 1914), 229b – 230a.

3) Steven Pinker, "Enough with the Quackery, Pinker Says," interview in the *Harvard Gazette*, October 13, 2021, https://news.harvard.edu/gazette/story/2021/10/from-steven-pinker-a-paean-to-the-rational-mind/.

4) Marcus Aurelius, *Meditations*, trans. Gregory Hays(New York: Modern Library, 2003), p.38.

5) Massimo Pigliucci, *How to Be a Stoic*(New York: Basic Books, 2017), p.194.

1장 냉철함 ┃

1) Friedrich Nietzsche, "Aphorism 296," *Beyond Good and Evil,* in *Basic Writings of Nietzsche*, trans. Walter Kaufmann(New York: Modern Library, 2000), pp.426-427.

2) Plato, *Phaedo*, ed. Jeffrey Henderson(Cambridge, MA: Harvard University Press, 1914), 115c.

3) Daniel Kahneman, *Thinking, Fast and Slow*(New York: Farrar, Straus and Giroux,

2011), pp.377-390.

4) Thomas Hobbes, *Leviathan*, ed. Richard Tuck(Cambridge: Cambridge University Press, 1996), p.70.

5) 같은 책, p.43.

6) Thomas Hobbes, *On the Citizen*, ed. Richard Tuck(Cambridge: Cambridge University Press, 1998), p.27.

7) Friedrich Nietzsche, *Thus Spoke Zarathustra,* in *The Portable Nietzsche*, trans. Walter Kaufmann(London: Chatto and Windus, 1971), pp.129-130.

8) Aristotle, *Nicomachian Ethics*, ed. Jeffrey Henderson(Cambridge, MA: Harvard University Press, 1926), 1123b1-2.

9) 같은 책, 1124a19.

10) 같은 책, 1124a10-12.

11) 같은 책, 1124b23-25.

12) 같은 책, 1124a6-9.

13) 같은 책, 1125a2-4.

14) 같은 책, 1124b26-28.

15) 같은 책, 1124b29.

16) 같은 책, 1125a1217.

17) 같은 책, 1124b19-21, 1124b30-31.

18) 같은 책, 1124b19-20.

19) Plato, *Apology*, ed. Jeffrey Henderson(Cambridge, MA: Harvard University Press, 1914), 22d.

20) Plato, *Symposium*, trans. Seth Benardete(Chicago: University of Chicago Press, 1993), 176c-d.

21) 같은 책, 186a.

22) 같은 책, 176d.

23) *Curb Your Enthusiasm*, "The Therapists," season 6, episode 9.

24) Aristotle, *Ethics*, 1140a26-28.

25) 같은 책, 1124a13-16.

26) Peter Abraham, "Red Sox Enjoy the All Star Game as the AL Outslugs the NL," *Boston Globe*, July 18, 2018.

27) Aristotle, *Ethics*, 1094a1-15.

28) 같은 책, 1094a19-25.

29) Friedrich Nietzsche, *Schopenhauer as Educator*, in *Unfashionable Observations*, trans. Richard T. Gray(Stanford, CA: Stanford University Press, 1995), p.174.

30) Aristotle, *Ethics*, 1123b31-33.

31) 같은 책, 1124a1-4.

32) *Curb Your Enthusiasm*, "The Ida Funkhouser Roadside Memorial," season 6, episode 3.

2장 냉철함 II

1) Plato, *Gorgias*, ed. Jeffrey Henderson(Cambridge, MA: Harvard University Press, 1925), 458a.

2) Plato, *Republic*, trans. Allan Bloom(New York: Basic Books, 1991), 336d-e.

3) 같은 책, 337d.

4) 같은 책, 338b-339e.

5) 같은 책, 505d-e.

6) Plato, *Gorgias*, 485b-d.

7) 같은 책.

8) 같은 책, 486a-c.

9) 같은 책, 486e-488a.

10) 같은 책, 497e.

11) Plato, *Republic*, 349a-350d.

12) Aristotle, *Ethics*, 1125a8-10.

13) Plato, *Apology*, ed. Jeffrey Henderson(Cambridge, MA: Harvard University Press, 1914), 21b.

14) Plato, *Meno*, 90e10-92c7.

15) Plato, *Apology*, 38a.

16) Aristotle, *Ethics*, 11124b8-10.

17) Plato, *Phaedo*, ed. Jeffrey Henderson(Cambridge, MA: Harvard University Press, 1914), 58e.

18) 같은 책, 88e-89a.

19) 같은 책, 115b.

20) 같은 책, 115c.

21) 같은 책, 118a.

22) 같은 책, 109a-110b.

23) 같은 책, 110c-d.

24) Aristotle, *Ethics*, 1125a11-13.

25) Blaise Pascale, *Pensées*, ed. and trans. Roger Ariew(Indianapolis: Hackett, 2005), p.58.

3장 우정

1) Aristotle, *Nicomachian Ethics*, ed. Jeffrey Henderson(Cambridge, MA: Harvard University Press, 1926), 1156a10-25.

2) 같은 책, 1155a27-28.

3) 같은 책, 1155a.

4) 같은 책, 1172a12-13.

5) 같은 책, 1125a1.

6) 같은 책, 1166a34-35.

7) 같은 책, 1168b10.

8) 같은 책, 1166a1-19.

9) 같은 책, 1169b30-1170b12.

10) Friedrich Nietzsche, *Thus Spoke Zarathustra*, in The Portable Nietzsche, trans. Walter Kaufmann (London: Chatto and Windus, 1971), pp.167-168.

11) Aristotle, *Ethics*, 1166a20-24.

12) 같은 책, 1106b35-1107a2.

13) 같은 책, 1156b26-30.

14) 같은 책, 1168a5-8.

15) Massimo Pigliucci, *How to Be a Stoic*(New York: Basic Books, 2017), pp.194-195.

16) Adam Smith, *The Theory of Moral Sentiments*, ed. Ryan Patrick Hanley(New York: Penguin, [1759] 2009), p.265.

17) 같은 책, p.277.

18) Montesquieu, *Mes Pensées, in Oeuvres completes*, ed. Roger Chaillois(Paris: Gallimard, 1949), no. 604, pp.1129-1130.

19) Smith, *Theory of Moral Sentiments*, p.277.

20) Hans-Georg Gadamer, *Truth and Method*, trans. Joel Weinsheimer and Donald G. Marshall, rev. ed.(New York: Continuum, [1960] 1989), pp.480-484.

21) Friedrich Nietzsche, *Thus Spoke Zarathustra*, in *The Portable Nietzsche*, p.129.

22) 같은 책, p.121.

23) Muhammad Ali with Richard Durham, *The Greatest: My Own Story*, ed. Toni Morrison(Los Angeles: Graymalkin Media, [1975] 2015), pp.130-131.

24) Friedrich Nietzsche, *Thus Spoke Zarathustra*, in *The Portable Nietzsche*, p.214.

25) Plato, *Lysis*, ed. Jeffrey Henderson(Cambridge, MA: Harvard University Press, 1925), 214a-d.

26) Aristotle, *Ethics*, 1155b4-7.

4장 자연과의 교감

1) John Locke, *Second Treatise of Government*, ed. C.B. McPherson(Indianapolis: Hackett, [1690] 1980), sect. pp.40-43.

2) Homer, *The Odyssey*, trans. Allen Mandelbaum(New York: Random House, 2005), p.41.

3) 같은 책, p.102.

4) Plato, *Republic*, trans. Allan Bloom(New York: Basic Books, 1991), 508a-509d.

5) See Martin Heidegger, "Modern Science, Metaphysics, and Mathematics," in *Martin Heidegger: Basic Writings*, ed. David Farrell Krell(New York: Harper and Row, 1977), pp.257-271.

6) 같은 책, pp.262-263.

7) Friedrich Nietzsche, *Thus Spoke Zarathustra*, in *The Portable Nietzsche*, trans. Walter Kaufmann(London: Chatto and Windus, 1971), p.268.

8) 같은 책, p.269.

9) Seneca, Moral Epistle 36.7-12, in *How to Die*, trans. James S. Romm(Princeton, NJ: Princeton University Press, 2018), p.6.

10) Seneca, To Marcia 26.1, in *How to Die*, pp.96-97.

11) Marcus Aurelius, *Meditations*, trans. Gregory Hays(New York: Modern Library, 2003), p.56.

12) 같은 책, p.43.

13) 같은 책, p.8.

14) 같은 책, p.38.

15) Seneca, To Marcia 26.1-3, in *How to Die*, p.35.

16) 같은 책.

17) Friedrich Nietzsche, *Thus Spoke Zarathustra*, in *The Portable Nietzsche*, pp.276-277.

18) Friedrich Nietzsche, *Schopenhauer as Educator*, in *Unfashionable Observations*, trans. Richard T. Gray(Stanford, CA: Stanford University Press, 1995), pp.213-214.

19) Friedrich Nietzsche, *Thus Spoke Zarathustra*, in *The Portable Nietzsche*, p.264.

20) 같은 책, p.189.

21) 같은 책, p.186.

5장 시간과의 싸움

1) Todd May, *Death*(New York: Routledge, 2014), pp.5-6.

2) Friedrich Nietzsche, *The Birth of Tragedy*, in *Basic Writings of Nietzsche*, trans. Walter Kaufmann(New York: Modern Library, 2000), p.52.

3) Plato, *Gorgias*, ed. Jeffrey Henderson(Cambridge, MA: Harvard University Press, 1925), 512e.

4) Friedrich Nietzsche, *Thus Spoke Zarathustra*, in *The Portable Nietzsche*, trans. Walter Kaufmann(London: Chatto and Windus, 1971), p.183.

5) 같은 책, p.184.

6) 같은 책, p.127.

7) 같은 책, p.186.

8) 같은 책, pp.185-186.

9) Plato, *Crito*, ed. Jeffrey Henderson(Cambridge, MA: Harvard University Press, 1914), 44a-b.

10) Friedrich Nietzsche, *Beyond Good and Evil*, in *Basic Writings of Nietzsche*, trans. Walter Kaufmann(New York: Modern Library, 2000), p.296.

11) Plato, *Phaedo*, ed. Jeffrey Henderson(Cambridge, MA: Harvard University Press, 1914), 96e-97b.

12) 같은 책, 275c-276a.

13) Nietzsche, *Thus Spoke Zarathustra*, in *The Portable Nietzsche*, p.186.

14) 같은 책, p.244.

15) 같은 책, p.187.

16) 같은 책, p.190.

17) 같은 책.

18) 같은 책, pp.121-122.

19) 같은 책, p.122.

20) 같은 책, p.310.

21) 같은 책, pp.136-137.

22) 같은 책, p.264.

23) 같은 책, p.251.

24) Seneca, Moral Epistle 30, in James S. Romm, *How to Die*(Princeton, NJ: Princeton University Press, 2018), p.22.

25) Seneca, Moral Epistle 36.7-12, *How to Die*, p.5.

26) Friedrich Nietzsche, *Thus Spoke Zarathustra*, in *The Portable Nietzsche*, pp.435-436.

6장 자유롭다는 것의 의미

1) Jean-Paul Sartre, *Essays in Existentialism*, ed. Wade Baskin(New York: Citadel Press, 1993), pp.42-43.

2) 같은 책.

3) Maurice Merleau-Ponty, *Phenomenology of Perception*, trans. Donald A. Landes (New York: Routledge, 2012), p.481.

찾아보기

지은이 애덤 아다토 샌델 Adam Adatto Sandel

철학자이자 1분 턱걸이 기네스 신기록 보유자,
수상 경력에 빛나는 교사이며,
아버지 마이클 샌델이 쓴 『정의란 무엇인가』에 뒤이어
비평가들의 찬사를 받은 책 『편견이란 무엇인가』의 저자이기도 하다.
옥스퍼드대학교에서 정치학 박사 학위를 취득했으며,
하버드대학교에서 사회학을 가르쳤다.
브루클린에서 검사로 일했고, 현재 하버드대학교에서 법학을 가르치고 있다.
애덤 샌델의 관심은 플라톤과 아리스토텔레스의 고대 철학에서부터
계몽사상과 그 비판자들, 하이데거와 가다머로 대표되는
독일의 해석학 전통, 헌법, 고전 영화와
할리우드 드라마에 이르기까지 매우 광범위하다.

옮긴이 김하현

서강대학교 신문방송학과를 졸업하고
출판사에서 편집자로 일한 뒤 현재 전문 번역가로 활동하고 있다.
옮긴 책으로 『도둑맞은 집중력』 『디컨슈머』 『한 번 더 피아노 앞으로』
『지구를 구할 여자들』 『아무것도 하지 않는 법』 『소크라테스 익스프레스』
『미루기의 천재들』 『분노와 애정』 등이 있다.

철학은 왜 우리를 행복하게 하는가

좋은 삶을 위한 한 철학자의 통찰

지은이 애덤 아다토 샌델
옮긴이 김하현
펴낸이 김언호

펴낸곳 (주)도서출판 한길사
등록 1976년 12월 24일 제74호
주소 10881 경기도 파주시 광인사길 37
홈페이지 www.hangilsa.co.kr
전자우편 hangilsa@hangilsa.co.kr
전화 031-955-2000~3 팩스 031-955-2005

부사장 박관순 총괄이사 김서영 관리이사 곽명호
영업이사 이경호 경영이사 김관영 편집주간 백은숙
편집 박홍민 배소현 박희진 노유연 이한민 임진영
마케팅 정아린 이영은 관리 이주환 문주상 이희문 원선아 이진아
디자인 창포 031-955-2097
인쇄 예림 제책 예림바인딩

제1판 제1쇄 2024년 5월 31일

값 23,000원

ISBN 978-89-356-7865-5 03100
• 잘못 만들어진 책은 구입하신 서점에서 바꿔드립니다.